RELATION DU VOYAGE

DE

HENRI DE FRANCE

En Écosse et en Angleterre.

IMPRIMERIE D'ÉDOUARD PROUX ET Ce,
RUE NEUVE-DES-BONS-ENFANS, 3.

RELATION DU VOYAGE

DE

HENRI DE FRANCE

EN ÉCOSSE ET EN ANGLETERRE,

PAR M. LE VICOMTE WALSH.

Paris.

AU BUREAU DE LA MODE, RUE DU HELDER, 25,

HIVERT, QUAI DES AUGUSTINS, 55, | VATON, RUE DU BAC, 46,

Et chez tous les libraires.

DANS LES DÉPARTEMENS,
AUX BUREAUX DE TOUTES LES GAZETTES DES PROVINCES.

1844.

Non, le malheur ne déshérite pas l'enfant de la tendresse de sa mère; loin de là, souvent il double son amour et lui fait chérir davantage le fils qui la glorifie en portant dignement son nom sur les chemins du monde.

France! en venant te parler de Henri de Bourbon, je ne te demande pour lui que ce que tu accordes à ceux de tes enfans dont la conduite est pure; une part à ton estime, une part à ton affection; cette affection, cette estime, généreuse patrie! tu les lui dois; car sous le soleil il n'y a pas un cœur qui t'aime plus que le sien, un cœur qui te veuille plus de bonheur, plus de liberté, plus de gloire que celui du jeune Français fait orphelin par le poignard de Louvel, et innocent par son âge de toutes les fautes du passé.

En écrivant ce livre, en révélant la vérité, j'ai cherché à te rendre fière et orgueilleuse de lui; le bannissement l'a rudement poussé loin de ses frères, ils ne peuvent plus le voir, le juger : j'ai voulu le leur faire connaître et le leur faire aimer.

Personne ne peut me l'imputer à tort; car c'est un devoir, pour tout homme de bonne volonté, obéissant aux lois de Dieu, que de consacrer tout ce qu'il a reçu d'en haut à faire descendre paix, bienveillance et amour sur la tête de l'Exilé.

Vte **WALSH.**

RELATION

DU

VOYAGE DE HENRI DE FRANCE

EN ÉCOSSE ET EN ANGLETERRE,

EN 1843 ET EN 1844.

L'avenir est à Dieu.

Quelques mots préliminaires. — Coup d'œil rétrospectif.

Quand, dans l'année 1828, j'ai publié la relation du voyage de S. A. R. Madame, duchesse de Berry, dans l'Anjou, la Vendée, la Bretagne et le midi de la France; quand, après l'avoir lue, cette auguste princesse, en signe de satisfaction, daigna me faire don de son portrait, ce succès fit naître en moi une autre ambition, celle d'obtenir, avec la protection de mon noble ami, le baron de Damas, gouverneur de Monseigneur le duc de Bordeaux, l'honneur d'être l'historiographe du premier voyage que ferait son royal élève.

Je savais que dans le plan que S. M. Charles X avait tracé pour l'éducation de son petit-fils, il entrait en première ligne une résolution bien prise, celle de faire connaître à fond au jeune prince le pays sur lequel il était appelé à régner un jour. Cette connaissance, il devait l'acquérir par des voyages et des séjours dans les provinces et les principales villes du royaume. Ainsi il devait connaître et être connu.

C'était là une bonne pensée. Pour un prince destiné à s'asseoir sur le trône, beaucoup d'études sont aujourd'hui indispensables; mais la science qui doit passer avant toutes les autres, est celle des hommes. Ce sont eux qu'il faut s'appliquer à connaître. Le pays est le livre à mettre sans cesse sous les yeux de celui qui grandit pour être roi.

Alors que je rêvais l'honneur de faire le récit du premier voyage de HENRI DIEUDONNÉ, duc de Bordeaux, un homme avec lequel j'étais lié d'amitié et dont j'estimais beaucoup le caractère énergique et loyal (1), me répétait souvent :

---

(1) Le baron de Cachard, colonel d'artillerie, commandant du château de Nantes.

« Mon ami, ne pressez pas de vos vœux le jour où le royal enfant commencera à voir autre chose que les entours de son berceau ; car, d'après ce qui se passe, d'après l'insolente hardiesse de l'opposition et la mollesse du pouvoir, je crains bien que le premier voyage de Monseigneur le duc de Bordeaux se fasse sur le chemin de l'exil. »

Me souvenant du passé, me confiant dans l'avenir, je répondais alors à cet ami que j'accusais de pessimisme : « Vous êtes un prophète de malheur ! Et que venez-vous parler de chemin d'exil et de bannissement ! Les temps de bannissement et d'exil sont passés et loin de nous ! Tout ce qui devait être expié l'a été ; la justice divine est satisfaite ; les martyrs qui sont au ciel, les deux saints Louis, Marie-Antoinette, l'angélique Elisabeth, l'enfant roi et le duc de Berry ont désarmé la colère d'en haut, et désormais la France n'a devant elle que des siècles de bonheur et de prospérité. »

Pour avoir au dedans de moi cette confiance, pour ne plus redouter les tempêtes, pour avoir droit de parler ainsi à l'ami qui s'obstinait à redouter l'avenir, souvenons-nous de ce qui nous entourait alors. En ces heureux jours de restauration, le roi n'était-il pas revenu sur son trône, les princes rentrés dans leurs palais et les proscrits au foyer natal.

Je sais bien que du milieu de ce grand concert de bonheur s'élevaient quelques voix discordantes, quelques cris d'opposans ; mais qui aurait pu penser que la France, épuisée depuis plus d'un quart de siècle, et par les guerres de la république, et par les victoires de l'empire ; que le pays, dont le sang le plus pur avait coulé à grands flots, et sous le triangle d'acier de Robespierre, et sous l'insatiable épée de l'empereur, ne serait pas las de tant d'agitation et d'angoisses, de tant de crimes et de malheurs ?

Après tant de fatigantes et cruelles vicissitudes, qui n'aurait cru au besoin général du repos ? Eh bien ! nous, qui vivions dans cette sécurité ? nous avions tort, nous nous endormions sur un volcan ; il y avait encore du vin de la colère dans la coupe que Dieu tient au dessus des nations. Il en répandit sur la France, déjà tant éprouvée ; et soudain elle devint comme un homme ivre ; son délire la reprit ; elle s'agita de nouveau, et des Français qui n'avaient pas su traverser, sans se souiller, les fanges sanglantes de nos temps révolutionnaires, ennuyés des vertus de la famille qui régnait sur nous, cherchèrent d'autres maîtres dans une autre branche de la maison de Bourbon... Alors, les journées de 1830 ; alors le *bannissement à perpétuité* de trois générations de rois !

Ainsi, l'homme que j'avais appelé prophète de malheur avait prédit juste. Et quand, pour la première fois, S. A. R. Monseigneur le duc de Bordeaux se mit à voyager, ce fut sur le chemin de l'exil ; et moi qui m'étais flatté de l'espoir d'avoir à raconter des explorations faites en France, au milieu des populations enthousiasmées de nos campagnes et de nos villes, j'ai à redire à présent celles de M. le comte de Chambord chez des peuples étrangers !

Mon Dieu ! quelles déceptions dans nos espérances de 1829 ! Mais ne murmurons point contre les décrets de la Providence ; ses voies sont incompréhensibles et sa sagesse ne ressemble point à la nôtre. Certes, je n'affecterai pas de faux airs de contentement, quand j'ai le regret dans le cœur. Mais, sans se faire trop optimiste, ne peut-on pas voir quelque chose de providentiel dans l'éloignement de HENRI DE BOURBON (1) de la France telle que les doctrinaires nous l'ont faite ?

(1) *Point de vue providentiel de l'histoire de Henri de Bourbon, du* 29 *septembre* 1820 *au* 29 *septembre* 1840, *par* Alfred Nettement. Chez Dentu, Palais-Royal. Prix, 1 fr. 50 c.

« Supposez un instant que monseigneur le duc de Bordeaux soit demeuré en 1830. Son éducation est livrée à des hommes qui croient à peine en Dieu ; son intelligence est faussée ; les heureuses qualités de son caractère et de son esprit demeurent impuissantes ; tous les efforts sont employés à incliner cette jeune plante à des leçons corruptrices. On l'empoisonne à l'intellectuel comme on empoisonna le fils de Louis XVI au physique. Cette généreuse nature s'étiole, cet amour du vrai s'éteint, la noble fleur, privée de l'air et du soleil languit dans la mortelle atmosphère des mauvais principes ; le dernier descendant de la grande race s'affaisse peu à peu sous une phthisie morale, qui fait chaque jour de nouveaux progrès. Cette anarchie des idées qui règne dans l'époque où nous sommes, on l'introduit dans son intelligence, on le nourrit de poisons, on l'abreuve de venins. Oh ! c'est alors que le mauvais libéralisme aurait pu triompher à juste titre, alors qu'il serait resté victorieux, alors qu'il aurait dû lever plus haut le front que le jour où il s'empara du Louvre majestueux et des magnifiques Tuileries. Car, cette fois, il n'aurait pas seulement arboré son drapeau dans les murailles froides et inanimées d'un palais désert, mais il aurait implanté dans la tête et dans le cœur du petit-fils de Louis XIV ses principes et ses idées.

» Supposez que Henri de France soit demeuré en 1830. Tout se fait sans lui, et cependant en son nom. C'est en son nom que la Pologne est excitée à prendre les armes, puis abandonnée ; que l'Italie est poussée à la révolte, puis délaissée ; en son nom que la Belgique, s'offrant elle-même à la France, est refusée ; en son nom que des ministres aveugles ou coupables mettent la fortune de la France aux ordres de l'Angleterre ! »

Oui, plus on y réfléchit, plus on se persuade qu'il vaut mieux pour le petit-fils de Henri IV d'être proscrit et exilé que d'avoir été exposé à signer de sa main d'enfant de pareils actes.

Oui, plus on y réfléchit, plus on est convaincu qu'il y a quelque chose de tout providentiel dans l'éloignement du petit-fils de Charles X de la France d'aujourd'hui. On dirait que Dieu l'a pris par la main pour le conduire hors d'un pays en délire, et pour qu'ainsi les peuples n'aient rien à lui reprocher ni dans le passé ni dans le présent.

En général, quand l'âge de visiter les contrées voisines du royaume natal est arrivé pour un prince, il emporte avec lui une atmosphère de cour qui l'empêche d'entendre la vérité et de voir les populations qu'il traverse telles qu'elles sont réellement ; il n'en a point été de même pour HENRI DE FRANCE. Les hommes qui ont accompagné ses premiers pas ont été des amis, des serviteurs fidèles et éprouvés de sa famille, et ceux-là ont toujours voulu que la vérité parvînt à son oreille et descendît dans son cœur pour y habiter comme une sœur avec la vertu.

La garantie de ce qu'ici j'avance se trouve dans le choix de ses gouverneurs. L'enfant qui nous était né à tous était encore au berceau, que la pensée royale avait déjà cherché dans toute la France ce qu'il y avait de meilleur, de plus éclairé et de plus vertueux pour le donner au jeune prince dès qu'il serait d'âge à recevoir des enseignemens. Le duc Mathieu de Montmorency, sur lequel le choix du roi s'était avant tout arrêté, réunit tous les suffrages ; et, en effet, c'était au plus digne, au plus capable que l'on avait donné la plus délicate, la plus importante des fonctions.

Avant d'avoir pu prendre en mains l'éducation du descendant de saint Louis, le descendant du premier baron chrétien fut rappelé à Dieu.

Alors le roi Charles X, ne connaissant pas dans tout son royaume un homme plus franc, plus loyal, meilleur chrétien et meilleur Français que le marquis de Rivière, lui confia son petit-fils.

Les marques de confiance et d'estime que les rois accordent à leurs amis, les honneurs dont ils les entourent, les dignités et les titres qu'ils leur donnent, ne sont souvent que comme des excitations à la mort, elle aime à abattre ceux que l'on élève. M. le duc de Rivière fut frappé par elle au moment où ses soins, sa surveillance et son dévoûment commençaient à produire leurs fruits, alors que son élève grandissait en grâce, en force et en sagesse.

Le baron de Damas lui succéda, et ce choix prouva pour la troisième fois que le monarque avait une pensée bien arrêtée, immuable, celle de toujours confier le jeune prince à la droiture, au mérite, à la loyauté et à l'honneur.

Quand les mauvais jours vinrent, quand la tempête de 1830 se leva, le baron de Damas était gouverneur du royal enfant né pour régner sur la France, et ce fut lui qui, dans une salle du château de Rambouillet, eut à lui apprendre que le roi Charles X, son aïeul, venant d'abdiquer la couronne, que son oncle Louis-Antoine y renonçant également, c'était à lui qu'elle revenait, et que dès cet instant il était roi.

Triste, lugubre mais solennel salut que celui-là, donné par un fidèle serviteur à l'enfant roi au milieu du désordre d'une fuite et quand la vieille monarchie s'écroulait de toutes parts.

Dès ce jour, monseigneur le duc de Bordeaux s'éloigna des palais paternels; dès ce jour, commencèrent ses voyages, hélas ! bien différens de ceux que j'avais rêvés pour lui et que j'avais eu l'ambition de raconter ! Le baron de Damas, qui avait dû lui apprendre à connaître le tant beau pays de France en le visitant avec lui... avec lui a pris le chemin de l'exil et le premier lui a enseigné à en soutenir dignement le malheur.

Ce n'était pas la première fois que la France révolutionnaire poussait ses proscrits en Angleterre ; entre ce pays et le nôtre, il y avait déjà eu des échanges d'exilés, des Stuarts venant à Saint-Germain et des Bourbons allant à Holy-Rood et à Hartwell.

Il n'entre pas dans mon plan de raconter en détail toutes les pérégrinations de HENRI DE FRANCE, qui sont en même temps et des distractions aux jours tristes du bannissement et des études sérieuses de ce qu'il est indispensable à un prince de savoir aujourd'hui.

Ainsi, je ne redirai ni les angoisses de cette voie douloureuse qui s'est étendue pour la famille royale entre Rambouillet et Cherbourg, ni la traversée surveillée par l'amiral Dumont-d'Urville dont la fin a été si lamentable, et pour le monument duquel monseigneur a si noblement souscrit, en écrivant cette lettre que tous les partis ont trouvée admirable et qui était adressée au maire de Condé-sur-Noireau.

« Kirchberg, 8 août 1843.

» J'ai reçu, Monsieur, la lettre que vous m'a-
» vez adressée, et je veux vous remercier moi-
» même de m'avoir rendu justice en pensant
» que je serais heureux de trouver une occa-
» sion de donner une nouvelle preuve de mes
» sympathies pour nos gloires nationales. Les
» lois injustes, qui me forcent de vivre loin de
» la patrie, ne peuvent du moins rien changer
» à mes sentimens, et je reste Français de cœur
» et d'espérances.

» Il n'est que trop vrai que, dans l'accom-
» plissement de la mission qu'il a eu le malheur

» d'accepter en 1830, l'amiral Dumont-d'Ur-
» ville a manqué envers le roi et ma famille
» aux égards qui lui étaient commandés à tant
» de titres. Néanmoins, et en présence de la
» terrible catastrophe qui a mis fin à sa car-
» rière, je ne puis qu'oublier ses torts envers
» nous, et je ne veux me souvenir que des ser-
» vices que ce célèbre et intrépide navigateur
» a rendus à la France. En agissant ainsi, je
» suis les exemples qui m'ont été donnés dans
» tous les temps par ma famille, et je fais ce
» qu'aurait fait mon grand-père s'il vivait en-
» core. Je vous envoie donc, Monsieur, la faible
» offrande dont je puis disposer pour le monu-
» ment que vous devez élever dans la ville de
» Condé-sur-Noireau. Je n'y mets qu'une seule
» condition, c'est que, si, comme vous le dési-
» rez, mon nom est inscrit sur la liste de sous-
» cription, il n'y paraisse qu'avec les motifs
» qui m'ont décidé à souscrire, car il importe
» que ceux de mes amis, qui, par un sentiment
» bien honorable pour eux, n'ont pas voulu
» souscrire jusqu'ici, ne puissent pas se mé-
» prendre sur les raisons qui ont déterminé ma
» conduite dans cette circonstance.

» Je saisis avec plaisir cette occasion pour
» vous donner, Monsieur, ainsi qu'à vos collè-

» gues, l'assurance de ma bien sincère es-
» time. »

Je ne dirai pas, non plus, le trajet de Lullworth à Edimbourg, ni les excursions dans les Highlands, ni le départ de la famille royale du château des Stuarts pour se rendre au Hradschin bâti par la grande Marie-Thérèse.

Je ne ferai qu'indiquer les premiers voyages que le prince a faits sans son auguste famille ; ainsi, je dirai sommairement les visites aux champs de bataille illustrés par la valeur française ; les séjours de Henri de France à Milan, à Munich, à Florence, à Venise, à Naples et à Rome. Je laisserai à d'autres à raconter les brillantes réceptions faites à M. le comte de Chambord à Dresde et à Berlin par les rois de Saxe et de Prusse. Je ne raconterai avec détails que ce que je suis allé voir à Londres avec deux de mes fils et une foule de Français affamés comme moi du désir de revoir un vrai, un digne fils de Henri IV. Ce que j'ai vu, ce que j'ai appris, ce que j'ai éprouvé, je l'écrirai franchement, consciencieusement ; si dans mes pages on trouve comme des éloges de monseigneur le duc de Bordeaux, si quelques hommes m'accusent de flatterie, j'en appellerai à tous ceux qui l'ont vu comme moi et avec moi à Belgrave-Square, et tous, j'en suis assuré d'avance, penseront que, loin d'avoir exagéré le bien, j'ai été timide dans la louange et que je suis resté en dessous de la vérité.

« *Si je savais avoir un courtisan, un flatteur auprès de moi,* m'a dit M. le comte de Chambord, *il n'y resterait pas vingt-quatre heures.* »

En écrivant cette relation, je n'oublierai pas ces paroles. Je ne dirai que le vrai ; si dans ce vrai il se rencontre de la grandeur, de l'élévation, le vrai sentiment de la gloire, ce ne sera pas moi qui aurai inventé ; il faudra s'en prendre à Dieu et lui rendre grâce de ce qu'en veillant sur le rejeton de la race de saint Louis, il se soit plu à le douer des qualités qui font les grands princes.

Le lis que l'orage tourmente, garde dans la tempête tout le parfum qu'il a reçu du ciel.

L'ÉPOQUE.

L'époque à laquelle nous vivons est loin d'être glorieuse ; mais elle paraît commode, et cela suffit à bien des hommes.

Sans persistance dans ses résolutions, sans élévation dans ses idées, sans noblesse dans ses usages, sans vigueur dans ses allures, sans animation, sans haine, sans amour, sans enthousiasme ; cette époque sans nom a tous les agrémens de ses vices : énervée, étiolée, inactive, elle repose le corps sans jamais élever l'esprit.

Dans les temps de foi et de fortes convictions, on se croit des devoirs à remplir. A ces devoirs envers Dieu et les hommes, nos pères se soumettaient religieusement; nous, nous n'en voulons plus : ils gêneraient notre liberté; et, avant tout, nous voulons être indépendans de tout.

Le pouvoir, qui se fait honneur d'être le fils aîné de notre siècle et qui se vante de comprendre ses idées, ses besoins et ses volontés mieux que tous les gouvernemens antérieurs, doit, de toute nécessité, se distinguer par sa tolérance; car rien n'est aussi tolérant que l'indifférence, rien ne commande moins d'abnégation, moins de dévoûment, moins de sacrifices que la froideur. Comme elle n'aime pas, elle n'exige pas d'amour; et, comme de se lever pour commander lui serait une fatigue, elle n'ordonne rien et laisse faire.

En des temps pareils, il faut donner la part des libertés bien large, si l'on ne veut pas être détesté et maudit, et, si l'on est né d'une révolution, il faut se souvenir de sa mère.

Le gouvernement, qui date de 1830, a compris cette nécessité; aussi, depuis quatorze ans, il nous a permis d'aimer qui nous voulions aimer, et nous lui devons la justice de reconnaître qu'il a laissé, entre la France et l'exil, un chemin libre et ouvert... chemin suivi, chaque année, par beaucoup de Français voyageurs.

Je sais bien que de mauvais ministres, d'imprudens conseillers, en 1832, ont recouru à des mesures rigoureuses ; alors Châteaubriand était amené sur le banc de la cour d'assises, et le duc de Fitz-James, Kergorlay et Berryer étaient jetés en prison; mais cet essai, que faisait ainsi la révolution de 1830, de ressembler à sa terrible devancière de 1793, ne réussit pas, et le ministère d'alors renonça aux persécutions et aux emprisonnemens, plus par peur que par goût. Les temps avaient changé ; nous nous souvenions du passé, nous, dont les cheveux commençaient alors à blanchir, nous avions vu le sol de la patrie hérissé d'échafauds et trempé de larmes et de sang; et nos enfans, qui nous avaient entendu raconter tout ce que nous avions souffert, avaient grandi dans la résolution de ne plus rien endurer de semblable.

Plus tard, en 1837, il vint encore aux ministres de Louis-Philippe une velléité de persécution, les prospérités des faits accomplis s'étaient ennuyées, irritées des hommages, des respects que des Français allaient porter aux adversités de l'exil; des pèlerins (1) que cette pieuse pensée conduisait en Allemagne, trouvè-

(1) Mon fils aîné et ma belle-fille

rent, à leur arrivée à Strasbourg, toutes les gênantes investigations de la police. Ordre était arrivé par le télégraphe de les fouiller rigoureusement, de visiter leurs malles, leurs portefeuilles, de saisir et d'envoyer à Paris toutes lettres et papiers qui y seraient trouvés, ordre qui fut ponctuellement exécuté; puis quelques jours plus tard, quand les missives saisies à Strasbourg eurent été lues à Paris, des visites domiciliaires furent faites chez les personnes nommées dans ces lettres, et la presse ministérielle annonça qu'un grand complot légitimiste venait d'être découvert; les principaux complices étaient MM. Berryer, Genoude, Alfred Nettement et Edouard Walsh.

Le ministère avait compté sur la crédulité du pays, cette fois elle lui fit défaut, personne en France, n'ajouta foi à la conspiration royaliste, et les hommes, que M. de Montalivet avait voulu traduire devant la cour d'assises, ne furent point amenés sur ses bancs; le bon sens public avait fait justice de toutes les accusations.

Depuis cet échec, le gouvernement de 1830 s'est convaincu que les rigueurs réussiraient peu dans le pays façonné à l'indépendance par nos différentes révolutions. La France, après ses nombreuses vicissitudes, était restée avec peu de convictions sans doute, mais avec un grand amour de repos; de tous les enseignemens qu'elle avait eus et qu'elle avait payés si cher elle n'avait bien appris qu'une chose, à aimer par dessus tout les aisances et la quiétude de la vie ; cette disposition dure toujours, et l'on aurait tort de nous demander aujourd'hui, de recommencer ce qu'ont fait nos devanciers ; le temps de la somnolence n'est pas encore passé.

Si donc, depuis plusieurs années, nous jouissons d'une grande liberté de sortir de France et d'y rentrer, si nous pouvons dire hautement où nous allons et d'où nous venons, qui nous sommes allés saluer et honorer, qui nous ne voulons ni voir, ni rechercher, remercions-en la tolérance du siècle, et non la bonne volonté des ministres du jour. Nous venons de citer des faits qui prouvent qu'ils ont voulu nous enlever cette liberté des cultes politiques, et que si elle nous est laissée, c'est bien malgré eux.

Profitant de cette liberté, beaucoup d'entre nous n'ont pas voulu laisser pousser l'herbe sur le chemin de l'exil, et, chaque année, la presse légitimiste enregistre les noms des pèlerins de Goritz et de Gratz, qui se font un devoir de protester contre l'oubli. Ainsi, tour à tour, Lullworth, Holy-Rood, Prague, Goritz, Kirchberg, Vienne, Gratz, Munich, Milan, Venise, Florence, Naples, Rome, Dresde et Berlin ont vu des Français arriver dans leurs murs. Dès que l'on apprenait à Paris et dans les provinces que monseigneur le duc de Bordeaux quittait, pour quelques mois, la modeste résidence de la famille royale exilée et qu'il allait, afin d'explorer des pays nouveaux et pour étudier des mœurs nouvelles, s'établir dans quelque ville, soit d'Allemagne, soit d'Italie, des hommes qui avaient, avant 1830, fait leur cour aux Tuileries et à Saint-Cloud, se hâtaient de se rendre là où M. le comte de Chambord devait séjourner quelque temps. Au prince condamné à vivre loin de la France, on allait de la sorte lui porter quelques réminiscences de la patrie et, sur la terre du bannissement, lui faire entendre le doux langage du pays natal.

Vous qui vivez sous le toit où vous êtes nés, vous qui continuez à voir auprès de vous, ce que vous y avez vu dès vos premiers jours, vous que l'ouragan révolutionnaire n'a point emportés loin de vos frères, de vos sœurs et de vos amis d'enfance pour vous jeter rudement au milieu d'un peuple étranger, vous ne pouvez bien concevoir le bonheur indicible qu'éprouve le pauvre banni, quand il entend des compatriotes parler la langue qu'il a apprise sur les genoux de sa mère. La suave musique des anges ne serait pas plus douce à son oreille que les accens de la patrie !

Quand ceux de nos amis qui sont allés offrir cette consolation à la famille royale reviennent en France; parmi nous qui nous obstinons à regretter les absens, parmi nous qui ne voulons pas oublier, il y a un vif empressement à courir chez les pèlerins de retour ; nous nous hâtons d'aller recueillir d'eux des détails dont nous sommes avides. Pendant qu'ils nous redisent l'inaltérable et miséricordieuse mansuétude de l'auguste fils de Charles X, la forte et chrétienne résignation de la fille de Marie-Antoinette; pendant qu'ils nous montrent HENRI et Louise de France comme la consolation et la seule joie de ceux qui ont tout perdu fors l'honneur et l'espérance, nos cœurs battent d'une sainte émotion, nos yeux se remplissent de pieuses larmes et nous jurons au fond de notre âme de ne jamais nous rallier aux hommes flétris..... par l'ingratitude.

Aux nobles bannis qui ont possédé le Louvre, les Tuileries, l'Élysée-Bourbon, Saint-Cloud, Rosny, Chambord, Compiègne, Rambouillet, Fontainebleau et Versailles et qui vivent aujourd'hui dans les résidences plus que modestes de Goritz, de Kirchberg et de Gratz, c'était quelque chose, c'était beaucoup que ces visites que notre amour et notre dévoûment allaient faire à leur adversité ; c'était comme des gouttes de rosée tombant sur la terre sèche de l'exil, comme des rayons de soleil sur les champs arides du bannissement. Eh bien ! ce pauvre bonheur a excité la jalousie des hommes des révolutions ! Ils se sont irrités en voyant que l'on honorait encore ceux qu'ils avaient frappés de déchéance et de bannissement ; et, dans leur basse et hideuse jalousie, ils ont voulu voler au malheur les bénédictions que nous lui portions avec nos hommages. Et alors ils ont déclaré, du haut de la tribune, qu'il était plus que temps de mettre fin à ces communications faciles entre la France et les pays où les Bourbons de la branche aînée ont porté leurs pas et planté leurs tentes.

Ainsi, ce parti, qui a sans cesse à la bouche les grands mots de tolérance, d'humanité et de philanthropie, a voulu ajouter une aggravation à la peine d'exil ; l'ostracisme antique qui interdisait si cruellement aux bannis l'eau et le feu, ne suffira point a sa haineuse rancune, il ui semblera trop doux pour l'auguste famille qui a fait, pendant tant de siècles, la gloire et le bonheur de la France. Et ces grands philanthropes obtiendront une sentence de *flétrissure* contre ceux de leurs compatriotes qui sont allés honorer, à Londres, un prince portant bien son adversité !

Mais n'empiétons pas sur les événemens qui ont suivi le voyage de M. le comte de Chambord en Angleterre. Redisons comment il s'y est montré, comment il y a révélé tout ce qu'il avait de grand, de noble et d'élevé en lui, comment il y a été reçu et honoré, et comment, pour quelques instans, hélas! trop courts, nous sommes venus lui faire une sorte de patrie sur le sol étranger.

LE VOYAGE.

Pour tout homme tombé du bonheur dans l'adversité, pour tout proscrit, il y a un grand allègement au chagrin dans les voyages, dans l'aspect de choses nouvelles ; à qui a beaucoup perdu, il faut beaucoup voir. L'esprit le moins susceptible de distractions, le plus enveloppé d'idées sombres, sent que sa peine se soulève et l'oppresse moins quand le mouvement l'entraîne.

Ce n'est pas le bonheur qui a inventé ce que nous appelons aujourd'hui *locomotion*. L'homme heureux chérit le repos et demeure casanier ; entouré de ce qu'il aime, de ce qu'il a aimé dès ses premiers jours, qu'irait-il chercher ailleurs?

quelles distractions vaudraient pour lui les enchantemens du lieu natal? où entendrait-il si bien parler de son père et vanter autant la bonté de sa mère? où son nom serait-il aussi respecté que dans la contrée où sa famille a vécu faisant le bien?

A l'homme qui jouit de ces bénédictions du ciel, le repos est bon ; mais à celui que Dieu éprouve, il faut autre chose : au proscrit, à celui que des lois faites par la justice des révolutions ont poussé hors de la patrie, il faut voir d'autre terre que celle où la tente de son bannissement a été plantée, alors que ses ennemis acharnés hurlaient de rage derrière lui.

Si pendant les dix courtes années que monseigneur le duc de Bordeaux a passées dans cette France qui l'avait tant désiré, il a eu pour diriger son enfance des hommes éminens tels que ceux que nous avons nommés, il faut que nous nous hâtions de dire que le mérite et la vertu, que l'honneur et le talent ne lui ont pas manqué quand le bannissement a pesé sur lui. Depuis l'exil, et après le baron de Damas, nous avons vu auprès de lui monseigneur l'évêque d'Hermopolis, MM. Barande, Cauchy, Mounier, Lavillatte, le général Latour-Maubourg, le général d'Hautpoul, le général de Saint-Chamans, le comte Emmanuel de Brissac, le comte de Bouillé et le duc de Lévis, tous gens dévoués, au point d'abandonner avec empressement leurs intérêts, leur repos, leurs fortunes, leurs familles, pour aller offrir au jeune prince proscrit tout ce que Dieu leur a donné, tout ce qu'ils possèdent sous le soleil et tout ce qu'ils ont acquis par l'expérience et l'étude. Tous ces hommes distingués à tant de titres ont pensé, ainsi que toute la famille royale exilée, que des voyages dans les différens Etats de l'Europe et des séjours dans leurs capitales devaient couronner et compléter l'éducation forte que le jeune Prince avait reçue. Pour donner une idée de ce que devait être cette éducation, pour expliquer le mérite, l'instruction, le tact, les élans généreux, la sagesse que nous avons vus à Belgrave-Square, passons rapidement en revue, avec M. Théodore Muret, auteur de la *Vie populaire de Henri de France*, quelques uns des hommes qui ont été attachés à ce jeune prince.

Le général de Latour-Maubourg avait été choisi par le roi Charles X comme gouverneur de M. le duc de Bordeaux, mais une grave maladie l'empêcha de se rendre à ce poste d'honneur ; en montrant la noblesse de la vie et du caractère du général, on verra comme l'aïeul du jeune Prince était sans cesse préoccupé de l'avenir de son petit-fils et comment il savait bien choisir les hommes qui devaient diriger sa jeunesse.

« M. de Latour-Maubourg avait fait toutes les campagnes de Napoléon, à commencer par celle d'Egypte, où il fut blessé à la tête en défendant Alexandrie contre les Anglais. Général de brigade à Austerlitz, blessé encore à Dieppen et à Friedland, il eut ensuite un commandement en Espagne, et, au milieu d'une guerre acharnée, tel était le respect qu'inspirait même à l'ennemi sa sagesse et son intégrité, que les Espagnols allèrent jusqu'à lui renvoyer intacts des paquets de lettres à son adresse. Le général Latour-Maubourg fit des prodiges de valeur en Russie et à Leipsick. A cette dernière bataille, un boulet lui emporta la cuisse. Son domestique, accouru au moment où Latour-Maubourg venant d'être frappé, se livrait au désespoir. « Qu'as-tu donc à pleurer ? » lui dit tranquillement le général ; « tu n'auras plus qu'une botte à cirer, et voilà tout. »

» Lors des événemens de 1830, le général Latour-Maubourg était gouverneur des Invalides. La foule armée envahit l'hôtel. Le général se présente sur le perron du grand escalier avec le même sang-froid qu'à Leipsick. On le somme, avec des cris furieux, d'enlever à l'instant même le drapeau blanc. — « Croyez-vous, répond le vieux guerrier, que celui qui a laissé une partie de lui-même sur les champs de bataille, déshonorera ses cheveux blancs par une lâcheté? »

» Et cette foule exaspérée, cédant en dépit d'elle-même à l'ascendant du courage, ne tarde pas à se retirer.

» En même temps que M. de Latour-Maubourg, Charles X attacha à la personne de Henri de France le général d'Hautpoul, autre glorieux vétéran des guerres de l'empire, ancien officier d'ordonnance de Napoléon. De pareils choix en disent plus que toutes les paroles.

» Le petit-fils de Henri IV et de Louis XIV, se souvenant de ses pères, avait toujours montré dans ses études une prédilection pour tout ce qui se rapporte à la science militaire ; après la mort de son vénérable aïeul, il continua à étudier la stratégie sous la direction d'officiers de mérite, parmi lesquels il faut nommer le général Clouet, ancien colonel de l'empire, qui avait pris une glorieuse part à la conquête d'Alger. Afin de joindre l'exemple à la leçon, en visitant les établissemens militaires de l'Autriche, le Prince partit au commencement de mai 1839 pour un voyage dans diverses provinces de cette monarchie. Il avait pour l'accompagner le général Latour-Foissac, le duc de Lévis, qui a commandé avec honneur le 54ᵉ de ligne (spécialement dans l'expédition de Grèce en 1828, où il coopéra à la prise du château de Morée), et le comte de Locmaria. Le Prince visita la Transylvanie et les frontières de l'Autriche qui touchent à l'empire ottoman : étant passé à Péterwardein, où le prince Eugène de Savoie remporta sur les Turcs une célèbre victoire, Henri se plut à rappeler que la gloire de cette journée fut partagée par un Français, le comte de Bonneval, qui servait sous les ordres du prince en qualité de major-général. Le noble voyageur alla jusqu'à la ville turque de Belgrade, où il fut reçu avec autant de respect que d'empressement par Joussouf Pacha, l'un des principaux généraux du sultan. Par un hasard qui fut très agréable à Henri, ce fut un Français, ancien hussard du 6ᵉ régiment, et jadis prisonnier de guerre en Russie, qui lui servit les rafraîchissemens d'usage. »

En Hongrie se trouve une sorte de colonie française; des terrains, jadis incultes et malsains, ont été défrichés et assainis par leurs bras qui n'avaient point à remuer de terre dans leur patrie. M. le comte de Chambord s'est détourné de l'itinéraire tracé pour aller voir ces champs cultivés par des compatriotes.

La Hongrie, qui offre des institutions et des usages si remarquables, a été étudiée par le jeune prince : il a vu les villes de Pesth, de Presbourg et est arrivé à Vienne ; de cette capitale il est allé, avec une vive émotion, explorer le champ de bataille de Wagram. Par une circonstance remarquable, MM. de Latour-Foissac et de Locmaria, qui voyageaient avec HENRI, s'étaient trouvés tous deux à cette mémorable journée, et ils purent lui en expliquer, sur le lieu même, tous les détails, qu'il écoutait avec l'intérêt le plus vif, avec l'enthousiasme le plus français. Plus d'une fois, dans cette tournée, les compagnons du prince rencontrèrent des officiers autrichiens contre lesquels ils avaient combattu autrefois : ces militaires leur firent la réception que l'on se doit entre braves qui ont servi honorablement sous des drapeaux opposés.

Dans l'automne de 1839, le prince se rendit à Vérone, dans le royaume Lombard-Vénitien, accompagné de M. le duc de Lévis et de M. le comte de Locmaria. L'Autriche y avait formé un camp de manœuvres considérable, et Henri désirait profiter de cette nouvelle occasion de perfectionner son éducation militaire. Hélas ! en face de ces bataillons autrichiens, combien il regrettait nos uniformes ! Ce camp de Vérone était beau ; mais un camp français l'aurait été bien davantage à ses yeux. Du moins, autour de Vérone, Henri de France avait le plaisir de retrouver encore le souvenir des triomphes de nos armes, dans les guerres de la république et de l'empire.

Pour bien voir, pour bien comprendre les grandes manœuvres du camp de Vérone, le jeune prince avait appelé de France les généraux d'Hautpoul et Vincent, qui l'ont accompagné au camp commandé par le feld maréchal Radesky, qui y avait sous ses ordres vingt-cinq mille hommes d'infanterie, vingt-deux escadrons de cavalerie et treize batteries. Le prince avait également auprès de lui, pendant cette grande étude militaire, M. le duc de Valmy, fils du maréchal Kellermann, M. le duc de Lévis et M. le comte de Locmaria. Les ducs de Modène et de Cambridge assistaient à ces grandes manœuvres et furent à même d'y apprécier Henri de France. Le duc Georges de Cambridge répétait dernièrement, en parlant de M. le comte de Chambord : « Je lui ai toujours entendu dire tout ce qu'il fallait dire, et jamais un mot de ce qui ne devait pas être dit. »

Quelques semaines après l'étude militaire du camp de Vérone, le petit-fils de saint Louis arrivait tout à coup dans la ville éternelle, et le père des fidèles bénissait le descendant des rois très chrétiens, le petit-neveu du roi-martyr. Là, M. le comte de Chambord eut le bonheur de retrouver son auguste mère et d'y rencontrer le comte de La Ferronays, ami de cœur de son père, et qui, deux ans plus tard, devait passer de cette même ville à un monde meilleur.

L'effet que HENRI DE FRANCE produisit à Rome, a laissé des souvenirs qui ne sont point effacés ; alors les regards de tous se tournèrent, s'arrêtèrent sur le jeune prince qui avait été salué à sa naissance du nom d'Enfant de l'Europe : partisans et adversaires politiques ne le perdirent pas de vue pendant tout son séjour dans la capitale du monde chrétien, et pas une action, pas un mot, pas un geste ne lui furent reprochés ! Cependant il n'y avait pas seulement des amis à le regarder, à l'épier, à l'étudier ; des gens, qui avaient intérêt à ne pas le trouver aussi bien que nous le voyions, que nous le révélions à la France, n'ont rien découvert à blâmer en lui. Cette fois l'envie, la jalousie ont été contraintes au silence et presque à la justice.

C'est de Rome qu'un ambassadeur de Louis-Philippe écrivait, après avoir rencontré le petit-fils de Louis-le-Grand dans la basilique de St-Pierre : « Sur ce front-là il y a de la prédestination ! » Ce que M. le comte de Flahaut a vu à Rome, nous l'avons vu à Londres.

En 1839, M. le comte de Chambord avait eu à voir, à étudier deux capitales qui diffèrent grandement entre elles ; Rome aux grands, aux graves souvenirs, et Naples la sirène, ville d'indolence, de légèreté et de délices. En 1840, il vint en Bavière et s'y rencontra avec le duc de Leuchtemberg, fils du prince Eugène, fils adoptif de Napoléon. Après cette étude des Etats Bavarois, Son Altesse Royale s'était proposée de visiter la Grande-Bretagne et la Prusse ; l'état général des affaires, à cette époque, ne lui permit pas d'accomplir ce projet. La Prusse et l'Angleterre venaient de signer le traité du 15 juillet, et, quoique le prince ne crut point à la guerre, quoiqu'il ne se méprît pas sur l'intention secrète des sacrifices imposés alors à la

France, il ne voulut pas se mettre en relations avec des puissances momentanément en désaccord avec sa patrie.

L'année suivante, les bruits belliqueux avaient complètement cessé ; HENRI DE FRANCE eût repris son plan de voyage si l'accident grave, qui faillit lui coûter la vie, n'y eût apporté un trop long obstacle ; cette année, ce cruel obstacle n'existant plus, le rude temps de la grande épreuve étant passé, et passé à la gloire du fils de monseigneur le duc de Berry, HENRI DE FRANCE a cédé au désir, au besoin qu'il éprouvait de connaître, d'étudier les mœurs, les lois, les établissemens de tout genre qui recommandent la Grande-Bretagne à l'attention d'un prince privé du bonheur de trouver en France le complément de son éducation.

Les rois de Saxe et de Prusse ont trop d'élévation dans l'esprit et trop de générosité au cœur pour méconnaître tout ce qu'on trouve à honorer dans une adversité telle que celle du jeune descendant des rois de France ; il eût été tout rayonnant de bonheur et de prospérité, qu'ils auraient mis moins d'empressement à l'accueillir à leurs cours ; à Berlin, le proscrit de 1830 a été reçu comme un frère, et là, comme dans toutes les grandes villes où Monseigneur a séjourné, il a gagné l'amitié des grands et excité l'enthousiasme des populations ; Frédéric-Guillaume, quand il lui a serré la main à son arrivée, avait des larmes d'attendrissement dans les yeux en pensant à sa haute infortune ; et quand HENRI DE FRANCE a pris congé de lui, le monarque prussien ne le voyait pas partir sans de vifs regrets. Il y a vraiment, sur celui qu'on a surnommé à sa naissance *l'Enfant de l'Europe*, comme un reflet d'en haut !

Le général Vincent, le vicomte de Saint-Priest, ancien ambassadeur, et le général de Chabannes étaient avec le Prince à Berlin.

Monseigneur, voyant manœuvrer des régimens, remarqua à quelques pas derrière lui M. du Theil, jeune avocat bien connu du barreau de Paris, il l'appela et le fit venir près de lui en disant : « Avancez donc, vous êtes le fils » d'un général français que la Prusse connaît » et qu'estimait Napoléon. »

Nous n'attendions pas, nous ne désirions pas semblable réception en Angleterre. Là, l'intérêt gouvernemental, l'intérêt anglais lui devait être contraire, et le petit-fils de Henri IV est trop de son pays pour ne s'en pas glorifier et pour s'accommoder de la pauvre part que les ministres anglais font, dans le *concert européen*, à la France actuelle.

On se souvient qu'en 1833, au moment où le roi Charles X quitta l'Ecosse, toute la population d'Edimbourg, qui avait vu, pendant deux ans, les vertus, la résignation et la bienfaisance des descendans de saint Louis, témoigna, d'une manière éclatante, à la famille royale, son attachement et ses regrets. Aussi ce fut par l'Ecosse, notre vieille et loyale alliée, que M. le comte de Chambord voulut commencer son voyage, dont la première pensée lui avait été inspirée par la reconnaissance. A Holy-Rood, il devait rencontrer de ces souvenirs d'enfance que l'on aime toujours; à Windsor, à Buckingham-Palace, il aurait trouvé la main de la reine Victoria, encore chaude des baisers de MM. de Nemours, de Joinville, d'Aumale et de l'ex-régent Espartero! Sans aucune hésitation, ce fut donc pour l'Ecosse que le jeune et auguste voyageur se décida. Une fois cette résolution arrêtée, M. le comte de Chambord, accompagné de M. le duc de Lévis et de M. Villaret de Joyeuse, alla s'embarquer à Hambourg. Partir de cette grande ville commerçante, c'était une préparation à bien voir cette riche et opulente Angleterre, que quelques uns ont surnommée une marchande couronnée.

HAMBOURG.

L'origine de Hambourg remonte au règne de Charlemagne. Ce prince y fonda un évêché et y établit une place d'armes. Le grand monarque ne pensait pas seulement à la lance et à l'épée, mais encore à la croix. Il savait que la religion garde bien ce qu'on lui confie. L'heureuse position de la ville naissante, assise sur la rive droite de l'Elbe, près de l'embouchure de ce fleuve dans la mer du Nord, traversée par la rivière l'Alster, baignée au sud-ouest par la Bille, attira bientôt une foule d'habitans, et, vers le douzième siècle, Hambourg (Hamburg) commençait à prendre de l'importance. En 1241, cette ville conclut, avec Lubeck, un traité qui devint la base de la confédération hanséatique; Hambourg appartenait alors aux comtes de Holstein. La chute de la ligue hanséatique n'exerça presque aucune influence sur sa prospérité.

En 1535, le vent d'hérésie, qui soufflait sur le monde pour le dessécher, fit tourner l'esprit des Hambourgeois au luthérianisme : alors la ville se réunit à la ligue protestante. En 1618, elle fut reçue au nombre des villes impériales. Toutefois elle ne jouit pas tranquillement de sa liberté. Les rois de Danemarck, en leur qualité de ducs de Holstein, revendiquaient des droits sur la ville ; mais, en 1768, ils y renoncèrent complètement, et Hambourg fut confirmée, dans ses droits, comme ville indépendante de l'empire d'Allemagne.

Sa liberté ne reçut aucune atteinte dans les troubles et les divisions de 1802, ni lorsque se forma la confédération du Rhin. En 1806, elle était protégée par la Prusse, mais à la fin de la même année, le géant du siècle, Napoléon, s'en empara et fit peser lourdement sur elle sa victorieuse épée.

En 1810, incorporée à l'empire français, Hambourg fut déclarée chef-lieu du département des Bouches-de-l'Elbe, et, selon la volonté du vainqueur d'alors, tout dut s'y façonner à la française. A cette volonté du conquérant, beaucoup de Hambourgeois ne voulurent pas se soumettre, et un grand nombre des plus riches négocians quittèrent la ville, surtout lorsque, en 1813, les Danois en livrèrent l'entrée au maréchal Davoust qui la convertit en place de guerre.

Enfin, en 1814, son indépendance fut solennellement reconnue.

La forme du gouvernement de la ville de Hambourg est démocratique; la puissance souveraine est partagée entre le sénat et la bourgeoisie. Le sénat se compose de trente-six membres; les revenus de ce territoire sont estimés à 4,500,000 fr., produits principalement par les douanes et les octrois.

La France, qui, en 1814, tout en cherchant à consolider son gouvernement intérieur, ne négligeait pas de réparer, autant qu'elle le pouvait, les injustices et les exactions commises au dehors, accorda à Hambourg, à titre d'indemnité, une rente de 500,000 fr.

Comme toutes les grandes villes, Hambourg a eu de grands désastres à enregistrer dans ses annales. Au mois de février 1825, un ouragan tel que de mémoire d'homme on n'en avait point encore vu, s'éleva du côté de la mer, fit déborder le fleuve dont les ondes courroucées se répandirent dans les trois quarts de la ville et y portèrent la désolation et la ruine. Après l'ouragan et l'inondation, arriva l'incendie. Le 4 mai 1842, à la pointe du jour, le feu prit chez un marchand de cigares ; il s'étendit rapidement et gagna bientôt les belles églises protestantes de Saint-Pierre et de Saint-Nicolas (1) : leurs flèches gothiques, élancées à une grande élévation, s'enflammèrent et devinrent semblables à de hautes torches funèbres éclairant la ville consternée. Le beau bassin de l'Alster, situé à une grande distance, en reflétait les épouvantables clartés ; tour et clochers tout à coup s'écroulèrent..... Il partit alors de tous les points de la cité un immense cri de désespoir ; ces torrens de flammes roulant et envahissant tout, dévorant les richesses de la ville ; les édifices croulant ; des madriers et des charpentes embrasés tombant et formant au travers des rues des barricades infranchissables ; tout cela était affreux, sans doute ; mais quelque chose de plus horrible, de plus épouvantable encore, ce fut le vol se dressant au

(1) Extrait d'une lettre du vicomte d'Arlincourt.

milieu de cet enfer. Alors commencèrent des scènes révoltantes et hideuses; des bandes de brigands se précipitèrent dans les maisons où le feu n'était pas encore parvenu, chassèrent les propriétaires sous le prétexte de les sauver, en leur annonçant qu'on allait faire sauter leurs maisons, et que la poudre était déjà dans leurs caves; puis ils pillaient et ravageaient : c'était l'infernale avant-garde du génie du mal. »

Il ne reste plus que des ruines des deux églises citées plus haut, qui étaient regardées comme des chefs-d'œuvre d'architecture gothique, et tout près d'elles le monument de la Bourse a échappé à la destruction. Ne dirait-on pas que, en cette circonstance, le fléau de l'incendie a voulu respecter le temple du dieu que l'époque adore?

L'industrie est fort active à Hambourg. Une de ses branches les plus importantes consistait autrefois dans les brasseries; depuis vingt-cinq ans, d'autres industries rivales sont survenues, entre autres la raffinerie du sucre, qui compte aujourd'hui plus de trois cents établissemens employés à ce genre de commerce.

Hambourg, comme on le voit, avait plus d'un titre pour attirer M. le comte de Chambord, car s'il aime les grands aspects qu'offre l'industrie, il s'émeut aux traces de grands malheurs. Quand il y arriva, le 3 octobre, accompagné du duc de Lévis et de M. de Villaret-Joyeuse, il trouva dans cette ville riche et populeuse les égards qui sont dus à son nom e taux infortunes de sa famille.

Arrivé à la pointe du jour, après quelques instans de repos, le prince, selon son habitude, se mit en marche pour aller voir et étudier tout ce que la ville et les environs ont de curieux et d'intéressant.

La reconstruction du quartier de l'Alster, celui qui a souffert le plus lors de l'incendie, était fort avancée lorsque le prince est allé le visiter. Il s'élevait des milliers de maisons en briques, plus remarquables par leurs dimensions que par le goût de leur architecture. A cette époque, si beaucoup de traces du grand désastre avaient disparu, les quartiers où les flammes avaient fait le plus de ravages étaient dans un grand désordre. Les travaux de terrassement et de maçonnerie faisaient de ces quartiers d'immenses cloaques.

A la gloire des habitans de Hambourg, il faut faire remarquer tout de suite que, parmi les édifices auxquels on travaillait avec le plus d'ardeur, on comptait des églises. Dans cette cité toute commerciale, les édiles avaient pensé aux maisons de Dieu, en même temps qu'ils avaient songé aux maisons de l'industrie et du commerce. N'est-ce pas là un grand acte de foi fait solennellement sur les cendres encore chaudes et au milieu des ruines que le terrible fléau a laissées après lui?

Après toute une journée d'explorations, M. le comte de Chambord est allé passer le soir au spectacle, où la célèbre danseuse Fanny Elssler donnait une représentation. A peine était-il arrivé dans la salle, que les sénateurs de la ville sont venus le presser de se rendre dans la loge du sénat, d'où il pourrait mieux voir la danse de l'actrice dont Paris a fait la renommée. MM. les sénateurs ont été, pour le prince et pour les personnes qui l'accompagnaient, d'une parfaite courtoisie. De son côté, M. le comte de Chambord a su leur dire, avec sa bienveillance ordinaire, qu'il n'ignorait pas l'accueil hospitalier que la ville de Hambourg avait en tout temps fait aux Français émigrés et proscrits, et qu'il saisissait avec bonheur l'occasion de les en remercier.

Le lendemain, 4 octobre, le prince s'est embarqué à bord du steamer *le Hambourg* avec les personnes de sa suite.

Je me persuade que ça n'a pas été sans une vive émotion que le petit-fils de Charles X s'est éloigné du continent. La mer sur laquelle il allait voguer est un grand chemin qui conduit à tous les pays ; un vaste espace neutre où des hommes de toutes les nations se rencontrent et se hèlent pour se reconnaître, se saluer au passage et pour s'entr'aider au besoin. Là, le proscrit, qui ne peut retourner au pays natal, rencontre parfois un vaisseau de sa patrie ; il en entrevoit l'équipage, entend les paroles ou les chants des matelots et son cœur ressent alors ce que le barde écossais Ossian a appelé *the sad joys of grief,* les tristes joies de la douleur.

HULL.

Après une traversée assez dure de quarante-neuf heures, Monseigneur, qui n'avait été que médiocrement incommodé du mal de mer, arriva à Hull par un temps humide et brumeux qui l'avait empêché de saisir, du pont du vaisseau, l'aspect général du pays ; ce rideau de brouillards que des poètes ont nommé l'humide ceinture d'Albion, contrarie bien souvent la curiosité des voyageurs. Les côtes de France se montrent plus franchement ; le soleil les éclaire mieux.... Mais ce n'était pas vers celles-là que le royal banni venait de voguer.... L'avenir, c'est comme Albion ; il est bien enveloppé de nuages ; on marche vers lui sans le voir !

Hull ou Kingston-upon-Hull est une ville du Yorkshire, offrant un bon port aux vaisseaux ; la ville est assise à l'embouchure du fleuve le Humber et bien fortifiée ; son étendue est considérable. Ce port a été long-temps le premier de l'Angleterre pour la pêche de la baleine ; mais depuis l'adoption de l'éclairage au gaz, ce qui emploie le plus ses vaisseaux, c'est son commerce avec le nord de l'Allemagne, qui prend chaque jour de l'accroissement.

Le roi Edouard Ier est le fondateur de Hull ; c'est lui qui fit creuser le havre, et qui accorda, à ceux qui vinrent s'établir dans sa ville, de grands et durables priviléges ; aussi ce port ne tarda pas à devenir un des plus importans du royaume. Avant que la guerre civile n'éclatât entre le roi Charles Ier et le parlement, ce monarque avait établi à Hull d'immenses magasins ; lui aussi, comme son royal prédécesseur, s'était mis à aimer Hull ; comme les hommes isolés se font souvent ingrats, les villes manquent aussi parfois de gratitude, c'est ce qui arriva à celle fondée par Edouard Ier et enrichie par Charles Stuart.

Depuis plus de six mois, surtout depuis que le roi et sa famille étaient venus s'établir à York, ville dévouée à la cause de la couronne, il existait entre le parti royaliste et le parti parlementaire une guerre de plume ; des deux côtés on se battait à coups de mémoires, de factums et de pamphlets, c'était triste sans doute, car cela prouvait le désaccord et l'irritation des esprits ; mais le sang ne coulait pas.

Charles, d'après l'historien Hume, avait dans cette lutte un double avantage, non seulement sa cause était la plus favorable, parce qu'il avait à soutenir l'ancien gouvernement de l'Église et de l'État contre les plus illégales prétentions ; elle était aussi défendue avec le plus d'éloquence. Lord Falkland avait accepté l'office de secrétaire d'état : les plus pures vertus, les plus riches dons de la nature et les plus riches acquisitions du savoir se trouvaient réunis dans son caractère ; ce fut ce seigneur, avec le secours du roi même, qui composa presque tous les mémoires du parti royal. Charles était si sûr de sa supériorité dans ce combat d'intelligence, qu'il prenait soin de faire distribuer les écrits du parlement avec les siens, pour mettre l'Angleterre à même de comparer et de prononcer entre les deux partis avec entière connaissance de cause.

Il faut faire remonter à cette guerre écrite l'origine des journaux anglais.

Pareils combats ne pouvaient mettre fin à la lutte engagée, il fallait que l'épée brillât au soleil et cela ne tarda pas.

Par les soins de Charles, des magasins d'armes avaient été établis à Hull pour résister aux agressions de l'Ecosse, et quoique le chevalier Hotham, d'après l'historien Hume, eût accepté des communes sa commission de gouverneur, on ne le croyait pas mal disposé pour l'Eglise et la couronne. Charles Ier se flatta que, s'il se présentait lui-même aux portes de cette ville avant l'ouverture des hostilités, Hotham, respectant la majesté royale, le recevrait avec son cortége; après quoi il lui serait facile de se rendre maître de la place. Mais le gouverneur était sur ses gardes; il ferma les portes et refusa hautement de recevoir son roi qui ne demandait l'entrée qu'avec une suite de vingt personnes. Charles Ier le déclara aussitôt traître et porta plainte contre lui au parlement d'une désobéissance si formelle. Le parlement avoua et justifia l'action de Hotham.

C'est là le principal souvenir qui se rattache à la ville de Hull. Lorsque M. le comte de Chambord y arriva, les bassins de cette ville, maintenant toute commerciale, étaient remplis de bâtimens à voiles et de steamers, et ses quais

étaient couverts d'une population nombreuse
et active. La ville présente quelques rues assez
belles et ornées d'élégans magasins. Dans le
vieux quartier, on aperçoit encore des maisons
ayant pignon sur rue. Ces vieux bâtimens, avec
leurs toits pointus, leurs hautes cheminées et
leurs fenêtres à croix de pierre, sont là comme
de vieux témoins des temps passés; mais, comme
aujourd'hui on fait peu d'attention aux vieillards, ces maisons sont à peu près délaissées;
les maisons nouvelles, quoique sans illustration, sont bien plus recherchées, étant bien
plus commodes.

Malgré l'incognito que M. le comte de Chambord voulait garder, *le consul de France, qui est Anglais,* vint courtoisement offrir ses services au petit-fils du roi Charles X, et l'accompagna avec beaucoup d'égards jusqu'à l'embarcadère du chemin de fer où il fit retenir un wagon particulier pour Son Altesse Royale. J'aime à croire que, si le consul avait été Français, il eût agi de même.

Malgré ces égards témoignés au noble voyageur, M. Barrande, arrivé à Hull un jour trop tard, ne put découvrir, d'un manière positive, quelle route avait prise Monseigneur; dans l'incertitude, il prit le chemin le plus direct pour arriver en même temps que Monseigneur à Edimbourg. Dans la diligence, ce fidèle et loyal Français entendit un voyageur parler d'un grand personnage qui venait de traverser le pays sans que rien n'eût révélé son nom. Cet Anglais demanda au Français assis près de lui, s'il ne connaissait pas le personnage qui avait voulu conserver un si stricte incognito; comme de raison notre compatriote ne trahit point le secret que le prince avait cru devoir garder. Dans tous les pays du monde, la curiosité existe, mais en Angleterre elle est plus vive qu'ailleurs. Pour découvrir quel était le noble gentleman qu'on avait vu voyager entouré d'égards et de respect de la part des hommes qui l'accompagnaient, des curieux s'étaient adressés aux laquais de l'inconnu et insistaient pour savoir le nom de leur maître; mais ceux-ci, aussi discrets que dévoués, ne satisfirent pas la curiosité britannique; tout ce que je sais, ajouta l'Anglais, c'est que j'ai vu sur leurs boutons de livrée trois fleurs de lys et une couronne; il n'en fallut pas davantage à M. Barrande pour reconnaître S. A. R. Monseigneur le duc de Bordeaux.

Le prince, en partant de Hull, n'avait point pris, pour se rendre en Ecosse, le même chemin que son ancien instituteur; il s'était rendu dans la belle et historique ville d'York, ville qui allait lui offrir de grandes réminiscences, et bien des points de comparaison avec nos récentes et terribles révolutions.

YORK.

La plaine ou vallée dans laquelle la vieille et noble cité d'York s'élève est la plus vaste de l'Angleterre ; quelques écrivains anglais avancent même qu'il n'y en a pas en Europe une aussi étendue. Ce que je crois pouvoir assurer, c'est qu'il n'y en a pas une aussi bien cultivée. De cet immense plateau parfaitement nivelé, le voyageur, sans apercevoir encore aucune des maisons de la ville, voit quelque chose de noir se dessiner sur le ciel ; on dirait un vaisseau en pleine mer se montrant à l'horizon : c'est la cathédrale, la merveille de l'Angleterre. Avant d'arriver à Chartres, on voit ainsi long-temps d'avance les hautes tours de Notre-Dame. Mais la plaine qui avoisine York me plaît bien autrement que la monotone fertilité des champs de la Beauce.

York (1) est une des plus nobles cités de la Grande-Bretagne; elle donne son nom au second fils de ses souverains; long-temps elle fut surnommée la capitale du Nord. Ses magistrats ont d'honorables priviléges, et des antiquaires prétendent qu'elle a été bâtie par les Romains, sur le plan de Rome. Ce serait une preuve de plus que la gloire des conquêtes n'efface point le souvenir de la patrie au cœur des soldats. Tous les peuples conquérans ont élevé, sur les terres dont ils s'emparaient, des villes comme leurs villes, et leur ont donné des noms semblables aux noms qu'ils avaient entendu prononcer au pays natal.

Il reste encore d'antiques murailles qui redisent bien toute l'ancienneté d'Eboracum (aujourd'hui York), ainsi que de belles portes de ville. On en montra une appelée Micklegate, et que l'on me dit être de construction romaine : je n'en crois rien. C'est sur cette porte que la tête de Richard, duc d'York, fut placée après la ba-

(1) *Lettres sur l'Angleterre*, par le vicomte Walsh; chez Hivert.

taille de Wakefield. Dans son ambition, il avait rêvé la couronne d'Angleterre ; par dérision, on mit sur sa tête, pâle et défigurée, un diadème de papier doré.

Shakespeare fait allusion à cette sanglante moquerie, quand il fait dire à Marguerite :
Off with his head !
Emportez sa tête ! mettez-la sur une des portes d'York ; York surveillera ainsi la ville d'York.

Auprès de ce trophée on en avait placé d'autres de la même espèce : la tête du jeune comte de Rutland, second fils du duc d'York, et celles de Salisbury, Limbric et Ralph Stanley.

A un mille et demi de la ville, on remarque trois collines de forme régulière, et qui furent, à ce que l'on prétend, élevées par des soldats romains ; elles portent le nom de collines de Sévère, et seraient, si l'on en croit la tradition, le tombeau de cet empereur mort à York. — Un autre César, Constance-Chlore, est aussi mort dans cette ville ; son fils Constantin y est né dans l'année 272. L'impératrice Hélène était du même pays. Le fameux Alcuin, précepteur de Charlemagne, vient ajouter son nom à tous ces noms illustres.

Les champs qui environnent la vieille cité

ont été rassasiés de sang. C'est là que les fameuses roses blanches et rouges ont été cueillies, non pour servir à des fêtes, mais pour être arborées comme cocardes ennemies par les maisons d'York et de Lancastre. A quatre lieues d'York, il y eut alors une sanglante bataille, où 36,000 Anglais furent tués.

Le 3 juin 1642, Charles I*er* passa une revue dans les landes de Hewort ; 70,000 hommes, déterminés à soutenir sa cause, étaient sous les armes. Son jeune fils, depuis Charles II, était à ses côtés, suivi par une troupe de cent cinquante chevaliers bouillans d'ardeur et brillans d'acier et d'or.

Quand le monarque et le prince parurent dans la plaine, un tel cri d'amour et d'enthousiasme monta vers le ciel, que Charles s'arrêta et dit à son fils : *Ah! il est doux d'être aimé ainsi!* Et l'enthousiasme du peuple s'accrut de l'émotion du roi, et les cris : *God bless the king! God bless the king!* redoublèrent.

Deux ans plus tard, à peu près, dans ces mêmes parages, les troupes du parlement et celles du roi se rencontrèrent. Chaque armée comptait au moins 25,000 soldats. — Les parlementaires avaient pour cri de guerre : *Dieu avec nous!* les royalistes : *Dieu et le Roi!* Malgré la justice de leur cause, ces derniers furent défaits.

> ....on Marston-Heath,
> Met front to front, the ranks of death
> Flourished the trumpets fierce, and now
> Fir'd was each eye, and flush'd each brow.
> On either side Loud clamours ring,
> GOD AND THE CAUSE!—GOD SAVE THE KING!
> Right English all, they rush'd to blows
> With naught to win, and all to lose.
> *Scott's Rokeby.*

York se distingua toujours par son attachement à la cause des Stuarts ; plus tard, en 1745, cette ville vit exécuter dans son sein vingt-deux Stuartistes pris les armes à la main, combattant pour l'arrière-petit-fils du roi décapité. On plaça sur une des portes plusieurs têtes ; mais pendant la nuit elles furent enlevées, et quand le jour vint, on trouva à leur place des palmes comme celles que les premiers chrétiens jetaient sur les tombes des martyrs.

Pendant que le descendant des rois de France visitait avec intérêt cette ville si riche en souvenirs, M. Barrande continuait sa route vers Edimbourg pour y faire les logemens du prince. Il entrait dans le plan de voyage de Monseigneur de revenir à York; il n'y prolongea donc pas son séjour et partit par un de ces nombreux chemins de fer qui, du cœur de l'Angleterre (Londres), s'étendent en sillonnant toutes ses parties pour y porter la vie, le mouvement et la richesse.

DURHAM.

Du comté d'York, Henri de France s'est rendu dans l'évêché de Durham. La ville qui porte ce nom est aussi une des plus vieilles de l'Angleterre. Le sol d'où elle s'élève a, il y a bien des siècles, été foulé et habité par un des plus puissans peuples des temps passés, connu sous le nom de Brigantes.

Pendant l'héptarchie, cette partie du territoire appartenait au Northumberland et n'en aurait pas été détachée sans la vive et profonde vénération qu'inspira, parmi les premiers chrétiens d'Albion, la sainteté de Cuthbert, évêque de Lindisfarne. Le peuple et le souverain de cette partie de l'île, ne voulurent pas qu'un homme d'une si éminente piété, et qui faisait tant de miracles, relevât d'un autre que de Dieu, et lui donnèrent et assurèrent à ses successeurs cette partie du territoire connu sous le nom d'évêché de Durham.

Guillaume-le-Conquérant confirma cette donation, et, conférant à ces prélats le titre de comtes Palatins, il les investit de tels pouvoirs, qu'ils étaient dans leur diocèse plus puissans que le roi. De là vient que cette division de l'Angleterre, au lieu d'avoir l'appellation commune de *comté*, porte encore celle d'*évêché de Durham*.

Pour arriver à l'antique cité où siégeaient jadis dans leur haute puissance les successeurs de Saint-Cuthbert, M. le comte de Chambord traversa la petite ville de Darlington, qui ne date aucunement, que je sache, dans les annales de l'Angleterre; ce dont je la féliciterais presque, car, pour les villes comme pour les hommes, la célébrité se fait presque toujours avec du malheur. Durham n'a pas eu que des jours prospères pour acheter sa renommée! Cette grande et belle cité est presque tout entourée par les ondes de la riviere la Weare (the Weare). Sa fondation remonte à 995, époque à laquelle les religieux de Lindisfarne s'y établirent et y transportèrent les reliques et la châsse miraculeuse de Saint-Cuthbert. Aujourd'hui les hommes se rassemblent là où des cours d'eau, où des rivières, des fleuves peuvent activer l'industrie ; dans les temps de foi, c'était autour du cercueil d'un saint que les populations accouraient s'unir pour prier, vivre et mourir ensemble. Cette pensée pieuse a créé Durham.

Cette ville se distingue par la beauté de sa situation et par l'aspect vénérable de ses vieux édifices. La cathédrale surtout, plus régulière que ne le sont la plupart des églises du XIe siècle, est majestueuse par son étendue, à laquelle on donne 411 pieds de longueur, et par une tour haute de 214 pieds. Cette basilique tient une place distinguée parmi les beaux monumens d'architecture normande. M. le comte de Chambord, qui a vivement admiré à Rome l'église de Saint-Pierre, à Venise le palais bysantin du doge, a été frappé de la beauté d'ensemble et de détails de la cathédrale de Durham. Là, Monseigneur a pensé que l'architecture gothique est en parfaite harmonie avec le climat de l'Angleterre.

C'est dans les noires murailles du château de Durham que la plupart des chroniqueurs anglais font pénétrer le vaillant et loyal Wallace sous les habits d'un barde pour y conférer avec Robert Bruce. D'autres pays que l'Ecosse ont eu leurs Wallace, la France a eu les siens.

Durham présente un aspect très pittoresque; la ville s'élève en amphithéâtre sur des collines qui forment un fer à cheval. Son plus beau monument, la cathédrale, est construit sur le point culminant d'un roc dont le pied est baigné par la Weare. Les bords de cette rivière et la pente qui y conduit depuis l'église, forment des promenades plantées d'arbres d'une rare beauté. Durham est une de ces villes dont la mémoire emporte l'image pour la conserver.

SUNDERLAND.

De la ville de Saint-Cuthbert, Henri de France est allé voir Sunderland, renommée par son magnifique pont. Cette jolie ville contraste, par son air coquet, par ses maisons neuves, avec l'antique et solennel Durham. Sunderland est formée de trois villes distinctes, Sunderland proprement dite et Bishop-Wearmouth, situées sur la rive droite du Weare, et Monk-Wearmouth, sur la rive gauche, réunies par une seule arche non suspendue en fonte de fer, et de telles proportions, que des vaisseaux y passent à pleines voiles sans courber leur orgueilleuse tête. Pendant que M. le comte de Chambord était arrêté sur ce magnifique pont, il a vu voguer au dessous de lui des bricks d'un assez grand tonnage. Sunderland possède un beau port où se construit un grand nombre de vaisseaux ; c'est l'entrepôt de l'immense exploitation des mines de houille, situées dans le bassin du Wear. Sous tout ce pays animé de villes industrielles et historiques, que le voyageur explore avec intérêt, tout un monde souterrain s'agite et travaille dans la profondeur des mines. Ce que les ouvriers mineurs extraient des entrailles de la terre, sert ainsi à embellir sa surface.

Sunderland est remarquable par sa marine marchande qui jauge 94,000 tonneaux, ce qui lui assigne le quatrième rang parmi les villes d'Angleterre, considérées sous le point de vue commercial.

NEWCASTLE.

Newcastle, situé sur les bords de la Tyne, s'élève près de l'antique muraille construite en terre par l'empereur Adrien, en pierres par Sevère et en briques par Aëtius, afin de préserver la Grande-Bretagne des torrens armés des Pictes qui faisaient alors trembler les soldats romains vainqueurs du monde. Le sol environnant cette ville cache sous ses verdoyantes prairies, une des plus grandes richesses de l'Angleterre, de fécondes et inépuisables mines de houille. Le fils aîné de Guillaume-le-Conquérant y fit bâtir un château pour arrêter les Écossais; et, depuis ce temps, la ville voisine qui s'appelait *la cité des Moines* (Monk-Chester), prit le nom de Château-Neuf (New-Castle); ainsi, la forteresse effaça le couvent.

Pour plaire à Henri de France, Newcastle n'avait pas seulement ses vieux souvenirs des Romains et des Pictes ; cette ville jouit, de plus, de tous les embellissemens, de toutes les améliorations, de toutes les richesses qu'amènent les progrès de l'industrie, et, dans l'esprit et le caractère du prince voyageur, il n'y a rien d'exclusif; il aime, à la fois, le passé et le présent, et espère de l'avenir. On admire à Newcastle un pont en pierres formé de neuf arches elliptiques jetées sur la Tyne; un des plus beaux quais de l'Angleterre longe cette rivière. On y remarque encore l'hôtel-de-ville (the town-hall), le palais-de-justice (county-hall), le théâtre, le casino (assembly-rooms) et l'église Saint-Nicolas. Le gymnase, la bibliothèque publique, les sociétés de belles-lettres, philosophiques et celle des antiquaires sont les principaux établissemens scientifiques et littéraires, établissemens bien en harmonie avec les études et les goûts de M. le comte de Chambord.

Newcastle s'étend depuis les bords de la Tyne jusqu'au sommet d'une colline assez élevée que domine une tour de 80 pieds de hauteur. L'église de Saint-Nicolas, bâtie en 1359, s'élève au dessus de tous les autres édifices, comme une pensée religieuse au dessus des pensées terrestres. Sa tour en spirale se termine par une large couronne impériale, hommage offert au Roi du ciel par le génie des hommes (1). Le long de la côte, le voyageur, par mer, rencontre en foule les charbonniers de Londres; ce sont de gros bâtimens qui portent dans la capitale, dans les ports du littoral britannique et même dans ceux de l'Océan et de la Méditerranée, le charbon de terre de Newcastle et de Sunderland. Plus de douze cents navires sont employés pour le transport de cet utile et abondant combustible auquel l'Angleterre doit une grande partie de sa prospérité manufacturière, combustible qui, aujourd'hui, met l'Univers en progrès, en aidant si puissamment à la locomotion, en économisant le temps, en faisant franchir si rapidement les plus grandes distances.

La Grande-Bretagne a deux pépinières de matelots, les pêcheries du Groënland et le commerce du charbon. Le capitaine Cooke avait d'abord servi en qualité de matelot sur un vais-

---

(1) Extrait du *Voyage à Holy-Rood*, par J.-P. Fallon, édité par Hyvert.

seau charbonnier de Newcastle, et l'on conserve avec vénération, dans les environs de cette ville, la maison où est né l'homme de bien et le grand navigateur.

C'est en consultant l'excellent ouvrage que M. Charles Dupin a publié, il y a quelques années, sur l'Angleterre, que, en partant de Hull, M. le comte de Chambord a visité successivement le bassin du Humber, les villes d'York et de Newcastle, les côtes de Durham et de Northumberland, ainsi que la ville et le pont si célèbre de Sunderland. Ce voyage a été d'autant plus intéressant pour le prince, qu'il était accompagné, comme je l'ai dit, par M. Villaret-Joyeuse, l'un de nos meilleurs officiers de marine, et dont l'esprit est aussi observateur que distingué.

ALNWICK,

KELSO, MELROSE-ABBEY ET ABBOT'S FORD.

En passant d'Angleterre en Ecosse, M. le comte de Chambord s'est dirigé sur Abbot's ford, demeure du célèbre Walter-Scott. Ce romancier, j'allais dire cet historien, est un des auteurs qu'aime l'esprit méditatif, chaleureux et grave du jeune prince.

Des écrits comme ceux de Walter-Scott, où les choses sacrées des vieux temps sont presque toujours respectées, où les droits des souverains et des peuples sont sagement et dignement défendus, l'historien qui a raconté avec tant d'attrait la bonne et la mauvaise fortune, la gloire et les malheurs de la dynastie des Stuarts; celui qui nous a fait voir les douleurs de la reine Marie Stuart dans la prison de Lochleven et la vaillance du prince Charles-Edouard dans son expédition de 1745, doit naturellement plaire au petit-fils de Charles X. Car Walter-Scott avait l'âme trop élevée pour ne vouloir adorer que le bonheur.

En suivant le chemin d'Abbot's ford, Monseigneur passait près d'Alnwick, résidence du duc de Northumberland, grand et puissant seigneur anglais, qui avait été choisi par le roi Georges IV pour aller le représenter dans la royale basilique de Rheims, au sacre de Charles X.

Ce château d'Alnwick, l'une des plus imposantes demeures qu'offre l'Angleterre, déploie une majestueuse façade dont le faîte, dans toute sa vaste étendue, est couronné de créneaux, et chacun des créneaux porte la statue d'un chevalier armé en guerre dans les attitudes variées du combat.

Ce précieux monument d'antiquité a été restauré souvent, mais avec une fidélité si exacte qu'il n'a rien perdu de sa physionomie primitive. Plus bas, un pont, qui est également du moyen-âge et de la même conservation, traverse une jolie rivière dont le cours baigne des prairies délicieuses : c'est non loin de là que le vaillant Douglas fut tué par un des jeunes Percy qui furent faits prisonniers tous deux dans le même combat.

A quelque distance, une croix élevée au-dessus de la côte marque le dernier champ de bataille et le lit de mort d'un roi soldat ; c'est l'endroit où est tombé Malcolm.

Henri de France frappa à la porte du château d'Alnwick ; mais il n'entrait pas dans ses projets de se faire connaître encore, voulant arriver à Edimbourg enveloppé de son incognito. Certes, s'il s'était fait annoncer, s'il avait dit qui il était, devant lui les portes se seraient ouvertes larges ; car le duc de Northumberland l'avait vu enfant dans les palais du roi de France, entouré d'hommages, d'amour et de dévoûment ; et ce ne sont pas des caractères comme le sien qui méconnaissent un homme parce que la bonne fortune s'est détournée de lui.

M. le comte de Chambord entra au château comme un simple voyageur et demanda à voir ce qu'il renfermait de curieux ; avec une grande courtoisie, tout lui fut montré ; et quand, l'exploration terminée, on présenta aux visiteur le livre où ils inscrivent leurs noms, M. le duc de Lévis signa seul ; ce nom, si honorable et si honoré, en fit soupçonner un autre, et bientôt le noble seigneur d'Alnwick écrivit pour solliciter de Son Altesse Royale l'honneur d'une autre visite.

La ville qui porte, ainsi que le château, le nom d'Alnwick, s'élève sur une colline, près de la rivière d'Aln que l'on passe sur un beau pont dû à la magnificence du duc de Northumberland.

Deux événemens remarquables de l'histoire d'Angleterre se sont passés sous les murs de cette ville. Malcolm II, roi d'Écosse, l'assiégeait au onzième siècle. Le château démantelé était près de se rendre, lorsqu'un soldat, sous prétexte de présenter au bout de sa lance les clés de la ville au prince, le blessa mortellement. Édouard, son fils, voulant venger la mort de son père, périt, et son armée fut mise en déroute.

En 1167, Henri II y remporta une grande victoire sur Guillaume, dit le Lion, roi d'Écosse, le fit prisonnier et le força de payer une rançon de 100,000 livres sterling.

Alnwick, capitale du Northumberland, offre le jour de saint Marc, le 25 avril, un bien singulier usage et que l'on chercherait vainement ailleurs. D'après cette bizarre coutume du moyen-âge, ceux qui doivent être affranchis des droits féodaux se rassemblent à cheval sur la place du marché. Le costume de chaque cavalier est un habit blanc, l'épée au côté et un bonnet de nuit sur la tête. Ainsi costumés, ils partent du lieu du rendez-vous, accompagnés par les quatre chambellans de la ville, vêtus et armés de la même manière. Précédés par la musique, ils se dirigent vers un marais situé dans le voisinage. Là, ils mettent tous pied à terre, et, suivant la vieille ordonnance encore respectée, ils sont obligés de traverser à la nage le marais boueux, d'où ils sortent dans un état qui provoque l'hilarité de la foule. Cette cérémonie qui ne se pratique qu'à Alnwick, s'appelle en langage vulgaire *sauter le puits*.

De notre temps, nous avons vu bien des hommes qui, ainsi que le peuple d'Alnwick, se sont jetés dans la boue pour gagner des libertés, mais ceux-là n'ont pas toujours fait rire, car le sang avait rougi la boue dans laquelle ils étaient descendus.

Entre Alnwick et Melrose, monseigneur le comte de Chambord s'arrêta à Kelso pour y assister à des courses de chevaux. Mêlé dans la foule, il prit grand intérêt à ce spectacle qu'il voyait pour la première fois au pays classique du turf, des paris, des entraîneurs, des jockeys et des chevaux.

Kelso compte 5,000 habitans environ et appartient au comté de Rox-Burgh. Elle est remarquable par l'élégance de ses maisons, par la beauté et la fertilité des champs qui l'entourent. Aussi cette contrée est embellie et animée par beaucoup de châteaux habités par d'anciennes familles. C'est dans le voisinage de Kelso à Makaston, que M. Brisbane, astronome distingué et ancien gouverneur de la Nouvelle-Galles, dans l'Océanie, continue ses savantes observations. C'est aussi la patrie du poète Thompson, l'auteur du poème des *Saisons*.

Dans cette petite ville, le duc et la duchesse de Roxburgh furent remplis de prévenantes attentions pour Son Altesse Royale et l'invitèrent avec instances de s'arrêter sous leur toit. Lord Eglington montra aussi au fils de France combien il tiendrait à honneur de le recevoir chez lui, et que si cette faveur enviée lui était accordée, il saurait en perpétuer le souvenir par de splendides fêtes.

En remontant le cours de la Tweed, et près de l'industrieuse Kelso, on arrive à Melrose, très petite ville, mais à laquelle les magnifiques ruines de son ancien monastère ont donné une renommée européenne.

L'antique et magnifique monastère de Melrose a été fondé par le roi David Ier. Ses ruines redisent son ancienne splendeur, et le temps nous les a conservées, comme pour nous empêcher d'être si fiers de ce que nous faisons aujourd'hui, en nous laissant un spécimen de ce que savaient faire nos pères. Jamais le ciseau n'a joué avec la pierre comme il l'a fait à Melrose ; le mot *dentelle de pierre* aurait dû être gardé pour donner une idée des ornemens que les âges passés ont sculptés sur les murs de la sainte et vénérable abbaye. Là, les tailleurs de pierre ont orné le haut de leurs colonnes de couronnes de fleurs entremêlées de fruits, et quand la main du temps détache de ces merveilleux chapiteaux quelques fruits ou quelques fleurs, l'amateur de l'art, en regardant de près chacun de ses fragmens, s'émerveille de la perfection apportée dans tous leurs détails.

Nous avons vu, servant de serre-papiers, sur le bois d'une table de travail, de ces précieuses reliques de Melrose ; ces guirlandes avaient été faites pour être vues de loin, et cependant elles ont tout le fini d'objets qui doivent être admirés de près.

Les ruines de Melrose n'ont pas seulement cette beauté de détail, mais leur ensemble est d'un effet imposant.

Sous ces arcades à ogives que le petit-fils de saint Louis est allé visiter, jadis de graves religieux ont médité sur les vanités de ce monde ; et sous les voûtes que la religion avait consacrées et où règne aujourd'hui tant de silence, des voix se sont élevées pour louer le Seigneur et pour dire aux grands de la terre qu'aux yeux du Roi des rois rien ne trouve autant de grâce qu'une grande infortune noblement portée.

L'aspect des ruines touche toutes les âmes élevées ; écoutez l'homme que monseigneur le duc de Bordeaux va bientôt trouver à Londres, écoutez Châteaubriand :

« Tous les hommes ont un secret attrait pour les ruines. Ce sentiment tient à la fragilité de notre nature, à une conformité secrète entre ces monumens détruits et la rapidité de notre existence. Il s'y joint une idée qui console notre petitesse en voyant que des peuples entiers, des hommes autrefois si fameux n'ont pu vivre cependant au delà du peu de jours assignés à notre obscurité. Ainsi, les ruines jettent une grande moralité au milieu des scènes de la nature. Quand elles sont placées dans un tableau, en vain on cherche à porter les yeux autre part : ils reviennent toujours s'attacher sur elles. Et pourquoi les ouvrages des hommes ne passeraient-ils pas, quand le soleil qui les éclaire doit lui-même tomber de sa voute.

» Celui qui le plaça dans les cieux est le seul souverain dont l'empire ne connaisse pas de ruines.

» Il y a deux sortes de ruines, l'une ouvrage du temps, l'autre ouvrage des hommes ; les premières n'ont rien de désagréable, parce que la nature travaille auprès des ans : font-ils des décombres, elle y sème des fleurs ; font-ils un tombeau, elle y place le nid d'une colombe : sans cesse occupée à reproduire, elle environne la mort des plus douces illusions de la vie. »

Ailleurs le grand écrivain, le grand peintre des temps modernes ajoute, en parlant des ruines gothiques qui se dressent encore au dessus des bruyères de l'Écosse :

« Rien de plus pittoresque que ces débris ; sous un ciel nébuleux, au milieu des vents et des tempêtes, au bord de cette mer dont Ossian a chanté les orages. Leur architecture originale a quelque chose de grand et de sombre, comme le Dieu du Sinaï dont elle perpétue le souvenir. Assis sur un autel brisé, dans les Orcades, le voyageur s'étonne de la tristesse de ces lieux ; un océan sauvage, des sirtes embrumées, des vallées où s'élève la pierre d'un tombeau, des torrens qui coulent à travers la bruyère, quelques pins rougeâtres jetés sur la nudité d'un *morne* flanqué de couches de neige, c'est tout ce qui s'offre aux regards. Le vent circule dans les ruines et leurs innombrables jours deviennent autant de tuyaux d'où s'échappent des plaintes ; l'orgue avait jadis moins de soupirs sous ses voûtes religieuses. De longues herbes tremblent aux ouvertures des dômes ; derrière ces ouvertures, on voit fuir la nue et planer l'oiseau des terres boréales ; quelquefois égaré dans sa route, un vaisseau caché sous ses voiles arrondies, comme un esprit des eaux caché sous ses ailes, sillonne les vagues désertes sous le souffle de l'aquilon ; il semble se prosterner à chaque pas et saluer les mers qui baignent les débris du temple de Dieu. »

L'abbaye de Melrose, dès son origine, avait été dédiée à la sainte Vierge et ses moines étaient de l'ordre cistercien.

On raconte que sur l'emplacement où se voient aujourd'hui les ruines de Melrose, existait antérieurement un temple païen ; là, comme dans beaucoup d'autres lieux, la vérité est venue détrôner l'erreur. Parmi le peuple, la tradition est encore que, là jadis, les magiciens et les sorcières de l'Écosse venaient tenir leur sabbat et danser leurs rondes infernales. On assure même que sous les ruines, dans un mystérieux souterrain, on a vu long-temps le tombeau du nécromancien Michel Scott; et que sur la pierre de sa tombe étaient déposés les livres de magie de ce roi des sorciers, lesquels grimoires étaient scellés d'un sceau magique.

Ces ruines que tous les touristes des trois royaumes et les voyageurs étrangers veulent visiter, occupent encore une grande étendue. Ce qui reste de l'église n'a pas moins de 258 pieds de longueur sur 137 de large, et embrasse dans son ensemble 943 pieds. Huit croisées de la nef n'ont point été détruites par la main du temps et l'on en admire la hardiesse et la beauté. Chaque grès de la masse de cet édifice paraît avoir été taillé avec le soin qu'un lapidaire consacre au diamant. C'est avec raison que l'on a comparé ce vaisseau somptueux à une immense et riche corbeille de fleurs. Les arcades ont des guirlandes qui s'entrelacent en festons flexibles et variés, et puis, à l'extérieur, ce sont des décorations bizarres, des fantaisies charmantes, tout un poème héroï-comique sur l'humanité est écrit en symboles de pierre dans ces merveilleuses galeries de sculpture,

Voici ce que Walter-Scott adresse à ceux qui veulent aller visiter les ruines dont nous venons de dire le nom :

> If thou wouldst view fair Melrose aright,
> Go visit it by the pale moon-light.
> For the gay beams of lightsome day
> Gild, but to flout the ruins gray.
> When the broken arches are black in night,
> And each shafted oriel glimmers white,
> When the cold light's uncertain shower
> Streams on the ruin'd central tower ;
> When buttress and buttress alternately,
> Seem framed of ebon and ivory ;
> When silver edges the imagery,
> And the scrolls that teach thee to live and die ;
> When the distant tweed is heard to rave
> And the owlet to hoot oer the dead man's grave,
> Then go.... but go alone the while.
> Then view saint David's ruin'd pile ;
> And home returning soothly swear
> Was never scene so sad and fair !

« Vons qui voulez bien voir les merveilleuses ruines de Mel-
» rose, allez les visiter aux pâles rayons de la lune, car
» le grand jour insulte à ces débris auxquels les siècles
» ont donné leur teinte grisâtre. Mais quand la nuit étend son
» voile sur ces arceaux rongés et ruinés par le temps, en

» laissant toutefois apercevoir les blanches corniches de leurs
» faisceaux de colonnes, une lumière froide ruisselant sur la
» vieille tour du centre, la montre encore restée debout pour
» dominer les ruines. Les arcs-boutans alternativement enca-
» drés d'ébène et d'ivoire appuient toujours les murs de l'é-
» difice sacré.

» En se glissant sous les ogives, la lueur de la lune vient éclai-
» rer les saintes sentences écrites sur les banderoles peintes
» des murailles; saintes maximes qui enseignent à l'homme
» à bien vivre et à bien mourir. Alors, rien n'interrompt le
» silence des ruines, si ce n'est le bruit des flots de la Tweed
» qui coule à peu de distance, et les hiboux qui, de dessus
» les tombeaux, jettent leurs lugubres cris à la lune. A
» cette heure mystérieuse et solennelle, allez, mais allez seul,
» au monument ruiné de saint David, et quand vous y aurez
» médité, vous reviendrez chez vous en disant que jamais
» vous n'avez rien vu d'aussi triste ni d'aussi beau. »

Ce fut par un temps affreux, la neige et la pluie tombant sans relâche, que Monseigneur arriva à Abbot's ford; pas un rayon de soleil sur la demeure du poète et du romancier ; le vent soufflant dans les arbres verts qui entourent le manoir et agitant les longs rameaux des saules qui pleurent sur les ondes du lac, voilà ce que le prince vit et entendit en approchant de la résidence alors inhabitée. Walter-Scott a souvent décrit la tristesse des demeures abandonnées ; celle d'Abot's ford aurait été digne d'être redite par lui.

Malgré la profonde solitude qui régnait alors dans la comfortable habitation du grand écrivain, Monseigneur visita tout avec intérêt et émotion. Les maîtres actuels étant absens, il n'y avait plus personne dans ces salons, dans ce cabinet de travail, dans ces jardins où le poète et le romancier avait reçu ses inspirations ; mais, le génie ayant passé par là, il en reste quelque chose ; un homme comme Walter-Scott ne meurt pas tout entier : quand il descend dans la tombe, c'est comme le soleil qui va éclairer un autre hémisphère ; l'Occident reste, après son coucher, empourpré et doré de sa gloire.

A défaut du maître du château, le jeune descendant de Robert-le-Fort pouvait évoquer, sous les voûtes des salles désertes, Richard-Cœur-de-Lion, Rebecca, Philippe-Auguste, Louis XI, Elisabeth, Amy Robsart, Marie Stuart, Charles Ier, Charles II, Charles-Edouard, Péveril du Pic, Miss Vernon, la jolie fille de Perth, Flora Macdonald, et tant d'autres figures qui hantent Abbot's ford comme des esprits. En ce lieu, il n'y a plus à être seul, le génie l'a peuplé pour toujours.

Cette habitation d'Abot's ford était beaucoup plus simple et avait un tout autre caractère avant que la réputation littéraire de Walter-Scott ne fût bien établie. Elle n'avait alors rien du style gothique que l'on y remarque aujourd'hui et que lui ont donné les embellissemens et les agrandissemens faits par son poétique propriétaire. Sir Walter a voulu que sa résidence prît de la couleur de ses écrits et il l'a illustrée et gothisée avec entente. Pour lui donner un aspect moins moderne et moins bourgeois, le prince des romanciers de la Grande-Bretagne a souvent recouru aux ruines de Melrose-Abbey; des fragmens de corniches et de chapiteaux admirablement sculptés, et que la main du temps avait détachés de leur place et fait tomber dans les hautes herbes et les ronces, ont été relevés de là et apportés à Abbot's ford.

La porte du fameux Tool-Booth de Canon-Gath que Walter-Scott a décrit avec tant de chaleur et de talent; lors des réparations qui furent faites à cette partie du vieil Edimbourg, lui a été donnée par les édiles de cette cité. Il l'a assez irrévérencieusement placée à la cour des dépendances du château.

La vie que sir Walter-Scott menait à Abbot's ford ne ressemblait en rien à celle d'un homme de lettres. Washington-Irving, qui a passé plusieurs jours chez lui, ne lui a vu aucune heure fixe de travail, il dépensait en grande partie ses journées à recevoir des visiteurs qu'attirait sa renommée, à leur montrer les environs de sa terre et à leur raconter les ballades et les chroniques du pays. Ses filles, ses fils et sa femme faisaient ses délices ; il aimait à vivre au milieu de sa famille, faite pour flatter son amour paternel ; il avait un goût passionné pour les chiens ; Maïda, sa chienne favorite, le suivait partout et il ne composait jamais sans l'avoir couchée à ses pieds. Les embellissemens faits à sa demeure avaient beaucoup contribué à déranger sa fortune ; sa célébrité littéraire le força à des dépenses au dessus de ses revenus. Ainsi la gloire bien acquise de cet écrivain, en lui amenant trop d'admirateurs, l'appauvrit ; nous connaissons *des gloires* de notre époque et de notre pays moins vraies que celle du célèbre romancier et qui ont mieux fait leurs affaires.

ÉDIMBOURG.

Pendant que Henri de France avait visité successivement York, Durham, Sunderland, Newcastle, Alnwick, Melrose et Abbot's ford, M. Barrande, ayant pris le chemin le plus direct de Hull à Edimbourg, y était arrivé le 10 octobre, pour faire les logemens du Prince. Comme il n'était parvenu à Hull qu'après le départ de Monseigneur, de cette ville, un homme du comte de Chambord avait été envoyé à Edimbourg dans le même but de retenir un appartement. Par un heureux hasard, M. Barrande rencontra ce serviteur du Prince qui lui dit son embarras et la peine qu'il éprouvait à trouver des logemens.

Une affluence extraordinaire, attirée par un

grand festival de musique, rendait les appartemens fort rares dans la patrie des bardes. Sur la terre d'Ossian, d'Oscar et de Malvina, parmi les fils de la harpe et du torrent, la musique est une vraie passion, et Edimbourg n'était plus assez grand pour tous les dilettanti qui étaient descendus des Highlands et pour ceux qui étaient venus des basses terres, des hameaux et des villes. Déjà le valet de pied s'était vainement adressé à plusieurs hôtels : tout était plein et comble. M. Barrande se ressouvint de l'hôtel Douglas, où il avait souvent vu loger des Français venant visiter la royale famille exilée à Holy-Rood. A l'hôtel Douglas il y avait impossibilité matérielle de recevoir un hôte de plus. De là, il vint frapper à la porte du royal hôtel dans Prince's-Street. M. Gibb, maître de cet hôtel, reconnut tout de suite la personne qui venait s'adresser à lui. Alors son obligeance fut extrême ; mais la même impossibilité de donner un logement se trouvait là comme ailleurs. Cependant M. Barrande ne désespérait pas, car il savait qu'il y a des noms vainqueurs des impossibilités mêmes ; il dit donc à M. Gibb que c'était pour un ancien hôte de Holy-Rood, pour le petit-fils de Charles X, pour S. A. R. monseigneur le duc de Bordeaux.

qu'il demandait un appartement. L'ancien instituteur du Prince n'avait pas à tort compté sur la puissance des noms ; car aussitôt que celui de monseigneur le duc de Bordeaux eut été prononcé, *cette obligeance extrême* dont j'ai parlé tout à l'heure redoubla encore chez M. Gibb. L'impossibilité fut alors vaincue, et, pour les premiers jours, des chambres séparées et assez éloignées les unes des autres furent mises à la disposition de l'envoyé du Prince. Mais M. Barrande exigea de M. Gibb le plus grand secret sur le nom du personnage qui allait arriver à son hôtel. Dans ces mêmes pièces destinées au Prince, un membre de la famille Bonaparte avait logé sans vouloir se faire connaître du public, et M. Gibb avait parfaitement maintenu son incognito. Il agirait avec encore plus de discrétion pour le petit-fils du roi de France qu'il avait vu au palais des Stuarts. L'appartement finissait de s'arranger quand M. Barrande, d'une fenêtre du Coffee-Room, aperçut plusieurs voitures arrivant vers l'hôtel. Parmi elles il reconnut tout de suite celle de Monseigneur. Aussitôt, empressé, il quitte la croisée, sans chapeau s'élance dans la rue, ouvre la portière et présente la main à un beau et noble jeune homme.

C'est le duc de Bordeaux ! s'écrièrent les personnes restées à la fenêtre de Coffee-Room. Sa ressemblance avec plusieurs membres de sa famille l'avait trahi. Alors commencèrent pour lui des égards, des respects et des hommages dans tout le vaste hôtel de M. Gibb. Parmi les personnes qui avaient retenu leur appartement avant l'arrivée du Prince, il y en eut plusieurs qui vinrent offrir au maître de l'hôtel de céder leurs chambres et leur salon pour qu'il pût en augmenter l'appartement de Monseigneur. Mais M. le comte de Chambord, en remerciant beaucoup de cette obligeance courtoise, dit à M. Gibb qu'il tenait à ne déranger personne.

Ce royal hôtel est situé précisément en face du château d'Edimbourg.

La capitale de l'Ecosse ne peut être comparée ni à Londres ni à Paris ; cependant elle ne manque pas de majesté et d'un caractère pittoresque qui lui est tout à fait particulier. Le temps l'a divisée en deux parties : la ville neuve et la vieille ville. De la ville neuve, qui est régulière, magnifique, et d'une étendue considérable, il n'existait pas une maison en 1769. Aujourd'hui, plus de cent rues élégantes, spacieuses et aérées aboutissent de toutes parts à de beaux monumens et à des *squares* qui renferment dans leur vaste enceinte des pelouses de gazon entremêlées de massifs d'arbres et d'arbustes et émaillées de fleurs. Les maisons sont toutes construites en pierres de taille de granit. Les habitans d'Edimbourg, justement fiers de la beauté de cette partie de leur capitale, l'ont nommée *Modern-Athens*, la nouvelle Athènes. En effet, beauté d'architecture et d'ornemens, alignement, ordre, propreté recherchée, tout y réalise le beau idéal de la ville la plus policée de l'ancienne Grèce. Un ravin large et profond, qui ressemble au lit d'une rivière laissée à sec, sépare la ville neuve de l'ancienne, et la plus belle rue d'Edimbourg, Prince's-Street, borde comme un quai ce ravin dans toute sa longeur.

Sur le bord opposé, la scène change singulièrement.

Qu'on se figure un amas confus de maisons noires et délabrées, ayant huit à dix étages, percées d'une infinité de fenêtres rangées irrégulièrement en amphithéâtres sur une pente rapide où elles s'élèvent les unes au dessus des autres, comme les marches d'un escalier.

Mais, pour compléter la vue, il faudrait qu'à l'extrémité occidentale de cette colline ou de cet amphithéâtre, le peintre plaçât le majestueux rocher sur lequel est perché le château d'Edimbourg. Taillé à pic sur trois côtés, il s'élance du bord du ravin à la hauteur de 300 pieds, et n'est accessible que du côté de la vieille ville, dont la rue principale y mène. C'est un beau spectacle que ce roc noir et crénelé, cette aire de quelque aigle féodal, dont les fondations à découvert commencent au point du baromètre où les clochers finissent, ce promontoire sauvage s'avançant, avec ses canons braqués, dans le sein d'une ville élégante et paisible. C'était là le camp ailé, *alatum castrum,* des Romains, et le Maiden's-castle, Château des Vierges des temps modernes, ainsi appelé parce que les rois d'Ecosse y faisaient élever leurs filles. La vue est renommée du haut de ce château. Pour y parvenir, on passe sur le pont qui réunit les deux bords du ravin ; on monte, on gravit le long du pied de ces maisons, dont l'effrayante hauteur justifie la devise significative que, selon Walter Scott, la vieille ville avait prise depuis des siècles par un motif bien différent :

Sic itur ad astra.
C'est le chemin du ciel.

Du haut du château, on voit les maisons de la ville neuve bien alignées en bataillons carrés, avec leurs vastes jardins entre les rues, *rus in urbe*, et celles de la vieille ville, ressemblant, par leur désordre, à une armée en déroute. Le terrain sur lequel tout cela s'éparpille est bizarrement sillonné de profondeurs, de hauteurs très prononcées, dont les sommets et les bords sont réunis par des ponts; et sous ces ponts, à 80 pieds au dessous de soi, on aperçoit des rocs en travers; on y cherche des flots, on n'y voit que des hommes, des femmes et des enfans qui vont, qui viennent et qui s'agitent comme des ondes remuées par le vent.

Cette particularité, due à l'étrange mouvement du terrain, est loin de contribuer à la propreté et à la salubrité de la cité. Mais ce qui donne un aspect unique à ce panorama, ce sont deux montagnes, hautes et sauvages, placées comme deux sentinelles à l'entrée même de la ville. L'une d'elle, Arthur's-Seat, vue du côté de l'ouest, a la configuration d'un lion couché, la tête tournée vers le triste palais de Holy-Rood, qui semble s'abaisser profondément à ses pieds.

Les environs sont d'une richesse, d'un éclat qui étonnent dans un pays si voisin des frimats de l'Islande ; le golfe d'Édimbourg et la mer terminent l'horizon au nord.

Dans leur zèle patriotique, les Écossais comparent cette partie de la scène à la vue du golfe de Naples et de l'île de Caprée, même à celle de la mer de Marmara et des côtes de l'Asie, vues de Constantinople. C'est aller un peu trop loin, sans doute ; mais la prétention n'est certainement pas ridicule.

Pour la durée et la beauté des matériaux de construction, peu de villes sont comparables à la capitale de l'Ecosse, et aucune que je connaisse n'a taillé dans le roc des formes aussi belles. Vue de loin, ou à vol d'oiseau, du haut d'une des belles montagnes qui la dominent de près, Édimbourg est l'assemblage le plus pittoresque de murailles, de monts et de monumens, de rues, de rochers et ravins ; c'est la civilisation la plus attique perchée au milieu des nids d'aigle ; c'est une reine assise à l'écart dans une contrée âpre et sauvage.

Dans les quartiers nouveaux, dans cette partie de la ville que les habitans d'Édimbourg appellent la nouvelle Athènes, on ne trouve pas seulement des édifices grecs, des colonnes ioniennes, doriques et corinthiennes. Le genre gothique que les Écossais aiment au moins autant que les Anglais, s'y montre presque dans toutes les églises, ce dont je suis loin de vouloir leur faire un reproche ; car les hommes qui, dès leurs premiers jours, ont pu voir les admirables abbayes, les majestueuses basiliques que leur a laissées le catholicisme, les artistes qui ont été à même d'étudier les magnifiques ruines de Melrose abbey, ont dû sentir en eux le désir d'imiter semblables merveilles.

De tous les monumens d'Edimbourg, ceux qui offrent le plus de grandiose, sont le collége et le register-office. Les autres établissemens publics sont conçus sur de trop petites proportions. L'aspect de toute la ville est grave ; l'industrie marchande et l'amour du lucre s'y montrent moins qu'à Londres, qu'à Paris et que dans les autres capitales de l'Europe. Les boutiques, les beaux magasins y sont rares. Edimbourg est digne et sérieux, Edimbourg est le faubourg Saint-Germain de l'Ecosse.

Quelques unes des parties de la ville ont été pittoresquement décrites par sir Walter-Scott. High Street, Canongate et l'ancienne prison de Tolbooth lui ont inspiré de ces pages qui ressuscitent, pour ainsi dire, en chair et en os les vieux temps passés. Les quartiers dépeints par le grand romancier ne sont pas ceux que la bonne compagnie et que la richesse habitent, c'est le bas peuple, les malheureux ou les prodigues qui sont contraints de recourir à un lieu d'asile pour échapper aux poursuites de leurs créanciers, qui vivent aujourd'hui sur ces hauteurs. Là, si une entière liberté leur manque, le grand air et les brises salubres ne leur manquent pas. On a remarqué à diverses époques, que lorsque des épidémies décimaient les riches et heureux habitans des beaux et opulens quartiers de la basse ville, les prisonniers et les pensionnaires de la Canongate se portaient à merveille. Dieu, dans sa bonté, a toujours quelque compensation à accorder au malheur.

Cette ville d'Edimbourg que je viens d'esquisser, M. le comte de Chambord s'en souvenait encore, se la rappelait presque comme une seconde patrie; car il n'avait que dix ans lorsque la tempête de 1830 l'y porta comme un lys déraciné. C'est à cet âge que les choses extérieures entrent facilement dans la mémoire pour s'incruster dans le cœur. Que chacun de nous s'examine et se consulte : quand nous sommes loin de la patrie, quels sont les souvenirs qui nous y rattachent le plus? Ce sont ceux de l'enfance, ceux des lieux où nous avons joué, où nous avons étudié, où nous avons vécu sous l'aile de nos parens. Monseigneur se souvenait donc d'Edimbourg presque comme des Tuileries et de Saint-Cloud. Aussi, à peine installé chez M. Gibb, il prit par le bras M. de Villaret-Joyeuse, et, sans guide, le mena par la ville. Nulle part sa mémoire ne lui faisait défaut; quelquefois, ceux qu'il venait chercher étaient absens ou morts; mais leurs maisons, il les reconnaissait toutes. Une des premières qu'il montra à son fidèle et loyal compagnon de voyage fut celle d'un marchand de jouets, de soldats de plomb et de gravures. C'était à ce magasin que son instituteur le menait souvent; car, à chaque fois que les maîtres étaient contens de leur royal élève, on lui donnait un régiment de plus. Dans cette même et première tournée, le petit-fils de Charles X entra dans l'église catholique où il avait fait sa première communion, s'y agenouilla et pria. Pareille promenade ne pouvait être faite avec un cœur froid et sans de vives émotions; aussi, la belle figure du jeune prince rayonnait d'un éclat extraordinaire.

Quand il rentra à l'hôtel, l'incognito qu'il avait voulu garder n'existait plus. Dans la maison de M. Gibb, le nom de Monseigneur le duc de Bordeaux avait retenti et bien des échos l'avaient porté au dehors. De son côté, M. Barrande était allé voir des anciens amis de la famille royale, et pour eux c'avait été une grande joie d'apprendre que le jeune prince, qui s'était fait aimer à Holy-Rood, venait d'arriver en Écosse.

Dès le lendemain, un homme éminent par son nom, son savoir, son goût éclairé pour les arts, sir Thomas Dycklauder, président du comité des arts et de l'industrie, président de la société philharmonique, et qui avait servi de cicérone à la reine Victoria, lors de son voyage en Écosse, vint, avec empressement et courtoisie, offrir ses services au descendant des rois de France ; dès le jour suivant, un journal d'Édimbourg, le *Caledonian-Mercury*, disait dans ses colonnes :

« Beaucoup de personnes d'Édimbourg et d'autres points de l'Écosse seront enchantées d'apprendre que cette capitale est en ce moment honorée de la présence d'un personnage illustre, que de vieilles relations nous empêchent de traiter comme un étranger. Il y a un peu plus de dix ans, quand le duc de Bordeaux aborda pour la première fois sur nos côtes, les vicissitudes terribles qui avaient frappé la royale maison de France firent naturellement du jeune prince l'objet d'un intérêt général. Son séjour dans notre contrée avait été assez long pour lui donner le temps de s'assurer, par la séduction de ses manières et l'agrément de son esprit, une place durable dans le souvenir et l'estime d'un grand nombre d'Ecossais de toutes les classes. A cette époque, dans la fraîcheur et l'ardeur de son enfance, M. le duc de Bordeaux fit des excursions dans nos romantiques contrées et dans plus d'une chaumière, on se rappelle encore les preuves touchantes de sa bonté. Nous voulons considérer son retour volontaire comme une marque de gracieux souvenirs, et nous sommes convaincus que, malgré l'incognito qu'il a l'intention de garder, il ne trouvera ni oubli de sa personne, ni oubli des anciens rapports d'hospitalité qui ont existé long-temps entre la France et l'Ecosse. »

D'autres journaux anglais ajoutaient : « La nouvelle de l'arrivée du duc de Bordeaux, s'étant promptement répandue, a causé de toutes parts, dans la ville, le plus grand plaisir. Les habitans de toute classe se sentaient fiers de ce que le Duc n'avait pas oublié où il avait passé ses jeunes années de l'exil. S. A. R. a donc été reçue avec le plus grand respect, on pourrait dire avec la plus vive affection. On a pu admirer la brillante santé du jeune prince à Music-Hall, où il a passé la soirée de vendredi. Beaucoup de personnes ont été frappées de sa ressemblance avec les portraits qu'on a de Louis XVI.

» Le duc a été vu, après le concert, descendant les escaliers sans être aidé de personne, et, si ce n'était un peu de raideur dans une de ses jambes, rien ne rappellerait son cruel accident. C'est au point que, si l'on n'en avait été prévenu, on ne s'en serait, certes, pas douté. Cela suffira pour repousser les contes que l'on a débités sur l'état de la santé du duc de Bordeaux. »

Quant à la maladie qui, dit-on, aurait été le résultat de sa longue inaction, c'est un bruit qui n'a pas le moindre fondement et qui est démenti par le teint transparent et animé, la vigueur virile, l'élasticité et la grâce des mouvemens de S. A. R. Le duc a pris la main de sir Georges Clerk, de sir Thomas Dick-Lander et de quelques autres personnes qu'il avait connus dans son enfance. Le duc et la duchesse de Roxburgh, qui assistaient au festival, ont eu l'honneur de lui être présentés.

J'aurais dû dire que, dans la matinée du jour

où S. A. R. avait assisté à ce grand concert, il avait cédé à un besoin de son cœur en allant visiter l'antique et solennel château de Holy-Rood. Ce même jour, un grand nombre d'étrangers, attirés à Edimbourg par le festival, étaient également venus explorer l'ancienne habitation des Stuarts. Il y avait donc foule chez le concierge quand le prince, avec M. Barrande et M. de Villaret-Joyeuse, vint demander à voir, comme s'il ne les connaissait pas, les appartemens du château. L'ancien concierge, employé à la garde du palais, du temps du roi Charles X., n'y était plus : la mort qui avait frappé le vieux roi avait également enlevé le vieux serviteur. Une jeune fille l'avait remplacé ; et, pendant qu'elle était occupée à montrer le château à des visiteurs arrivés avant S. A. R., le prince était entré dans la cour d'honneur tout entourée d'arcades que le temps a noircies ; de là, il regardait les fenêtres des chambres que sa famille et lui avaient habitées, et la tristesse d'Holy-Rood, qui ne l'avait point frappé dans ses années d'enfance, lui apparut alors ; et, d'une voix émue, il s'écria : « Ah ! mon » Dieu, que c'est triste ! »

À ce moment on s'occupait à restaurer la cour : il y avait là du gravier, des pierres et

des ouvriers ; et celui qui dirigeait les travaux vint dire au petit-fils de Charles X : « Vous ne pouvez pas rester ici. » Sans révéler qui il était, le jeune prince obéit ; et., comme la jeune fille avait fini de guider les premiers visiteurs, il se joignit à un autre groupe de curieux et alla, conduit par elle, revoir des lieux qu'il connaissait bien. L'appartement qu'avait habité le frère de Louis XVI et de Louis XVIII se trouvait absolument dans le même état où il était en 1833, alors que le vieux monarque éprouva encore un déchirement de cœur lorsqu'il fut obligé de s'exiler, de ce lieu d'exil où il avait beaucoup souffert pour aller planter la tente de son bannissement sur la terre d'Allemagne. Dans cette chambre de son grand-père, Henri de France vit un portrait de lui, et demanda à la fille du concierge s'il était ressemblant : « Oui, répondit-elle ; seulement il a dû bien grandir depuis les jours où il était ici. » De cette chambre, il alla voir celle qu'il occupait, celle où il avait travaillé avec M. Barrande à des leçons qui n'ont été ni vaines ni stériles. « Tenez, dit le cicé-
» rone, voici la petite table sur laquelle le
» prince enfant travaillait quand il était éco-
» lier. » Monseigneur et M. Barrande reconnurent bien la table, sourirent en se regardant;

à cet instant il était venu au cœur de l'élève une pensée de gratitude, à celui de l'instituteur une pensée d'orgueil.

Comme je l'ai dit, il y avait beaucoup de curieux en même temps que M. le duc de Bordeaux dans toutes ces salles, qui avaient servi, pendant trois ans, au roi de France, à M. le Dauphin à Mme la Dauphine, à M. le duc de Bordeaux et à Mademoiselle. Pour ces curieux, l'exploration était moins rapide; ils avaient besoin qu'on leur désignât chaque appartement et chaque chose qui s'y trouvait. Il n'en était pas de même pour le prince et pour M. Barrande; aussi, ils allaient devant, regardant tout et se souvenant de tout.

Monseigneur aurait bien voulu voir l'appartement de sa sœur; mais il était occupé par un personnage attaché, sous le duc d'Hamilton, au gouvernement du château, auquel il ne voulut pas que l'on s'adressât.

Holy-Rood est séparé des dernières bicoques du faubourg de la Canon-Gate par une place. Le terrain (1) est très bas, et l'on s'étonne que, dans le moyen-âge, on ait choisi un pareil lieu pour la construction d'un palais et surtout d'un

---

(1) Fallon, *Voyage d'Holy-Rood*.

monastère ; car Holy-Rood était en même temps moitié cloître et moitié château royal ; et les belles ruines de la chapelle de l'abbaye, vieilles de sept cents ans, sont encore debout à la suite de l'aile droite du palais. Les Ecossais regardent cette résidence royale comme étant la plus belle de la Grande-Bretagne, ce qui ne serait pas beaucoup dire. La nature a donné au château d'Holy-Rood des environs pittoresques : le parc royal, qui l'entoure, renferme dans son enceinte deux belles montagnes, Arthur's seat et Salisbury-Craggs, dont le voisinage et l'aspect singulier, sans désassombrir le paysage, donnent beaucoup d'intérêt à ce séjour ; mais la main de l'homme y a très peu planté. On disait autrefois que le peuple écossais coupait tout ce qui portait des branches et des feuilles, parce que les esprits et les âmes des trépassés y gémissaient pendant les nuits orageuses. Cette superstition, bannie à peu près aujourd'hui des provinces de l'Ecosse, semble s'être réfugiée dans sa capitale. Le parc d'Holy-Rood est dans un état de nudité complète : ces montagnes d'Arthur's seat et Salisbury-Craggs, dont on aurait pu faire des scènes charmantes en les couvrant de plantations, élèvent leurs fronts chauves et sévères à deux pas du palais.

Aux augustes exilés, à ceux qui, dès leurs premiers jours, avaient été habitués à voir des hauteurs de Saint-Cloud les riantes rives de la Seine et la vaste plaine animée où la ville de Paris est assise comme une puissante reine ; aux fils de Louis XIV, accoutumés aux beautés des jardins de Versailles et des bosquets de Trianon, ce paysage sévère de la froide Écosse devait être bien triste à regarder. Souvent cependant on voyait le vieux roi arrêté devant une haute et large fenêtre, les yeux fixés sur la montagne d'Arthur, dont la cime est souvent à moitié cachée par les brouillards. *Cloud cap't*, comme dit Shakespeare.

Quand le prince et les curieux que conduisait la jeune Écossaise eurent parcouru les anciens appartemens habités par les Bourbons, on passa à ceux de Marie-Stuart, qui sont placés dans l'aile droite du château. Comme on le fait depuis trois cents ans, on y montra son salon, sa chambre à coucher, son cabinet, ses meubles, le double fauteuil d'honneur fait pour son mariage avec son beau cousin James Stuart Darnley. On y a toujours conservé avec un soin extrême divers objets de tapisserie faits par les belles mains de cette gracieuse reine. Dans la chambre à coucher, on y fait voir son lit à quatre colonnes, dont le dais, les rideaux et les courtines ont jadis été de soie cramoisie ; les franges, devenues presque jaunes, ont dû être vertes, et la planche de cristal non encadrée qui lui servait de miroir, porte encore quelques traces de vif-argent. Dans un cabinet attenant à cette chambre, on voit, appendues, les armes chevaleresques de Darnley. C'est dans cette petite pièce que la reine soupait avec la comtesse d'Argyle, en présence de Rizzio, lorsque les assassins, conduits par Darnley lui-même, saisirent le malheureux italien et le percèrent, suivant l'historien Hume, de cinquante-six coups d'épée. Sur le plancher, à l'endroit du seuil de la porte, sur la couleur brune du bois de chêne, on distingue une tache noire ; c'est le sang du favori qui l'a faite.

Tant mieux que le temps n'ait point effacé le sang que des homicides ont répandu. Dans l'intérêt de la morale, il est bon que les traces d'un crime ne disparaissent pas.

En contemplant ces murs et ces plafonds noircis, s'écrie M. Fallon, un des pèlerins royalistes d'Holy-Rood, en regardant ces ciselures en chêne rongées des vers ; ces rideaux et ces tapisseries en lambeaux dont toutes les couleurs jadis éclatantes se sont confondues en un gris-cendré; ces restes, enfin, qui réclament aussi leur urne, on repasse dans son âme émue les longs malheurs de la plus ravissante des femmes et de la plus séduisante des reines; de cette belle Marie, fille, femme et mère de roi! C'est ici que cette grâce, dotée d'un royaume, brillait de tout l'éclat de sa beauté, et régnait dans toute sa puissance; c'est ici qu'heureuse encore elle donnait peut-être quelques regrets au tant plaisant pays de France; là, qu'elle soupirait ces vers arrosés de ses larmes :

> Adieu, plaisant pays de France.
> O ma patrie,
> La plus chérie,
> Toi qui nourris ma jeune enfance,
> Adieu, France, adieu mes beaux jours.
> La nef qui disjoint nos amours
> N'a de moi que la moitié.
> Une part te reste, elle est tienne.
> Je la fie à ton amitié
> Pour que de l'autre il te souvienne.

Sous les voûtes d'Holy-Rood, Marie Stuart n'a pas été seule à apprendre aux échos de touchantes paroles de regrets et d'amour; et le jeune prince, dont je raconte aujourd'hui le voyage en Écosse et en Angleterre, étant enfant exilé au château des Stuarts, avait pris pour devise ces paroles de Châteaubriand :

O mon pays, sois mes amours,
Toujours.

Le 13 octobre, jour où M. le comte de Chambord était allé chercher des souvenirs au palais d'Holy-Rood, il visita divers monumens dans l'intérieur de la ville. En sortant du quartier où les Stuarts avaient bâti leur triste et solitaire demeure, le prince suivit à High-Street, passa devant la Canon-Gate décrite avec des couleurs si vives et si vraies par Walter Scott, et arriva par cette rue qui rappelle tout-à-fait celles du moyen-âge, à la cathédrale dédiée anciennement à Saint-Gilles, et que les habitans d'Édimbourg désignent aujourd'hui par le nom de High-Church, vaste et beau monument, et qui devait être admirable à voir quand la piété et la foi remplissaient sa longue nef, ses bas-côtés et son absyde; mais, aujourd'hui, le protestantisme, qui s'y est installé avec sa sècheresse et sa froideur, y attire si peu de croyans que l'ancienne maison du seigneur n'est plus qu'un lieu désert dont l'aspect est triste et désolé. Pour que cet abandon soit moins sensible, le clergé protestant qui dessert cette église l'a divisée par des cloisons et des compartimens, ce qui nuit à la beauté d'ensemble de l'édifice, et ce qui prouve que les flots du même peuple, venant avec le même culte adorer un même Dieu n'assiste plus à ses solennités.

Après avoir admiré l'église de Saint-Gilles dans son ensemble et dans ses détails, Monseigneur se rendit au château, ancienne forteresse dont nous avons déjà décrit la pittoresque situation. Cette ancienne demeure des monarques écossais, et où naquit Jacques Ier, est aujourd'hui devenue une caserne qui ne contient pas, dans les temps ordinaires, moins de trois mille soldats. Dans son enceinte, on montre les logemens du gouverneur ; il dort tranquille aujourd'hui où couchait autrefois les rois qui, de tous les hommes, ne sont pas ceux dont le sommeil est le plus paisible, surtout à notre époque où les peuples font tant de bruit.

Dès que l'on sut que le prince français venait visiter l'antique forteresse, le colonel Mountain, du 26e régiment récemment arrivé de la Chine, et composé de Caméroniens, vint au devant de Monseigneur pour lui faire voir le château dans toutes ses parties. Monseigneur a visité les casernes, la salle d'armes et les chambres des soldats.

Des officiers s'étaient joints à leur colonel pour accompagner, dans toute son exploration, le jeune prince français; et, quand elle fut terminée, ils offrirent, dans la salle où ils prennent leurs repas, un *luncheon* improvisé.

Le lendemain, Monseigneur, reconnaissant des prévenances et de la courtoisie du colonel Mountain, l'invita, ainsi que les principaux officiers du château, à dîner à son hôtel. Le prince était avide d'entendre parler de la campagne si curieuse que ces officiers venaient de faire contre le céleste empire. Rien, en effet, ne fut plus intéressant et plus instructif que la conversation qui dura presque toute la soirée. C'est là un des traits de caractère du fils du duc de Berry, c'est de faire dire à chacun ce qui lui va, ce qu'il sait et ce qu'il aime le plus.

A ce dîner, le colonel et les hommes de bonne compagnie, qu'il avait amenés avec lui, renouvelèrent plusieurs fois, à HENRI DE FRANCE, leurs excuses de ne l'avoir pas reçu la veille avec tous les honneurs dus à sa haute naissance; et pour nous prouver, dit le colonel Mountain, que M. le comte de Chambord ne nous en veut pas, je le prie, en mon nom et en celui de tous mes officiers, de nous faire l'honneur d'accepter un dîner de garnison au château.

Dans la journée du 14, Monseigneur, en sortant du château, s'était rendu à l'Université qui a pris une singulière devise pour mettre au dessus de la porte de son athéneum : « *Musis et Christo*. »

Parmi les personnes qu'il y rencontra, nul ne l'intéressait autant que le vénérable M. Jamieson qu'il avait connu autrefois et qu'il avait grand désir de revoir, car il se souvenait, avec la mémoire du cœur, que cet homme, éminent par la science, avait été toujours rempli d'attentions et de prévenances pour lui, alors qu'il était enfant.

Pour recevoir le prince, M. Jamieson, malgré son grand âge, s'était empressé de venir faire les honneurs de l'Université au jeune et auguste voyageur.

Deux de ses neveux l'accompagnaient, et tous les deux, par leur profonde instruction et leur politesse distinguée, sont dignes de leur oncle.

Monseigneur avait été autrefois en relation avec le professeur Low. Dans le temps où l'instituteur du royal enfant voulait donner à son élève les premières notions d'agriculture, il l'avait conduit chez le professeur dont je viens de citer le nom ; et à présent que l'enfant est devenu homme, il s'adressait de nouveau à M. Low pour connaître tous les perfectionnemens et toutes les merveilles que l'art de la charrue a faits en Ecosse. Ce fut avec empressement que M. Low se mit aux ordres du prince et le conduisit aux diverses collections d'instrumens aratoires en usage maintenant dans les fermes les plus renommées. Là aussi fut montrée au prince une collection des principales graines qui peuvent être conservées.

Dans les villes, on fait voir aux amateurs des arts et aux hommes qui s'occupent d'histoire, des galeries de tableaux où les grands hommes, grâce au talent des grands peintres, revivent sur la toile dans de beaux cadres dorés. A l'établissement agricultural où M. Low avait conduit le prince, il y avait une autre galerie de peintures d'une nature toute différente : c'était une collection de tableaux représentant tous les animaux élevés dans les fermes, et qui aident à l'homme à féconder la terre.

En sortant de chez M. Low, Monseigneur a été conduit à une ferme-modèle située aux pieds des Pentland-Hills. Là, on vit en action, en nature, en réalité, ce que l'on venait de voir en bois, en plâtre et en peinture. Ce qui intéressa vivement M. le comte de Chambord, ce furent les bâtimens de la ferme, nouvellement construits suivant les principes et les dessins de M. Low, qui fait entrer dans tout ce qu'il entreprend la pensée du bien-être de l'homme, la fertilisation du sol et la gloire de Dieu. Le fermier vivant dans ce que je serais tenté d'appeler un palais rural, si le mot palais n'excluait pas l'idée de simplicité, invita le fils de France à entrer dans le petit parloir, où se réunit sa famille, où les enchantemens du foyer et les douces affections de père, de mère, de fils, de frère et de sœur charment les soirées en reposant des travaux et des fatigues du jour. Là, il fut offert un verre de vin au noble voyageur qui but à la prospérité et au progrès de l'agriculture, ainsi qu'au bien-être du laboureur. Nulle part et dans aucun pays, on ne comprend aussi bien *la ferme* qu'en Angleterre ; on dirait que les anciens patriarches ont légué leurs traditions aux gentlemen-farmers, tant ils entendent bien la comfortabilité et la dignité de l'homme qui, en cultivant la terre et en s'enrichissant de ses produits, doit venir en aide aux malheureux qui n'ont pas un coin de terre à ensemencer. Ce jour si bien employé fut terminé par une soirée de musique chez Mme Perceval, où une foule élégante des personnes les plus notables d'Edimbourg s'était empressée de venir pour y voir le jeune prince dont le souvenir était resté cher aux habitans de la capitale de l'Ecosse. La famille Perceval n'est pas étrangère à la France; mademoiselle Perceval a épousé un Français, M. le baron de Veauce.

Le jour d'après, comme pour établir un contraste frappant avec la visite de la veille à la maison des champs, à la riche et vaste ferme, Monseigneur alla heurter au gothique portail d'Herriot's Hospital, hospice fondé par Georges Herriot, orfèvre sous Jacques VI, et qui a été construit d'après les plans d'Inigo Jones, venu en Ecosse en qualité d'architecte de la reine Anne, femme de Jacques, sixième du nom. De beaux et verdoyans jardins entourent ces bâtimens d'un aspect grandiose. Là s'élèvent chrétiennement les enfans des habitans pauvres et ceux des marchands peu aisés d'Edimbourg.

Dès son entrée dans le vestibule, le fils de France vit rassemblés tous les petits élèves de cette maison de charité. C'eût été un tableau à faire que le jeune prince en face de tous ces enfans aux joues vermeilles, aux blonds cheveux, fixant sur lui leurs avides regards. Ah! sans doute, dans toutes ces jeunes têtes et dans tous ces cœurs, le mot de prince, de descendant de roi avait éveillé quelque pensée d'envie. Eh bien! en vérité, je le dis à ces jeunes Écossais : celui qui se montrait alors à leurs yeux, a une part de malheur aussi forte, plus forte que la leur; eux sont élevés dans leur patrie, lui est orphelin et banni de la sienne.

Dans cet hospice, il existe un usage qui rappelle les coutumes du moyen-âge. Dès qu'un étranger en a franchi le seuil, on lui présente sur un plateau le pain et le vin, comme fit jadis Melchisedec à Abraham. Le vin est offert dans une coupe commune; le petit-fils de Saint-Louis y but, et tous burent après lui en mémoire du pieux fondateur.

A cette visite de Herriot's Hospital, sir Thomas Dick-Lauder, M. Villaret de Joyeuse, M. Barrande et le lord Prévot d'Edimbourg accompagnaient Monseigneur le duc de Bordeaux.

Le lendemain, 19, était dimanche : le petit-fils de Saint-Louis alla entendre la messe à l'église principale d'Édimbourg; ce devoir pieux rempli, il profita du jour de repos pour revoir Colinton, lieu de beaucoup de ses récréations d'autrefois et qui appartient aujourd'hui à lord Dumferline. Ces lieux, où il avait joué, il y a quatorze ans, ne furent pas revus par le jeune prince sans une vive émotion, et le noble propriétaire n'avait garde de troubler les souvenirs de l'hôte auguste qui venait le visiter. Au bout de quelque temps, dans ces mêmes jardins où le petit-fils de Charles X avait pris ses récréations, il s'établit, entre le prince et le noble Écossais, une longue et sérieuse conversation sur le régime des prisons et des ports. Lord Dumferline est expert en pareille matière, et la pensée d'améliorer l'existence des classes pauvres est une des constantes préoccupations de monseigneur le duc de Bordeaux. En sortant de Colinton-House, le prince, se rappelant que lady Hopetown avait été une des plus attentives et des plus respectueuses habituées de Holy-Rood pendant le séjour de la famille royale exilée, alla lui faire une visite à son château de Hopetown. Ainsi l'auguste voyageur n'oublie jamais ceux qui ont honoré le malheur des siens; partout où l'on s'est montré plein d'égards révérencieux pour son vénérable aïeul, il s'empresse d'aller payer sa dette de gratitude filiale.

Le lundi, 16, il y eut retour vers l'industrie à laquelle Monseigneur porte un intérêt tout particulier : il se rendit d'abord chez M. Gillon, renommé, en Angleterre, pour l'art avec lequel il est parvenu à conserver les comestibles à l'usage de la marine et des colonies. Il visitait d'autant plus volontiers cet établissement dans tous ses détails, que MM. Gillon reconnaissent hautement qu'il sont redevables de leur excellente méthode à la France. La visite étant terminée, MM. Gillon dirent au prince que leur famille, rassemblée, serait heureuse s'il daignait l'admettre en sa présence : « C'est moi, » répondit le prince, qui irai voir ces dames; » veuillez me conduire vers elles. » Le fils de France sortit de cette maison emportant tous les suffrages et en y laissant un souvenir qui y sera long-temps gardé.

Dans la même matinée, on alla au port de Leith, ainsi qu'à la jetée de Granton, hardi et bel ouvrage d'art construit à grands frais par le duc de Buccleugh. A Inverkeithing, M. le comte de Chambord voulut revoir le jardin botanique qui lui rappelait aussi des souvenirs d'enfance. Il était curieux de savoir si le vieux jardinier Mac-Nab vivait encore ; on le lui montra travaillant auprès d'une serre : il hâta le pas vers lui et lui adressa la parole avec bonté. Je ne sais si l'on aida à la reconnaissance, mais bientôt le vieux jardinier découvrit ses cheveux blancs et appela celui qui lui parlait: Monseigneur; puis, se familiarisant avec le prince, il lui rappela le temps où il le grondait quand il passait en courant sur ses plates-bandes.

Les princes, comme les simples hommes, se plaisent dans le passé alors même qu'il a été triste, et Monseigneur prenait plaisir à causer avec ce jardinier qui avait été témoin de ses premiers pas dans l'exil.

Mardi, 17, ce fut au palais du Parlement (Parliament-House), où se trouvent les tribunaux civils et criminels et la riche bibliothèque des avocats, qu'alla Monseigneur. Cet édifice est un des plus beaux d'Édimbourg. De Parliament-House, le prince retourna une seconde fois à l'Institut royal pour y voir les riches collections d'histoire naturelle, de zoologie, de minéralogie, ainsi que la Bibliothèque. Là sont religieusement conservées des antiquités écossaises ; entre autres, celles appelées *les regalia* ou attributs royaux des anciens monarques d'Ecosse. Le sceptre, la couronne, le glaive et la main de justice des souverains des temps passés.

Lors des tourmentes révolutionnaires qui agitèrent l'Écosse, lorsque ses rois furent obligés d'abandonner leurs palais, ces insignes de la royauté que la religion avait consacrées avaient été cachées et enfouies sous terre, dans un coin retiré de Holy-Rood. Quand le roi Georges IV vint visiter l'Ecosse, l'un de ses trois royaumes, on fit, pour recevoir le prince hanovrien, des préparatifs dans le palais où avaient demeuré et régné les Stuarts; et alors, en creusant le sol, en remuant des pierres, on découvrit ces *regalia*, déposés aujourd'hui à l'Institut royal (the royal Institution) et que le descendant des rois de France ne put examiner sans une profonde émotion. Ainsi un prince de la maison d'Hanovre, de cette maison qui a remplacé, sur le trône de la Grande-Bretagne, les descendans de Charles Ier, le décapité, et de Jacques II, l'exilé, a fait découvrir par son arrivée en Écosse, ce que de fidèles et dévoués serviteurs de la monarchie nationale avaient voulu sauver des mains des princes étrangers, alors regardés comme usurpateurs.

Pendant toute sa visite à l'Institut, Monseigneur fut constamment accompagné par sir John Robisson, riche personnage wigh, homme aussi estimé que savant et que d'unanimes suffrages ont nommé secrétaire perpétuel de la Société royale d'Édimbourg.

Le prince avait gardé de sir John Robisson un souvenir que ni le temps ni la distance n'avaient pu effacer ; il s'était rappelé que ce noble Écossais avait constamment prodigué au roi Charles X de prévenantes attentions et de respectueux hommages.

Pendant toute cette visite à l'Institut royal Monseigneur prouva, à tous ceux qui eurent l'honneur de l'approcher et de l'entendre, la solidité de son éducation, la variété de ses connaissances et la vivacité de son esprit.

Le 18, Monseigneur sortit de la ville pour se rendre à Winton-House, chez lord et lady Ruthven, dont il avait bien voulu accepter l'invitation à déjeuner. Là était rassemblée noble et nombreuse compagnie pour aller au devant de S. A. R. De Winton-House, on se dirigea vers Gosford, chez lord Weymiss, ancien ami du roi Charles X, et chez lequel monseigneur le duc de Bordeaux, enfant, était allé souvent jouer avec les petits-fils du noble lord, aujourd'hui MM. Chartreys, jeunes gens remarquables par leur instruction et la distinction de leurs manières.

A Gosford, Monseigneur s'est trouvé avec lord Helphinston, un des hommes les plus cités des trois royaumes de la Grande-Bretagne. Lord Helphinston a été, pendant plusieurs années, gouverneur d'une province des Grandes-Indes et y a laissé la mémoire d'un bon administrateur.

Monseigneur a couché à Gosford ; le dîner y avait été suivi d'une soirée pleine d'agrémens, pendant laquelle les quatre filles de lord Weymiss et d'autres amateurs y chantèrent des mélodies écossaises qui ravirent Monseigneur dont la musique est un délassement favori.

Le 19, HENRI DE FRANCE a quitté Winton-House pour aller chez M. Mitchell, gendre de sir Thomas Dick-Lauder, où lui et toute sa famille s'étaient rendus pour accueillir et fêter le prince. La visite d'une ferme modèle, plus belle encore et établie sur un plus vaste plan que celle que Monseigneur avait déjà explorée, a employé la matinée tout entière ; nulle part l'art des irrigations et de l'assèchement des terres, n'a été porté si loin et avec autant de succès ; rien de plus beau que ces vastes cultures ; rien de plus soigné, de plus propre, j'allais dire de plus élégant, que toutes les dépendances de cette ferme.

Après un luncheon on s'est rendu à Pinky-House, appartenant à sir John Hope, *courtisan du malheur et flatteur de l'infortune* des Bourbons de la branche aînée, pendant leur séjour à Holy-Rood. Sir John Hope est colonel de la yeomanry et des milices de la contrée, et en même temps un des plus grands *exploiteurs* de charbon de terre du pays. Il a inventé une machine à vapeur d'une telle puissance, qu'à chaque coup elle soulève tout un ruisseau qui va plus loin faire tourner un moulin. Cette fois Monseigneur n'est pas descendu dans les mines; le temps lui manquait, et il se souvenait de les avoir visitées pendant qu'il habitait Holy-Rood.

La nuit s'est passée chez sir John Hope, et le lendemain, 20 octobre, on est retourné à Edimbourg. D'après ce que l'on vient de lire, on voit que, s'il est des touristes qui voyagent superficiellement et auxquels on pourrait appliquer ces paroles du psaume : « Ils ont des yeux et des oreilles pour ne voir ni entendre, » HENRI DE FRANCE est loin d'être de ce nombre. Lui, dans toutes ces pérégrinations, veut voir tout ce qui étend l'esprit, tout ce qui élève le cœur et tout ce que, à notre époque, les peuples attendent et exigent d'un homme né comme lui.

Lady Wedderburn ayant témoigné à M. le comte de Chambord un vif désir de le recevoir chez elle et d'honorer en lui la majesté d'une royale naissance et la sainteté d'une grande infortune, HENRI DE FRANCE se rendit le 20 octobre au château de cette noble Ecossaise dont les devanciers avaient marqué par leur dévoûment à la cause de la légitimité anglaise. De son château, peu distant d'Edimbourg, on alla voir la fameuse chapelle de Rosslin, chef-d'œuvre d'architecture gothique, autrefois attenante à une riche et renommée abbaye de ce nom. Le couvent a disparu, mais la chapelle est restée, et l'on vient la visiter de loin. Depuis quelques années on l'a restaurée avec beaucoup d'entente; son corps est bien rétabli, mais son âme lui manque; on ne lui a pas rendu le culte pour lequel elle a été construite. Tant que le catholicisme n'y chantera pas ses hymnes, tant que l'encens de nos autels n'en parfumera pas les murailles, ce sera froid comme une maison inhabitée. Après cette excursion, le prince et les personnes qui l'avaient accompagné, revinrent le soir coucher à Edimbourg.

Un des hommes éminens de la Grande-Bretagne, qui unit à sa renommée de marin distingué, celle qui s'attache à ceux qui font beaucoup de bien à leur pays, l'amiral sir Philip Durham, était venu plusieurs fois solliciter de Monseigneur l'honneur d'une visite à sa résidence de

Fordell. La gloire que lui acquit son épée n'a point suffi à cet homme honorable, il a voulu y joindre celle d'être utile à son pays, en le dotant de plusieurs établissemens qui l'enrichissent en le vivifiant. Il a fait construire un port et un des chemins de fer inclinés, appelés *automoteurs* (self-acting). L'amiral a également entrepris d'immenses travaux de *drainage* des terres qui ont merveilleusement bien réussi ; l'Ecosse est sur ce point, si important en agriculture, plus habile que sa sœur, l'Angleterre ; entre cette exploration des travaux qui se poursuivent aux environs de Fordell, et l'heure du dîner, M. le comte de Chambord et plusieurs notables des environs, invités par sir Philip Durham, firent une excursion en voiture pour voir les sites remarquables de la contrée.

Deux jours après cette visite du prince français, un journal d'Edimbourg, mal renseigné, avança que M. le capitaine de vaisseau Villaret de Joyeuse, qui avait accompagné Monseigneur chez l'amiral anglais, avait servi sous les ordres de sir Philipp Durham, lors de la reprise de la Guadeloupe, en 1816. Le *National* et le *Globe* copièrent le journal écossais, et avaient commenté à leur manière cet article erroné. Pour rétablir à cet égard la vérité, pour rendre justice à un homme de cœur, de talent et de loyauté, dont notre marine s'honore, nous transcrivons ici ce que disait la *Quotidienne*, le 27 octobre dernier.

Voici les faits :

« Le 18 mars 1815, M. Villaret de Joyeuse était chargé de la mission de porter à nos colonies des Antilles des ordres qui devaient les conserver à la France et au roi durant la crise des cent-jours ; retenu par des vents contraires, il apprit le changement survenu dans le gouvernement et s'éloigna du service.

» Le 9 août 1815, après le retour du roi, il partit pour la Martinique avec le commandement du brick *le Silène* ; arrivé, le 17 septembre, à la hauteur du cap Salomon, il rencontra un brick anglais qui, ne s'en rapportant pas à son pavillon, voulut le visiter ; M. Villaret de Joyeuse fit faire le branle-bas de combat et repoussa énergiquement cette prétention. Arrivé au Fort-Royal, il trouva M. de Forsans prisonnier, ainsi que l'ont dit *le National* et *le Globe*, et obtint sa liberté en se portant caution pour lui ; mais il est faux que M. de Forsans dut sortir de prison pour être fusillé. Si le gouverneur avait voulu lui réserver un pareil traitement, il l'aurait fait passer sans tarder à un conseil de guerre et ne l'aurait pas gardé quatre mois en prison. Au reste, ce brave officier était capitaine de vaisseau lors de la prise d'Alger. On voit s'il a eu à se plaindre de la restauration. »

Le Globe, journal de M. Guizot, renchérissant sur le journal écossais et sur *le National,* avait dit :

« Il y a dans cette attaque de la Guadeloupe par les forces combinées de l'Angleterre et de la France de la restauration, sous le commandement de l'amiral Durham, une circonstance aggravante dont *le National* ne fait pas mention. C'est que les troupes françaises qu'on embarqua à la Martinique, pour cette expédition, durent porter à la fois les cocardes anglaise et française. Ne pouvant faire, avec nos soldats, des régimens anglais, on en fit quelque chose de plus que des auxiliaires.

» De toutes les humiliations que la restauration a fait subir à notre armée, c'est sans contredit la plus flétrissante. Aussi devons-nous dire qu'un grand nombre d'officiers et des compagnies entières de soldats refusèrent, de la manière la plus absolue, d'obéir à l'ordre qu'ils avaient reçu. Tous furent embarqués : un petit nombre, par privilége, pour l'île de Saint-Barthélemy et les États-Unis, le reste pour la France, leur disait-on ; mais les navires qui les emportèrent avaient, sans doute, pour instruction secrète, de les conduire en Angleterre, car ils abordèrent tous au port de Plymouth. »

Ainsi, *le Globe* rend pleine et éclatante justice à M. Villaret de Joyeuse, mais il laisse subsister le récit que nous allons transcrire :

« Le fait n'est pas exactement rapporté, nous devons en convenir, dit *le Globe*. M. Villaret de Joyeuse commandait alors le brick de guerre *le Silène;* il mit à la voile, de Lorient, le 9 août 1815, et il arriva à la Martinique le 17 septembre suivant. Il y avait déjà huit jours que la Guadeloupe s'était rendue aux forces combinées de l'Angleterre et de la restauration. Nous devons encore à la vérité de dire que M. Villaret de Joyeuse refusa de porter la cocarde anglaise, et qu'aucun des officiers de son bâtiment ne se soumit à cette flétrissure. Bien plus, il intervint activement auprès des autorités de la Martinique, en faveur du capitaine de Forsans, alors dans les cachots à Fort-Royal, et qui ne devait en sortir que pour être fusillé. M. de Forsans commandait un brick-aviso qui apporta dans la colonie, par ordre de M. le ministre de la marine du moment, la nouvelle de l'avènement de Napoléon, revenu de l'île d'Elbe ; c'était son crime. »

Quant à ce qui concerne les cocardes française et anglaise, portées à la fois, voici comment y répond le journal que nous avons déjà cité :

« Le gouverneur-général, instruit par M. de Forsans des événemens de 1815, laissa la garnison libre de rester dans la colonie pour la conserver à l'Etat sous le pavillon blanc, ou de rentrer en France pour y servir sous le drapeau tricolore ; c'était un moyen d'éviter la guerre civile ; une partie de la garnison préféra rentrer en France, elle fut embarquée sur une grande goëlette et sur une frégate ; la frégate tomba entre les mains des Anglais, la goëlette avec l'artillerie et la moitié des troupes arriva à Lorient le 22 juin : on voit si l'intention était de livrer nos soldats à l'Angleterre.

» Le gouverneur-général ayant appris que la Guadeloupe avait arboré le drapeau tricolore, craignit une attaque contre la colonie réduite à une faible garnison, et préférant alors la conserver de concert avec les Anglais, que de l'exposer, si elle suivait l'exemple de la Guadeloupe, à devenir une conquête pour l'Angleterre, le gouverneur-général demanda à d'amiral Leith un corps de troupes qui eût dans l'île une garnison séparée ; pour éviter les querelles entre les deux troupes, pour établir entre elles une parfaite égalité, il fut convenu entre les deux généraux que les cocardes anglaise et française seraient portées à la fois par les troupes des deux nations.

» Les généraux considérèrent alors cette mesure comme un acte de courtoisie mutuelle et une preuve de confraternité, sans y ajouter d'autre importance. Voici les faits ; ils sont bien loin de nous ; nous n'en acceptons pas la responsabilité, mais nous remplissons un devoir en les présentant dans leur sincérité.

» *Le Globe*, en reconnaissant que M. Villaret de Joyeuse n'a point servi sous l'amiral anglais, ajoute que, si parmi les légitimistes qui se sont attachés à la famille royale, il est un seul qui puisse justifier la devise : « *Tout pour la France et par la France,* » c'est M. Villaret de Joyeuse. Nous enregistrons avec plaisir cet acte de justice pour ce brave officier ; mais nous l'invoquons au même titre pour tous les militaires qui ont entouré et qui entourent encore Monseigneur le duc de Bordeaux : tous ont justifié sur les champs de bataille la devise si justement adoptée par leurs amis. »

Voici ce que M. Villaret de Joyeuse a écrit au directeur du *Globe* à l'occasion de l'article de ce journal :

« Alton-Towers, 7 novembre 1843.

» Monsieur le rédacteur,

» En parcourant les journaux qu'en voyage on ne reçoit qu'à de longs intervalles, j'ai vu que mon nom avait été mêlé à de misérables inductions que l'on avait tirées d'un dîner auquel j'avais pris part chez M. l'amiral Durham.

» Je m'en suis fort peu ému, parce que j'ai la conscience que, de quelque côté que l'on examine ma vie, on n'y trouvera rien qui puisse me faire baisser les yeux ; mais je ne puis m'empêcher de déplorer la légèreté avec laquelle la presse se permet d'attaquer toutes les existences, et croit avoir fait un acte méritoire quand elle vient déclarer plus tard qu'elle s'est trompée du blanc au noir et que l'homme qu'elle a calomnié ne faillit jamais à aucun de ses devoirs.

» C'est ce qui vous est arrivé à mon sujet, Monsieur, et j'aurais le droit de m'en plaindre si je ne trouvais une réparation dans la noble ranchise avec laquelle vous avez avoué votre erreur et dans la justice que vous m'avez rendue en reconnaissant que tous les actes de ma vie pouvaient justifier la devise : « Tout pour » la France et par la France. »

» Puisque vous rendez de si bonne foi hommage à la vérité, je suis charmé, Monsieur, de vous mettre à même de publier que la bonne opinion à laquelle je dois l'estime et l'attachement du noble corps auquel j'appartenais naguère, est la seule cause qui m'ait valu l'honneur d'être appelé près de M. le comte de Chambord ; qu'on est venu me chercher au fond d'une obscure retraite ; et que c'est parce que j'ai trouvé la plus parfaite conformité de sentimens en ce jeune prince aussi bien que dans les hommes qui l'approchent, que je me suis attaché de cœur à sa personne, comme par principes je l'étais à sa cause.

J'espère, Monsieur le rédacteur, que le sentiment de justice qui vous a guidé en votre rétractation, vous portera également à publier cette lettre que je termine en vous priant de vouloir bien recevoir l'assurance de ma considération très distinguée.

» VILLARET DE JOYEUSE. »

Je l'ai remarqué bien des fois, il y a des prospérités qui sont jalouses des courts rayons de soleil qui tombent sur les proscrits. Cette basse envie a souvent percé pendant les voyages de Son Altesse Royale ; soit qu'il fût à Rome, à Naples, à Berlin, à Edimbourg ou à Londres, un esprit jaloux le suivait dans toutes ces villes pour dénaturer, pour calomnier ses plus simples actions ; ainsi, allait-il visiter un des hommes les plus honorables des Trois-Royaumes, un loyal officier qui avait toujours témoigné de respectueux égards aux augustes exilés de Holy-Rood, cette envie haineuse lui en fait un crime et crie qu'il va serrer la main d'un ennemi de la France.

Que ceux que la révolution de 1830 a mis en évidence et portés aux honneurs, apprennent, une fois pour toutes, que lorsque HENRI DE FRANCE entre chez un étranger, chez un Autrichien, un Prussien ou un Anglais, il y entre le front haut ; il n'y va rien demander, il va honorer de sa gratitude et de sa présence ceux qui ont été respectueux et attentifs envers le malheur de ses augustes parens.

Le dimanche 22, retour à Edimbourg. En revenant de la chapelle de Broughton-Street, où Monseigneur était allé, avec toute sa suite, assister à l'office divin, Son Altesse Royale a reçu un Français, M. Guillerez, professeur de français dans cette ville. Pour Henri de Bourbon, c'est toujours une joie que de rencontrer un Français de plus. Ce fut donc avec une grande bienveillance qu'il accueillit M. Guillerez qui lui apportait, en hommage, un poème ou chant approprié à la circonstance, relié aux armes royales et orné de fleurs de lis.

En présentant ce livre au prince, le professeur a raconté fort respectueusement une petite anecdote de la vie de Charles X, lors d'une visite du feu roi à Nancy, ville natale de M. Guillerez. C'était un trait de bienfaisance de l'aïeul de monseigneur le duc de Bordeaux. S. A. R. a reçu avec plaisir cet hommage d'un de ses compatriotes et lui a dit : « Puisque vous n'êtes pas en France, je vous félicite d'être dans une aussi bonne ville que celle d'Edimbourg.

Le 23, le petit-fils de Henri IV, qui, ainsi que son aïeul, a une pensée fixe, celle d'améliorer l'existence des classes pauvres, est allé visiter le Work-House que la charité et l'intelligence des autorités de la capitale de l'Ecosse y ont établi d'une manière tout à fait remarquable.

Monseigneur avait entendu vanter les règlemens adoptés en Ecosse pour le soulagement des classes indigentes ; et en effet, quand il a eu étudié les principes adoptés par cette administration de bienfaisance, il a trouvé que les usages en vigueur dans cette maison se rapprochaient beaucoup des usages catholiques, c'est à dire que l'on compte plus sur la charité que sur des lois fiscales et de police.

Généralement, en Ecosse, on n'a recours aux lois qui contraignent à payer la taxe des pauvres que lorsque les souscriptions volontaires ne suffisent pas. Le docteur Hellisson, expert en pareille matière, avait conduit dans toutes les parties de cet établissement S. A. R., et partout ce qu'il lui révélait mettait le prince à même de comparer ce qui existe et ce qui diffère entre l'Angleterre et l'Ecosse, relativement à cette grande plaie de la mendicité.

Dans le Work-House d'Edimbourg, les pauvres hors d'état de travailler, ainsi que les ouvriers momentanément sans travail, s'y trouvent toujours en grand nombre et y sont soumis à une règle qui, malgré sa rigueur, a le cachet de la charité. Là, Monseigneur a appris ce que coûtait, terme moyen, par jour, la vie d'un homme en Ecosse, ce qui est, je crois, de six pences ou 12 sous par jour.

On se souvient d'une invitation à dîner que

le colonel Mountain avait eu l'honneur de faire à M. le comte de Chambord ; ce fut le 23 qu'il se rendit au château et qu'il s'assit à la table de MM. les officiers.

Le jour du départ d'Edimbourg était arrivé pour M. le comte de Chambord ; depuis le 11 octobre jusqu'au 24 du même mois, Monseigneur, il faut le reconnaître, avait bien employé ses journées. Souvenirs historiques, souvenirs d'enfance, réminiscences de famille, émotions vives en revoyant les lieux par où avaient commencé son exil, distractions puisées à la source des arts, instruction acquise par de nombreuses explorations aux établissemens industriels, littéraires et scientifiques ; enseignemens recueillis d'hommes éminens dans toutes ces branches ; études de mœurs d'un pays si curieux à visiter sous tant de rapports ; pèlerinage aux ruines consacrées par la poésie et l'histoire ; visites aux châteaux somptueux où l'aristocratie se repose dans ses délices ; visites aux hôpitaux où la charité soigne et allège les angoisses de la misère et de la souffrance ; rien de tout cela n'avait manqué au noble cœur, à l'âme compatissante, à l'esprit avide de s'instruire que Dieu, dans sa bonté, s'est plu à donner au descendant des rois très chrétiens !

Juste compensation qui leur était bien due après leurs longs malheurs !

Les habitans d'Edimbourg avaient aimé Henri de France enfant, alors qu'ils l'avaient vu, avec sa jeune sœur, sortant de la solitude de Holy-Rood pour venir, comme deux anges consolateurs, apporter à de pauvres familles les aumônes du vieux monarque exilé. De cette enfance ils avaient gardé souvenir ; aussi, comme l'ont dit tous les journaux du pays, il y avait eu joie et bonheur parmi la population de l'Ecosse, quand, le 11 octobre 1843, l'enfant, devenu homme, y était arrivé sous le nom de comte de Chambord. Maintenant des hurrahs retentissent de nouveau sous les fenêtres de Royal-Hôtel ; c'est le salut d'adieu. Ce n'était pas non plus sans regret que le royal exilé quittait une ville où tant de bienveillance, tant de marques d'affection, tant de témoignages de respect lui avaient été journellement prodigués par une population que la France a souvent comptée parmi ses plus fidèles alliés.

Eh ! mon Dieu, quand on a vieilli, quand on a étudié le cœur de l'homme (et les princes sont hommes comme nous), on sait que ceux que l'infortune a frappés ne sont point exigéans en fait de bonheur ; l'exilé se contente de peu... Hâtons-nous de dire qu'à Édimbourg M. le comte de Chambord avait trouvé comme un reflet de sa patrie ; aussi, en sortant de cette ville, le prince dans sa gratitude souhaitait paix, richesse et prospérité à la ville dont il s'éloignait.

Voici comment un journal d'Édimbourg, le *Calédonian-Mercury*, s'exprime sur la personne du prince. L'entendre louer par des étrangers est une garantie de la vérité de nos propres louanges.

On lit dans ce journal : « Durant son séjour ici, le prince a visité avec empressement tout ce qui, dans notre métropole, est digne d'attention ; il a examiné, en détail, nos institutions publiques, nos bibliothèques et nos établissemens, non sans laisser après lui, quand les circonstances ont pu l'admettre, des preuves de sa libéralité. La personne du prince est extrêmement prévenante. Le feu de l'intelligence brille dans ses traits, et il a vivement rappelé, à notre esprit, les portraits de son ancêtre Louis XIV dans son jeune âge. Mais à la majesté de la figure du grand roi, il joint une douceur et un charme d'expression qui lui gagnent rapidement tous les cœurs ; ses manières sont remplies d'une affabilité sans apprêt et d'une bonté dont on a eu la preuve entre autres dans ces questions multipliées et pleines d'un vif intérêt sur toutes les personnes qu'il a connues ici dans son enfance. Enfin, il n'est pas un de ceux qui ont eu le privilége de jouir de sa société qui n'en soit sorti avec un véritable sentiment d'admiration. »

DALMAHOY,

HAMILTON-PALACE ET GLASCOW.

En quittant Edimbourg, Monseigneur se rendit au château Dalmahoy, chez le comte (*the earl of Morton*) qui avait invité l'auguste voyageur à s'arrêter sous son toit hospitalier. Dans ce château, le comte de Morton avait réuni sa famille ; c'étaient lord et lady Ruthven, sir David et lady Wedderburn, lord Elphinston et beaucoup de voisins de haute distinction.

Le 24 octobre, malgré une pluie battante et sans relâche, il y eut chasse dans le parc, le jour de l'arrivée, et Monseigneur y prit plaisir et part très active.

Le lendemain, après le déjeuner, on remonta en voiture pour se rendre à Hamilton-Palace, à un relais de poste. Le prince et les personnes qui avaient l'honneur de l'accompagner, descendirent pour se chauffer. Dans la très petite pièce où l'on admettait les voyageurs, se trouvait déjà établi, près du feu, *un monsieur* qui demandait son dîner. En voyant entrer des étrangers dans le salon, il fut sans doute contrarié, mais il n'en montra rien : loin de là, il voulut faire place et s'en aller ; mais Monseigneur l'en empêcha, s'assit à côté de lui, et le bon Écossais se mit à causer fort à l'aise avec le prince, qu'il ne connaissait pas, des productions, des curiosités et des intérêts de la contrée dans laquelle il vit heureux avec sa famille. S. A. R. fut enchantée de la conversation de cet homme, qui ne sut, qu'après le départ du prince, qu'il avait familièrement causé avec un vrai descendant des rois de France.

Le comte de Morton (*the earl of Morton*), qui venait de recevoir chez lui avec une si noble hospitalité le fils de France, compte, parmi ses ancêtres, un comte de Morton qui contribua beaucoup à la captivité de la reine Marie Stuart, et fut un de ceux qui la firent enfermer dans la tour de Lochleven, triste demeure qui se dresse au milieu d'un lac bordé de toutes parts de monts stériles et désolés.

Le comte actuel du Morton garde, parmi de précieux manuscrits et d'antiques chartes, un acte signé des premiers et des plus grands seigneurs écossais, qui s'étaient réunis à Dalmahoy, pour y déclarer la guerre à leur belle souveraine. On voit aussi, dans une chambre du château, une tapisserie faite par cette malheureuse reine. Dans ses longues années de captivité, elle avait appelé à elle, comme un consolateur, le travail; elle y courbait son corps pour délasser son esprit..... Mais, malgré tous ses efforts, pendant que ses doigts allaient et venaient sur le métier, pendant que son aiguille perçait et reperçait le canevas pour le barioler de fleurs, sa pensée s'échappait et retournait aux souvenirs, aux malheurs..., quelquefois aussi, j'aime à le penser, à l'espérance....

Dalmahoy est *illustré* de beaucoup d'objets qui ont appartenu à cette reine aussi infortunée que séduisante, et qui avait pour ennemie la jalousie féminine couronnée, ennemie que l'on ne désarme pas et qui ne pardonne jamais.

Le nom des comtes de Morton est Douglas; ils descendent d'André de Duglas, second fils d'Archibald, dont le fils aîné a été ancêtre des ducs de Douglas. Cette illustre famille réunit les titres de earl of Morton, de lord Aberdour, titres datant de l'année 1457, et celui de baron Douglas of Loch Leven, donné en 1791. Ainsi, chose étrange ! les souvenirs de la prison de Marie Stuart n'ont pas fait peur à une noble race de chevaliers.

Ce fut le lendemain 25, dans l'après-midi, que le prince partit de Dalmahoy pour le palais de Hamilton, où il a été reçu, avec les attentions les plus délicates et les hommages les plus respectueux, par le duc et la duchesse de Hamilton, le marquis et la marquise de Douglas et lady Lincoln. Parmi les hôtes distingués, réunis dans cette magnifique résidence, une des premières des trois royaumes, et qui porte le nom *de palais* depuis que le roi Georges IV y séjourna, on remarquait le duc et la duchesse de Montrose, le marquis et la marquise de Douro, lord et lady Leven, sir Archibald Campbell, le capitaine Greville, miss Greville, le capitaine Murray, etc., etc.

M. le comte de Chambord a consacré la journée du 27 à visiter Glascow, accompagné par le duc d'Hamilton, sir Archibald Campbell, M. le duc de Lévis, M. le duc des Cars, M. Villaret de Joyeuse, M. Hope et M. Barrande ; le prince s'est dirigé, dès le matin, vers l'Université où l'attendait le principal, M. Macferlane, assisté de plusieurs professeurs et dignitaires des diverses facultés; S. A. R. a parcouru en détail les collections d'histoire naturelle, un cabinet d'anatomie, la bibliothèque et les autres parties de cet édifice destiné à l'instruction. Avant de quitter le musée, Monseigneur s'est entretenu avec M. Schmidt qui lui a été présenté comme ayant été autrefois professeur d'allemand des pages de S. M. le roi Charles X. Après avoir causé en français avec le professeur Schmidt, S. A. R. a bien voulu, avec une affabilité charmante, continuer la conversation en allemand. Le prince parle cette langue avec autant de facilité que d'élégance et avec une pureté d'accent relevé par un timbre de voix harmonieux.

En sortant du musée, on est allé visiter l'ancienne cathédrale, Monseigneur en a admiré le noble style d'architecture normande.

Le reste de la journée a été employé tout entier à visiter des établissemens industriels; S. A. R. a passé plus de deux heures dans la vaste fabrique de produits chimiques de M. Tenant et a examiné les procédés employés pour la préparation de l'acide sulfurique et d'un grand nombre d'autres substances indispensables aux arts et aux manufactures; le prince a voulu connaître en détail les perfectionnemens introduits dans cette fabrique dont les proportions colossales sont dignes d'attirer l'attention de celui qui est venu étudier les sources de la puissance commerciale de la Grande-Bretagne. M. le comte de Chambord a ensuite parcouru une partie de la ville et du port de Glascow, en allant aux forges de M. Dixon, situées dans les faubourgs. Là, il a voulu étudier toutes les opérations relatives à la production de la fonte avec l'emploi de l'air chaud. Dans une autre partie de ce bel établissement, il a suivi avec les mêmes détails toutes les transformations de la fonte pour obtenir les fers de diverses formes et qualités demandées par le commerce.

L'attention soutenue avec laquelle le noble visiteur a examiné ces opérations compliquées et les questions spéciales qu'il a adressées aux directeurs des fabriques, ont laissé apercevoir la variété de ses connaissances et le haut intérêt qu'il porte à tout ce qui concerne l'industrie et le commerce.

Il était déjà nuit close, lorsque le comte de Chambord est sorti des forges; il a cependant voulu, en rentrant dans la ville, parcourir la galerie de l'exchange. S. A. R. a ensuite repris le chemin du palais de Hamilton où une réunion d'élite l'attendait pour dîner.

Quand la famille du duc de Hamilton et de Châtellerault est allée au devant de son noble visiteur, tous ses membres portaient des bouquets de lys, les hommes à la boutonnière, et les femmes dans leurs cheveux.

Ce qui a fait le caractère de cette réception, c'est surtout une cordialité, une franchise écossaise qui devaient plaire au petit-fils de Henri IV. Dès le moment que le duc d'Hamilton avait su l'arrivée de M. le comte de Chambord à Edimbourg, il s'était hâté d'aller l'inviter lui-même à honorer le château de Dalmahoy de sa présence. Monseigneur mit autant d'empressement à accepter cette invitation que le grand seigneur écossais en avait mis à venir la lui faire.

L'auteur de la relation du voyage de M. le comte de Chambord a reçu une lettre du duc d'Hamilton qui prouve, mieux que tout ce qu'il pourrait dire, combien il tenait à honneur et à gloire de recevoir chez lui le jeune et auguste descendant des rois de France.

Voici cette lettre en date du 10 janvier 1844.

« Hamilton palais.

» Je me hâte, monsieur le Vicomte, de répondre à votre lettre avec tout l'empressement que le sujet en question m'inspire ; mais j'aurai de la difficulté à vous fournir tous les détails que vous me demandez, car S. A. R. monseigneur le duc de Bordeaux a fait un trop court séjour ici.

» Aussitôt que j'ai appris que le petit-fils du roi Charles X, dont la mémoire est chère à l'Écosse, était arrivé à Edimbourg, je n'ai rien eu de plus pressé que d'aller lui rendre mes hommages et lui dire : « Monseigneur, usez
» comme bon vous semblera de ma famille, de
» mon château, de tout ce que j'ai et de moi-
» même. »

» S. A. R. a honoré de sa présence, pendant trois jours, la demeure de ses anciens amis ; ces jours, il les a passés absolument en famille, comme il l'avait ordonné de sa propre bouche, et les fêtes qu'il a reçues se sont bornées à des effusions d'affection respectueuse et d'attachement à toute épreuve. Nos discours, à son arrivée, n'ont été ni longs ni pompeux, nous lui avons dit, du fond de notre âme : « Soyez ici
» le bienvenu, auguste prince ; ici Votre Altesse
» Royale règne et règnera toujours sur nos
» cœurs. »

» Nous avions pensé que les démonstrations les plus fastueuses n'auraient jamais pu suffire pour bien exprimer le dévoûment de la famille dans laquelle il arrivait. Nos cœurs ont parlé, et je crois que notre langage a été intelligible au prince auquel il était adressé et qui, le comprenant bien, a daigné l'accueillir avec sa grâce accoutumée.

» J'ai fait voir à S. A. R. ma maison de plaisance de Châtellerault et le parc dont elle est entourée, les ruines historiques de Bothwell, forteresse délabrée des Douglas. Le collége de Glascow et quelques manufactures des plus intéressantes de cette ville.

» Si ce que Monseigneur a vu au palais d'Hamilton lui a paru digne d'attention ; si vous désirez, Monsieur, le consigner dans votre livre, personne mieux que M. Barrande, dont l'intelligence rare et l'esprit éclairé jugent tout si bien, ne pourra vous redire les détails que vous désirez.

» Son Altesse Royale, pendant son trop court séjour à Hamilton-Palace, a honoré de sa personne le même appartement que son auguste et gracieuse sœur avait habité, il y a bien des années, quand S. M. Charles X, avec sa bonté particulière, a confié MADEMOISELLE, sous les auspices de madame la duchesse de Gontaud, aux soins de la duchesse d'Hamilton.

» Croyez, Monsieur le vicomte, au plaisir

que j'aurai à lire tout ce que va écrire, sur Henri de France, le frère de madame Walsh, que j'ai eu le bonheur de connaître à Manheim, et pour laquelle je professe des sentimens d'admiration.

» Agréez ceux avec lesquels j'ai l'honneur d'être, etc.,

» Hamilton et Chatellerault. »

J'ai cité cette lettre, parce que j'y ai trouvé une expansion, une franchise de cœur qui font bien connaître le caractère écossais, celui des fidèles défenseurs de l'ancienne monarchie anglaise.

Le lendemain du jour de la visite à Glascow, l'on est allé à la maison de plaisance de Châtellerault, qui s'élève sur les pelouses et au milieu des massifs de beaux arbres. Après en avoir parcouru les appartemens, on est descendu dans la plaine et l'on a chassé au lévrier. Monseigneur le duc de Bordeaux a pris plaisir à la chasse, sautant et franchissant les sillons, les fossés et les barrières.

Après la chasse, on est allé visiter les ruines de Bothwell, dont le duc d'Hamilton parle dans sa lettre et qui rappellent ces puissans Douglas, dont le nom revient si souvent dans les récits chevaleresques du pays.

Au château de Douglas, Monseigneur a vu beaucoup de tableaux et de portraits historiques, entre autres ceux de Bacon et d'Érasme. Pendant les trois jours passés sous le noble toit d'Hamilton-Palace, sous la lueur des lustres et dans la comfortabilité des salons, les soirées coulèrent rapides et douces ; agréables causeries, suave musique rendaient les heures trop courtes. Lady Douro, par son beau talent sur la harpe, a ravi Monseigneur et tous ceux qui ont eu le bonheur de l'entendre. Miss Greville, amie de cœur de S. A. R. madame la princesse Marie de Bade, maintenant marquise de Douglas, ajoutait aux charmes de la soirée par son attachante et spirituelle conversation.

La gracieuse fille de S. A. R. madame la grande-duchesse Stéphanie de Bade, aimée, admirée en Allemagne, est aujourd'hui l'amour et l'orgueil de l'Écosse.

L'hospitalité antique du duc et de la duchesse d'Hamilton, la noble réception qui a été faite par leur famille au petit-fils de Charles X et aux Français qui avaient l'honneur d'accompagner Son Altesse Royale, ne sont pas de ces choses qui s'effacent de la mémoire de ceux qui en ont été les heureux témoins.

Cette noble race des Hamilton ou de *Haméldon,* comme disent les vieilles chartes, accapare et cumule bien des gloires. Elle se rattache, par son origine, à William de Hameldon, dernier fils de Robert de Bellomont, troisième comte, *earl of Leicester.*

Celui-ci eut un fils nommé Gilbert qui, ayant tué John Le Despencer, un des favoris du roi Édouard II, encourut la disgrâce de ce monarque, et, pour échapper à sa vengeance, fut contraint de fuir et d'aller se cacher dans une forêt; là, Gilbert et le varlet qui le suivait, échangèrent leurs habits contre ceux de deux scieurs de bois, auxquels ils achetèrent leur scie. Ainsi déguisés, ils se mirent à l'ouvrage. A peine avaient-ils enfoncé leur scie dans l'écorce d'un vieux chêne, que des soldats d'Édouard, envoyés à leur poursuite, débusquèrent auprès de l'arbre qu'ils se mettaient en devoir de couper. Cette soudaine apparition aurait pu intimider tout autre que Gilbert; mais, lui, sans rien perdre de son sang-froid, continua à scier en criant à son compagnon : « THROUGH ! » mot qui veut dire : « A TRAVERS. » Et le varlet e le chevalier ne s'arrêtèrent pas dans leur travail.

Depuis ce jour, en mémoire du bonheur qu'il avait eu d'échapper dans la forêt, Gilbert prit, pour le cimier de ses armes, un chêne dans le tronc duquel est enfoncée une scie, et pour motto : « AU TRAVERS. »

De la postérité de Jacques Hamilton est sorti un des plus spirituels écrivains de la France, le comte Antoine Hamilton, auteur *des Mémoires du chevalier de Grammont*. Jacques IV, duc d'Hamilton, premier duc de Brendon, et qui, à la mort de son père, hérita du comté (*Earldom-of-Selkirk*), était un des grands favoris du roi Charles II. Il fut nommé par lui gentilhomme de sa chambre et ambassadeur extraordinaire près le roi de France pour le complimenter sur la naissance du duc d'Anjou, plus tard roi d'Espagne.

A la mort de Charles II, le duc d'Hamilton demeura près la cour de France et y fut créé, par le roi Jacques II, grand-maître de la garderobe et colonel du régiment de royale-cavalerie. Après l'avènement de Guillaume III au trône d'Angleterre, Hamilton, alors comte d'Arran, fut deux fois renfermé à la tour de Londres comme correspondant de Jacques II.

Le présent duc a pour héritier présomptif son fils unique, William-Anthony-Archibald, earl of Angus and of Arran.

Les ducs d'Hamilton sont gouverneurs héréditaires du palais d'Holy-Rood, et, dans cette qualité, le duc actuel n'a pas laissé échapper une occasion d'être utile et agréable aux illustres bannis que la révolution de 1830 a poussés hors des châteaux de Saint-Cloud, des Tuileries et de Versailles.

Le titre de duc de Chatellerault, mêlé aux titres nombreux de l'illustre famille d'Hamilton, est un gage d'alliance dont le souvenir est peu populaire à Londres. Le personnage qui en fut revêtu le premier, en 1548, par concession royale de Henri II, au temps de la plus étroite alliance entre la France et l'Ecosse, était Jacques, second comte d'Hamilton et comte d'Arran, déclaré, par les états du parlement, seconde personne du royaume et héritier présomptif de la couronne, si Marie Stuart, sa pupille, mourait sans postérité. Régent à une époque de trouble, ce fut lui qui confia l'éducation de la jeune reine d'Ecosse à la loyauté française.

Ce fut, comme nous l'avons dit, pendant le séjour que Son Altesse Royale fit à Hamilton-

Palace qu'eut lieu l'exploration de la ville de Glascow, digne, par son importance et les monumens qu'elle renferme, d'une de ces notices que nous joignons aux noms des lieux visités par M. le comte de Chambord.

Le vieux Glascow, avec ses pignons sur rue, ses petites portes à ogives et ses ornemens des siècles passés, a peu d'étendue et demeure triste et délaissé comme l'est trop souvent la vieillesse. La vie, le mouvement, l'animation se sont portés dans les quartiers nouveaux divisés en quatre parties à peu près égales, coupées par de larges rues formant une croix; et au point de jonction des quatre branches, s'élève un magnifique bâtiment en pierres de taille surmonté d'une haute tour portant un carillon. L'Hôtel-de-Ville offre une belle façade ornée de colonnes ioniques; on voit dans l'une de ses salles une statue de Pitt en marbre blanc. La façade du Palais-de-justice est une belle copie du temple de Thésée, à Athènes.

L'église de Saint-Mungo, anciennement la cathédrale, beau et grand vaisseau qui contient deux églises l'une sur l'autre, domine, par sa situation, tous les édifices de l'ancienne et de la nouvelle ville. On compte à Glascow 250,000 âmes. Cette cité de science et de commerce est curieuse et intéressante pour tout observateur.

Le collége de l'Université, visité par Monseigneur et par les personnes qui l'accompagnaient, fut fondé en 1450 par l'évêque Willam-Turnbulle, et le roi Jacques II, qui aimait la science, accorda à cet établissement de grands priviléges. On y reçoit plus de 1,600 étudians, et l'on y jouit d'un des plus riches musées de l'Europe, formé par les soins d'un seul homme, le docteur William Hunter. Ce savant illustre le légua à la ville, en ajoutant à cette libéralité royale, dont on porte la valeur à trois millions, une somme de 200,000 francs pour la construction du musée actuel. Je recommanderais bien cet exemple de généreux patriotisme à notre époque; mais me souvenant de son égoïsme, je retiens la phrase prête à tomber de ma plume, et détournant mes regards du présent, je regrette le passé et j'invoque l'avenir.

Glascow a vu naître les philosophe Hutchinson, Reider et Simpson, et les littérateurs Richardson, Young, Moore et Jardine. On voit par ces noms illustres que là où l'on répand la semence scientifique et littéraire il vient, il s'élève des savans et des littérateurs.

Le duc d'Hamilton, qui est le patron du pays,

s'était fait, à travers l'immense cité, l'intelligent cicerone du prince pour lui en montrer tout ce qu'elle renferme de curieux. C'est dans cette ville que M. le duc des Cars a rejoint M. le comte de Chambord.

CALENDAR-HOUSE.

En quittant le palais d'Hamilton, le 28 octobre, Son Altesse Royale s'est dirigée vers Calendar-House, habitation de M. Forbes, membre de la chambre des communes, et y a passé la journée suivante. Le duc et la duchesse de Montrose, lord Williams Graham, lord et lady Belhaven y avaient été invités. Partout où M. le comte de Chambord daignait faire une pause, tout de suite, ce que la contrée avait d'illustrations en tous genres étaient aussitôt réunies. La voix du pays avait redit ce qu'était le prince, et l'on était empressé et avide de le voir et de le connaître. Dès les premiers pas qu'il avait faits en Ecosse, HENRI DE FRANCE s'était révélé, et beaucoup de lettres parties d'Edimbourg pour Londres et pour le continent avaient redit ce qu'était Monseigneur. La presse anglaise s'était emparée du voyage du jeune prince, et racontait minutieusement les détails de chacune des réceptions qui lui étaient faites. Les journaux de Paris devenaient les échos de ceux de l'Ecosse et de l'Angleterre, et s'occupaient bien plus de ce que faisait le petit-fils de Charles X, que de la visite que les fils de Louis-Philippe étaient allés faire à S. M. la Reine d'Angleterre pour la remercier d'être venue au château d'Eu.

M. le duc et madame la duchesse de Nemours, hôtes de la reine Victoria, logés à Buckingham-Palace, étaient loin de préoccuper autant la pensée publique que leur cousin exilé et proscrit. Déjà, de l'autre côté du détroit, on savait que de grandes illustrations françaises, que des notabilités européennes, Châteaubriand et Berryer allaient venir joindre Henri de France. Auprès des fils de Louis-Philippe, les Anglais cherchaient vainement deux noms pareils. Le journal de la cour des Tuileries actuelles, qui s'était promis de garder le silence et de se montrer indifférent, n'avait pu cacher plus long-temps l'humeur que lui donnait ce voyage. D'abord, il avait prétendu qu'il n'y aurait en Écosse que des familles jacobites, que d'encroûtés partisans de la cause perdue des Suarts, que des fanatiques catholiques qui tiendraient à honneur de recevoir chez eux le descendant des rois très chrétiens, et maintenant, ils voyaient avec dépit et envie que des hommes de toutes opinions et de toutes croyances, que des wighs, des torys, des protestans, des catholiques, de grands seigneurs, de grands industriels, s'empressaient d'inviter le prince français à honorer leurs demeures de sa présence. M. Forbes n'adore pas Dieu de la même manière que le petit-fils de saint Louis ; il est protestant de conviction et de zèle, et il avait été des premiers à demander à Monseigneur de s'arrêter chez lui. M. le comte de Chambord sachant ce que valait ce noble Écossais et tout le bien qu'il fait à son pays, avait accepté avec plaisir sa courtoise invitation.

Parmi les hôtes de Calendar-House, se trouvait lord Belhaven, l'un des commissaires chargés de vérifier dans chaque paroisse l'état des pauvres. Causer avec un tel homme était un bonheur pour le jeune prince qui, ainsi que je l'ai dit ailleurs, a une pensée fixe, celle d'apprendre les moyens les plus efficaces d'améliorer l'existence des classes indigentes. L'Allemagne l'a vu, l'Écosse et l'Angleterre le savent. Monseigneur le duc de Bordeaux a une passion que saint Louis, que Henri IV, que Charles X, que M. le duc et madame la duchesse de Berry, que Louis-Antoine et Marie-Thérèse ont eue avant lui, celle de l'aumône. Comme le blé donne son grain, comme le nuage laisse tomber la rosée, comme l'arbre du verger offre son fruit, de même les Bourbons de la branche aînée ont donné hier, donnent aujourd'hui et donneront demain. Leur bienfaisance est incorrigible; l'exil même n'a pu leur ôter cette passion de charité.

Ce fut donc avec un extrême plaisir que M. le comte de Chambord s'entretint avec lord Belhaven de ce qu'il y avait à faire pour aider les malheureux à porter le fardeau de la misère et pour rendre moins dur et moins amer le pain que trop souvent ils arrosent de leurs larmes.

Son Altesse Royale était arrivée le samedi à Calendar-House. Le lendemain, on partit après le déjeuner pour aller entendre la messe à l'église de Falkirk. Puis, ce devoir pieux rempli, on revint chez M. Forbes passer la journée.

Dans cette honorable famille protestante, il

existe un usage que bien des catholiques envieront. Pour sanctifier le jour du Seigneur à Calendar-House, les maîtres, quand le soir est venu, rassemblent leurs enfans, leurs hôtes et leurs gens, pour faire en commun une lecture édifiante, une méditation et une prière. Madame Forbes, née lady Louisa, fille de lord Weymiss, fit demander à son royal hôte si l'on pouvait, lui étant sous son toit, ne pas déroger à cette pieuse habitude. On devine tout de suite la réponse du prince; il dit qu'il en serait édifié. Et quand la cloche de la prière rassembla dans une salle tous les habitans protestans du château, ce qu'il y avait de catholiques à Calendar-House resta dans le salon avec le petit-fils de saint Louis, tous se disant, au dedans d'eux-mêmes, que la société serait plus heureuse, si cet usage était plus commun.

Avant de quitter Calendar-House, M. le comte de Chambord avait visité, avec cet intérêt qui s'attache aux très vieux souvenirs, les restes des travaux faits par les Romains contre les Pictes. De cette antique défense, il reste bien peu de traces; ce qui l'indique le plus, ne s'élève pas au dessus du sol; au contraire, c'est un creux, une sorte de large fossé qui marque, aujourd'hui, l'emplacement de cette digue opposée aux torrens d'hommes du Nord.

Ce lord Montrose, que M. et Mme Forbes avaient invité à Calendar-House pendant le séjour de HENRI DE FRANCE, est le descendant de ce Jacques, premier marquis et cinquième comte de Montrose, qui s'était fortement et énergiquement attaché à la cause de Charles Ier. En 1644, nommé capitaine-général en Écosse, et créé marquis de Montrose, ce zélé défenseur des Stuarts partit d'Édimbourg à la tête d'un corps d'armée qu'il conduisait au secours du roi. Rencontré, près de Selkirk, par le major-général Leslie, envoyé par le gouvernement anglais pour s'opposer à l'invasion dirigée par Montrose, la fortune, qui ne favorise pas toujours le courage et la fidélité, lui fut contraire. Le 13 septembre 1645, le vaillant chef royaliste et son armée furent complètement battus, et ce ne fut qu'avec peine que Montrose échappa à la haine de ses ennemis en se réfugiant dans les Highlands. Il y resta caché quelque temps et parvint à s'embarquer pour la France en 1646. Le marquis étant parvenu à se procurer, du Danemarck et de la Suède, de l'argent et des armes, fit passer ce secours dans une des îles Orkney; puis, avec cent officiers, suivit de près cet envoi. Il débarqua à Caithness ; rassembla ses amis, et, dans un sanglant combat, fut encore vaincu. Fait prisonnier, sa sentence ne tarda pas à être prononcée. Un gibet de trente pieds de haut fut élevé sur le lieu même de la bataille, et il y fut pendu ; son corps y resta trois heures ; puis un bourreau l'en ayant descendu, livra son corps à un autre exécuteur, qui coupa la tête au cadavre et la ficha, toute dégouttante de sang, sur une haute pique plantée sur le donjon de Tolbooth-Prison.

Après la restauration de Charles II, ce monarque cassa la sentence prononcée contre Montrose ; et les restes dispersés du vaillant général furent recherchés, recueillis et déposés avec respect et grande solennité dans l'église cathédrale de Saint-Gilles. La devise de ce vendéen de l'Écosse, de cet autre Charette, est : « N'oubliez pas ! »

Les descendans du partisan des Stuarts, comme les neveux du général des armées catholiques et royales du Poitou, N'ONT POINT OUBLIÉ !

DRUMLANRICK.

Le 30, Monseigneur prit la direction du sud et alla coucher à Drumlanrick, où l'attendaient le duc et la duchesse de Buccleugh, dont l'accueil fut rempli de nobles et cordiales attentions. Le duc de Buccleugh est membre du conseil des ministres, lord du sceau privé ; la duchesse de Buccleugh est première dame d'honneur de S. M. la reine Victoria. Le prince séjourna, le 31, dans le vieux château de Drumlanrick, aux formes gothiques et dont le nom se rattache aux nombreux faits d'armes qui ont signalé les longues guerres entre l'Angleterre et l'Écosse.

Drumlanrick est une de ces demeures des *Borders* que Walter Scott s'est souvent plu à décrire. Ces souvenirs dramatiques contrastent singulièrement avec les immenses et paisibles travaux d'agriculture poursuivis actuellement par le duc de Buccleugh, pour l'amélioration du sol, et qui ont vivement intéressé le noble voyageur et les personnes de sa suite.

Sa grâce le duc de Buccleugh avait réuni, pour fêter son hôte, tous les membres de sa famille : son beau-frère lord Marchant et beaucoup d'autres personnages de haute distinction. Monseigneur, accompagné de M. le duc de Lévis, M. le duc des Cars, M. Villaret de Joyeuse et de M. Barrande, arriva, à nuit close, à cette vaste et antique demeure, et cela avait bien quelque chose de saisissant et de solennel que de passer sous ses porches et d'entrer dans ses cours, à cette heure où les ombres grandissent tout en enveloppant chaque objet de vague et de mystère.

Pour tout voyageur, il y a une grande jouissance, c'est, après une nuit passée dans un lieu où l'on est arrivé pendant l'obscurité, d'écarter, au lever du jour, au retour de la lumière, les rideaux de son lit, d'ouvrir les contrevents de sa fenêtre et de regarder, sous les

premiers rayons du soleil, une contrée toute
nouvelle.

Cette jouissance, M. le comte de Chambord
dut la ressentir vivement, le lendemain de son
arrivée à Drumlanrick, car la vue que commande le château est des plus pittoresques et
des plus imposantes.

Quand les hôtes du duc et de la duchesse de
Buccleugh furent assis à la table du déjeuner,
ils entendirent tout à coup les sons d'une cornemuse, et virent, sur la terrasse qui longe le
château et qui domine les pelouses de la plaine,
un joueur de bag-pipe en grand costume des
Highlands, se promenant sous les fenêtres et
jouant aux convives de vieux airs du pays.
Ces chants sont, en général, d'une grande mélancolie ; en les écoutant, on sent qu'ils ont été
inspirés au milieu des bruyères, sous des nuages gris et près du ravin du torrent. La musique calédonnienne est sœur jumelle de la poésie d'Ossian.

Ces mélodies firent plaisir au jeune prince et
il en remercia l'aimable et gracieuse duchesse
de Buccleugh, que l'Écosse compte avec orgueil parmi ses femmes les plus spirituelles et
les plus bienfaisantes. Mais au lieu de ces airs
étrangers, que n'aurait pas donné le noble

exilé pour entendre la rustique chanson de quelque pâtre français, s'élevant du sol de la patrie et redite par des échos de France!

Le ministre d'État, le lord du sceau privé, quand il est hors de Londres, tout en restant grand seigneur, s'occupe beaucoup d'agriculture : le pays l'atteste de toutes parts par ses plantations, ses assèchemens et ses *drains* portés en Écosse plus loin que partout ailleurs. Le prince a admiré, chez le noble duc, une charrue, nommée *sub soil plow*, pour remuer le terrain au dessus des *drains*. Ce procédé a eu d'immenses résultats et a triplé les récoltes.

Le nom de famille des ducs de Buccleugh est *Scott*, et ils descendent de *Richard le Scott, de Murdieston*, comté de Lanark ; c'était un de ces barons écossais qui jurèrent fidélité au roi Édouard Ier, en 1286. Anne de Buccleugh, qui épousa le duc de Monmouth, fils naturel de Charles II, adopta le surnom de Scott. La simple et touchante devise que l'on voit au bas de l'écusson illustré de Buccleugh, ne consiste qu'en un seul mot, mais ce mot est sorti de toutes les bouches et est allé à tous les cœurs, c'est celui de : *Amo*.

Ainsi partout désiré, partout reçu avec les honneurs dus à sa haute naissance et à son malheur, Henri de France poursuivait son voyage, gagnant à lui les cœurs de tous ceux qui pouvaient le voir, l'approcher et l'entendre. Le récit des réceptions faites au jeune prince banni à une époque d'indifférence comme la nôtre, faisait du bien à lire ; l'âme respirait plus à l'aise en voyant que dans nos jours de froideur et de glace, le feu sacré n'était pas éteint partout, et qu'il y avait encore sous le soleil quelque coin de terre où, malgré les enseignemens du siècle, le culte des faux dieux n'était point établi ; où l'on ne brûlait d'encens ni au *veau d'or*, ni à *Baal*; quelque coin de terre enfin, où l'on savait encore honorer ce qui a droit à l'être, une grande infortune noblement portée.

Il y a tant de tristesse, tant de dégoûts, tant de choses qui flétrissent la dignité de l'homme dans les doctrines qui enseignent à n'adorer que le bonheur, que nous nous prenions à aimer, comme des compatriotes, les étrangers qui ouvraient bien larges les portes dorées de leurs splendides demeures à un proscrit !

Oui, soyez tous bénis, généreux Ecossais, vous qui habitez de somptueux châteaux ; vous qui dirigez d'importantes fabriques ; vous, pauvre peuple d'Edimbourg et des campagnes, qui vous êtes souvenus de l'enfant de Holy-Rood, et qui l'avez accueilli exilé, et comme s'il possédait encore des palais, des trésors ; oui, soyez tous bénis, vous avez, en agissant de même, généreusement, chrétiennement protesté contre l'ignoble et desséchante religion des faits accomplis.

Je sais qu'il y a des gens qui sortent de chez eux, ou qui mettent la tête à la fenêtre, ou qui s'arrêtent dans la rue pour voir passer les heureux du monde précédés et suivis d'un nombreux cortége. Moi, je l'avoue, je ne me dérange plus pour voir semblable chose ; car je l'ai analysée et jugée ; c'est la prospérité qui paie et la servilité qui suit ; mais je me dérangerai, je me lèverai de mon fauteuil, je sortirai de chez moi, je descendrai dans la rue, pour voir passer un homme dépossédé de tout, et qui est accompagné, entouré comme s'il avait encore de l'or, des faveurs, des grâces à répandre! Oui, je ferai du chemin, j'irai loin pour voir le proscrit, accueilli, honoré, fêté comme un heureux de la terre ; car, dans pareil spectacle, il y a une grande moralité, une grande leçon que l'on doit enseigner à ses enfans : c'est qu'en ce monde, l'argent n'est pas tout !

Le 1ᵉʳ novembre, on se rendit à Dumfries pour y entendre la messe et sanctifier ainsi la fête de la Toussaint; le soir on vint coucher à Penrith, en passant par le fameux Gretna-Green.

GRETNA-GREEN,

LANCASTRE ET LIVERPOOL.

Beaucoup de grandes villes, beaucoup d'opulentes cités ont leurs noms moins souvent prononcés que ce hameau du comté de Dumfries, tout petit groupe de maisons situé à la frontière d'Ecosse, sur le chemin d'Edimbourg à Londres.

Ce nom revient fréquemment dans les journaux anglais, dans beaucoup de romans, et se trouve mêlé à beaucoup de passions contrariées. Cependant, c'est à tort que l'on signale Gretna-Green, comme le lieu où se font d'une manière toute profane beaucoup d'unions auxquelles les parens des parties contractantes n'ont pas voulu consentir; c'est à Spring-Field, charmant petit village caché sous de beaux arbres, et qui n'est distant de Gretna-Green que de deux ou trois cents toises, que se rendent tant de pauvres fugitives désertant la maison paternelle, pour obéir à une voix trop souvent décevante.

L'homme qui marie aujourd'hui les couples amoureux recourant à son singulier ministère, n'est plus un forgeron ; le titulaire actuel de ces bizarres fonctions, est un pauvre hère, n'ayant pour tout moyen d'existence que les bénédictions peu chrétiennes qu'il donne à ceux que la passion lui amène.

C'est une chambre d'auberge qui sert de temple ou d'église ; une mauvaise table, recouverte d'un vieux tapis, remplace l'autel, et c'est un homme sans aucun caractère religieux, qui demande aux couples, debout devant lui, si leur intention est de se prendre pour époux, et qui, sur leur réponse affirmative, les déclare unis d'après la loi écossaise, qui n'exige, pour rendre valides ces profanes unions, que la présence de trois témoins. Ces témoins sont d'ordinaire le laïque-prêtre, la maîtresse d'auberge et le postillon qui a conduit la chaise de poste des amoureux, sous les beaux et épais ombrages de Spring-Field.

Le nombre de ces unions, que Dieu bénit

rarement, peut s'élever de soixante à quatre-vingts par an. Tant mieux qu'il n'y en ait pas davantage; le monde est si fou, que j'en croyais le nombre plus grand. Les couples anglais qui se sont unis de la sorte à Spring-Field, de retour en Angleterre, y font de nouveau consacrer leur union par un mariage en forme.

Quelques noms célèbres figurent sur le registre de l'auberge où se font ces mariages. Nous citerons entre autres, ceux de lord Erskine et de lord Éldon, anciens présidens de la chambre des lords, et du prince de Capoue, fils de François, roi des Deux-Siciles, marié à Spring-Field, le 7 mai 1836 à Pénélope Caroline Smith.

Le 2 novembre, M. le comte de Chambord partit de Pendrith pour aller à Lancastre; il ne s'y arrêta que quelques heures, qu'il employa, comme d'ordinaire, à visiter les monumens, la cathédrale et le vieux château devenu prison. En Angleterre, comme en France, les prisons sont les monumens qu'élève le plus notre époque de liberté.

On repartit par le chemin de fer pour Liverpool où l'on arriva dans la soirée.

Le 3, dès le matin, Monseigneur parcourait cette immense et opulente cité, dont les relations commerciales avec tout le globe ne le cèdent en importance qu'à la métropole des Trois-Royaumes. Il a visité d'abord les ateliers de M. Bury et compagnie, où il a examiné diverses machines à vapeur et locomotives en cours de construction. Son Altesse Royale a ensuite parcouru la longue ligne des Docks où flottent constamment des milliers de vaisseaux. Voulant connaître en détail quelques uns des plus puissans steamers destinés, soit à la navigation côtière, soit au trajet de l'Atlantique, Monseigneur est successivement monté à bord de l'*Admiral*, qui navigue entre Liverpool et Glascow ; puis de *la Cadix* et du *Great-Western*, récemment arrivé des États-Unis, afin de comparer entre eux l'ancien et le nouveau système de navigation ; il a également visité le *Queen of-the-West*, magnifique paquebot à voile du plus fort tonnage, récemment construit avec tous les perfectionnemens et comforts imaginables, pour soutenir la concurrence avec les grands bateaux à vapeur entre l'Europe et le Nouveau-Monde.

Son Altesse Royale, accueillie avec le plus grand empressement par les armateurs et les capitaines de ces divers navires, s'est entretenue avec eux sur les questions les plus intéressantes relatives à la navigation transatlantique.

M. le comte de Chambord a ensuite consacré

quelques minutes à voir les bâtimens de la douane et s'est rendu à l'Hôtel-de-Ville, où il était attendu par le maire, M. Robertson-Gladstone, frère du ministre actuel du commerce. En parcourant l'édifice ou plutôt le palais qui témoigne de la richesse de la population qui l'a élevé, le prince français a reçu, du premier magistrat municipal qui l'accompagnait, les documens les plus dignes de remarque sur les développemens prodigieux de Liverpool, et sur l'état présent de ses relations commerciales avec le globe.

M. Robertson-Gladstone a voulu montrer aussi à Son Altesse Royale la bourse voisine de l'Hôtel-de-Ville. En ce moment, on voyait dans cette vaste enceinte une multitude de groupes dont l'attention était tout absorbée par les affaires qui s'y traitent sur une si vaste échelle. Mais, en un clin d'œil, la nouvelle de la présence de l'auguste étranger s'est répandue dans la place et les galeries qui l'entourent. Tous les groupes se sont rassemblés en une foule qui se pressait autour de Monseigneur en lui donnant des témoignages respectueux de l'intérêt qui s'attache à sa personne partout où il paraît.

Le lendemain, 4 novembre, HENRI DE FRANCE a passé une partie de la matinée dans les ateliers et les embarcadères du chemin de fer. Un des directeurs, M. Wood, lui a servi de guide dans ces vastes établissemens qu'on peut citer comme des modèles pour toutes les entreprises du même genre. En sortant de ces ateliers, Son Altesse Royale est allée déjeûner à Edge-Lane-Hall, chez M. Francis Haywood qui l'avait accompagné dans toutes ses courses à Liverpool, communiquant à chaque occasion les renseignemens les plus instructifs que sa double qualité de négociant et de littérateur distingué l'ont mis plus à portée que tout autre de recueillir et de répandre.

M. Francis Haywood a eu l'honneur de faire hommage de sa traduction de *Kant* à M. le comte de Chambord.

La veille de sa visite à Edge-Lane-Hall, Monseigneur s'était rendu aux ateliers du rail-way. Ce qui y a beaucoup intéressé Son Altesse Royale, c'est la machine qui sert à faire monter les trains sur les plans inclinés.

Pendant que le prince visitait cet immense réceptacle de machines inventées par le génie de l'industrie, une Française, femme d'un négociant, reconnut, aux égards témoignés au jeune et noble voyageur, que ce devait être le fils du duc de Berry, et quand elle eût l'assurance qu'elle ne se trompait pas, prenant son fils par le bras, elle l'entraîna vers Henri de France, en lui disant : « Viens tomber aux pieds du descendant de nos rois ! »

Jusqu'à ce moment, cette femme n'avait nullement marqué par son enthousiasme pour les Bourbons de la branche aînée ; mais la triple magie de la jeunesse, de la majesté et d'une grande adversité l'avait vaincue.

Plusieurs lieues avant d'arriver à Liverpool, on s'aperçoit que le paysage va changer ; entre les touffes d'arbres qui avoisinent les fermes et les hautes cheminées-colonnes des usines, on a vu luire au soleil, comme de grandes plad'argent, c'est la mer ; le terrain commence à perdre de son niveau et à s'incliner ; puis bientôt la pente devient plus prononcée. Les arbres des champs ne sont plus aussi droits ; le vent qui vient de la mer les a tous courbés. S'ils avaient poussé loin du vaste Océan, ils seraient droits et bien venus ; mais on les a plantés tout proche de la puissance, et son souffle leur a fait perdre leur beauté.

En venant de Lancastre, on a devant soi, et bornant l'horizon, les montagnes bizarrement découpées du pays de Galles, puis l'embouchure de la Mersay.

Il y a un siècle, Liverpool n'était rien ; aujourd'hui, c'est la seconde ville de l'Angleterre. Vers son centre, qui se trouve le point le plus élevé, les rues sont larges et fort animées par le commerce ; les boutiques, nombreuses et riches ; les maisons en briques, sans la moindre architecture, et d'une couleur fauve et sombre. Vers le cœur de la grande cité commerciale, on aperçoit quelques édifices qui visent au genre monumental, entre autres la Bourse, vraie cathédrale d'une ville d'affaires et de négoce. On cite encore l'Hôtel-de-Ville, une halle aux blés, des fonderies de canons, des manufactures de porcelaine, des raffineries de sucre, des brasseries, un hôpital pour les aveugles, et des chapelles pour toutes les communions, des temples pour toutes les erreurs de l'esprit des hommes !

Quand nos pères bâtissaient des villes, ils élevaient aussi beaucoup d'églises ; mais comme ils avaient la conscience de la durée de leur culte, ils consacraient au Dieu de l'Éternité des monumens qui traversaient les siècles et résistaient au temps ; aujourd'hui, tous les différens sectaires semblent savoir que leurs religions improvisées seront éphémères, et ils ne se donnent pas la peine de leur élever des temples durables. Tous ces lieux de rassemblemens prétendus religieux sont pauvres et mesquins, et ne valent pas la peine que le voyageur s'arrête pour les visiter. Qu'y verraient-ils ? Le néant ne crée pas.

D'une ville marchande, à Alton-Towers, où Henri de France allait se rendre maintenant, la transition devait être forte et tranchée. C'était passer, en quelques heures, du pays des réalités et du positif aux régions de l'imagination et de la poésie ! des préoccupations commerciales aux enchantemens féeriques des mille et une nuits !

Ç'avait été dans une ville où les affaires humaines font peu de bruit, où le passé occupe plus que le présent, où les ruines et les tombeaux attirent plus que les demeures neuves des vivans, où les pensées graves vous arrivent plus vite que les idées de plaisir, où les pierres parlent mieux que les hommes de la vanité de la gloire ; c'avait été à Rome, enfin, que M. le comte de Chambord avait fait, en 1839, connaissance avec le comte et la comtesse de Shrewsbury, zélés et chaleureux catholiques qui aiment la cité des martyrs et des pontifes comme une autre patrie. Dans la vie remplie et inspirante que les voyageurs y mènent, on y connaît mieux les hommes, on y choisit mieux des amis que dans le tourbillon de Paris et de Londres. Ce fut là que HENRI DE FRANCE, dont le cœur est aussi aimant que l'esprit est éclairé, distingua lord et lady Shrewsbury et leur promit de les visiter à son premier voyage en Angleterre.

C'était cette promesse que M. le comte de Chambord allait tenir en partant de Liverpool.

LA FAMILLE TALBOT.

Le comte de Shrewsbury, qui allait avoir l'honneur de recevoir dans sa splendide résidence le prince qui est né au château des Tuileries, est un de ces Talbot dont le nom glorieux se retrouve aux plus belles pages des annales anglaises : cette famille est originaire du pays de Caux, en Normandie, où elle possédait la baronie de Cleuville. Ainsi, le sang français coule dans les veines des Talbot, et de vieux liens les rattachent à nous.

Cette maison a produit un grand nombre d'hommes illustres, guerriers, magistrats, évêques, parmi lesquels l'histoire cite particulièrement Jean Talbot, comte de Shrewsbury et de Waterford, surnommé, au xve siècle, l'Achille de l'Angleterre.

La première fois que le nom de Talbot est lié à l'histoire britannique, c'est dans la célèbre liste des guerriers de *Battle-Abbey*, où il est inscrit comme celui d'un des plus vaillans hommes de guerre de Guillaume-le-Conquérant. Attaché à la personne et à la fortune du duc de Normandie, il avait abandonné en quelque sorte ses possessions normandes, adoptant l'Angleterre pour sa nouvelle patrie, où le conquérant lui avait concédé de vastes domaines. En 1200, sous le règne de Henri III, Gilbert Talbot fut nommé gouverneur des châteaux royaux de Grasmund-Skenfrilh et de Blanc-Munster, et premier magistrat du comté d'Erford. Trois ans plus tard, nous retrouvons le même Talbot, chargé par le même prince (Henri III) de fortifier son château de Monmouth, ainsi que les autres forteresses dont il avait la surintendance ; en conséquence des troubles qui avaient éclaté sur la frontière de Wales, cet homme de courage et d'activité fut ainsi appelé souvent à la tête de l'armée anglaise ; et non seulement il y soutenait glorieusement l'honneur de sa famille, mais il en rehaussait encore l'éclat par ses brillans exploits et sa supériorité dans les armes. Ce fut surtout un glorieux événement que son mariage avec une princesse royale, Gwendaline, fille unique et héritière de Rays-App-Griffith, prince indépendant et puissant du pays de Galles. Par suite de cette alliance, Gilbert Talbot échangea les armes de sa maison (*dix bandelettes or et argent*) contre celles des anciens princes de Galles, *un lion rampant sur une bordure en or dentelée aux extrémités*, avec le motto (*prest d'accomplir*). Cet illustre écusson a continué d'être celui de la famille Talbot, et se voit aujourd'hui sur les porches et les tours du noble manoir d'Alton-Towers.

C'est à regret que je m'arrête dans les citations que je pourrais faire de toutes les gloires de cette famille. En lisant l'histoire de cette maison, on voit que chaque siècle augmente sa renommée. Entre ces Talbot, il y en a un qui les domine tous, ce fut Jean, surnommé l'*Achille anglais*. L'Irlande, le pays de Galles et la France furent témoins tour à tour de sa vaillance et de son habileté. En récompense de ses grands services, il fut fait chevalier de l'ordre de la Jarretière, comte de Shrewsbury, de Waterford et de Wexford, grand connétable héréditaire d'Irlande et maréchal de France.

Pour amasser tous ces titres, Jean Talbot avait passé à travers cent batailles et quatre-vingts ans..... Un boulet de canon, parti des murs de Châtillon, mit fin à sa glorieuse existence.

Les plus grandes gloires humaines ont parfois leurs taches, et nous en rencontrons une double dans la vie de Georges, sixième comte de Shrewsbury. Ce Talbot, après s'être distingué, comme ses ancêtres, les armes à la main, devint *courtisan des faits accomplis*. Il se fit protestant, et comme une apostasie ne peut que porter malheur, on le vit bientôt préposé par la reine Élisabeth à la garde de l'infortunée Marie-Stuart. D'un champ de bataille à une geôle, il y a loin...... Hâtons-nous de dire que, pendant les quinze ans qu'il exerça cette pénible charge, la royale prisonnière n'eut point à se plaindre de sa part de manques d'égards et de respects. Nous avons vu de nos jours un soldat troquer l'épée contre la clé d'une prison, et nous savons comment son siècle le juge et comment la postérité le jugera. Les hommes qui désertent leur foi religieuse et politique peuvent amasser beaucoup d'honneurs et de charges, mais ils n'y trouvent souvent que trouble et amertume, qu'anxiété et désappointement.

J'en atteste Charles, douzième comte de

Shrewsbury; à peine avait-il abjuré la foi catholique, qu'il devint un des promoteurs de la révolution de 1688, et comme il arrive toujours, un des plus ardens, des plus acharnés opposans des principes qu'il avait professés une grande partie de sa vie et qu'il venait de renier. Ayant été un des envoyés auprès du prince d'Orange, pour supplier le gendre de Jacques II de venir prendre la couronne de son beau-père, il fut récompensé de ses services. On le nomma duc de Shrewsbury et marquis d'Alton; on lui donna la charge de premier ministre. A la mort de la reine Anne, il était lord lieutenant de l'Irlande, premier lord du trésor et lord chambellan.

Ainsi comblé de tout ce que les hommes envient, Charles Talbot répétait souvent : « Si » j'avais eu un fils, je l'aurais fait savetier plu- » tôt que courtisan, bourreau plutôt qu'homme » d'État. » (A hang man than a states-man, a cobler than a courtier.)

Si Charles Talbot, duc de Shrewsbury et marquis d'Alton, n'eût servi que le pouvoir légitime, ce cri d'une conscience bourrelée ne lui serait pas échappé. Le protestantisme s'éteignit encore une fois dans la pieuse famille de Talbot, à la mort de ce Charles qui avait su si bien apprécier ce que valent certaines faveurs, quand elles viennent de certaines gens.

Lui, couché dans son cercueil, le titre de comte de Shrewsbury advint à un Talbot qui était entré dans les ordres sacrés. Le père jésuite, détaché des biens de ce monde, laissa la propriété de la fortune à son frère cadet.

Depuis cette époque jusqu'à l'acte d'émancipation en 1829, la famille Talbot vécut dans la retraite à laquelle tous les catholiques des Trois-Royaumes étaient condamnés par des lois qui les privaient en même temps et de leurs droits politiques et de leur position sociale.

Depuis lors, il a été permis au comte de Shrewsbury de reprendre au parlement le siége que ses ancêtres y avaient occupé pendant plus de cinq cents ans. La pensée politique du noble comte actuel penche vers les idées et les mesures libérales, en tant qu'elles sont conciliables avec l'ordre public. Il a parlé plusieurs fois à la chambre des lords et toujours avec succès, et toute bonne cause est assurée de trouver en lui un intelligent et zélé défenseur.

Ce n'est pas seulement comme membre du

parlement que le comte de Shrewsbury se fait l'appui des bonnes doctrines ; comme écrivain, il défend encore les principes conservateurs de la société. Son premier ouvrage parut en 1828, immédiatement après son élévation au titre de chef de la famille de Shrewsbury. Il est intitulé : *Raisons pour ne pas faire le serment du test* (1). Cet ouvrage remarquable fit beaucoup de sensation dans le grand monde. Plusieurs autres ouvrages ont été depuis publiés par le noble comte, et tous brillent par la clarté de leur diction, ainsi que par la force des raisonnemens et l'élévation des pensées dont ils sont remplis. Lord Shrewsbury peut être regardé comme le chef du corps catholique en Angleterre, position qui lui est bien acquise par sa charité illimitée, par sa munificence et son zèle pour tout ce qui regarde les intérêts de la religion. Le lord actuel est le seizième comte de Shrewsbury. Il épousa, en 1814, la présente aimable comtesse Marie, fille aînée du chevalier Guillaume Talbot, de château Talbot, du comté de Wexford en Irlande ; il eut d'elle

(1) Ce mot, qui signifie *épreuve*, était employé en Angleterre pour signifier *le serment* par lequel on devait abjurer la doctrine de la transsubstantiation du sacrifice de la messe et de l'invocation des saints.

trois enfans : *Jean*, qui mourut dans son enfance; *Marie*, mariée au prince Doria Pamphily, et *Gwendaline* (morte, hélas ! si prématurément en 1840), mariée au prince Borghèse.

ARRIVEE DES PRÉCURSEURS

DU PRINCE.

J'ai tenu à extraire de la généalogie des Talbot les fragmens qui précèdent ; je ne l'ai point fait pour flatter cette illustre famille ; mais bien pour faire connaître quels sont les amis de Henri de France. J'ai tenu à faire voir que les hommes qu'il aimait étaient ceux qui aiment les larges libertés unies à l'ordre et l'ordre uni à la religion. Dans tout le voyage de Monseigneur, on le verra constamment en rapport avec les personnes qui honorent le plus leur pays ; et ces hommes éminens, ne croyez pas qu'il ne les recherche que dans une seule classe ; oh ! non, s'il était exclusif, il serait mal à l'aise ; aussi, voyez avec quel intérêt il a traversé les villes industrielles, visité les usines ainsi que les établissemens commerciaux ; avec quel soin il a étudié les statistiques de Hull, de Yorck, de Newcastle, d'Edimbourg et de Liverpool avant de venir se reposer dans les délices de la vie aristocratique, sous les hautes tours d'Alton-Towers.

Jusqu'à ce moment, les seuls Français que Monseigneur avait vus en Ecosse et en Angleterre, étaient le duc de Lévis, son fidèle compagnon de voyage; M. Barrande, M. le duc des Cars et M. Villaret de Joyeuse. Mais lord et lady Shrewsbury, pensant que ce qu'ils auraient de plus agréable à offrir au prince dans la splendide réception qu'ils lui préparaient, serait de rassembler autour de lui des Français de plus, avaient invité à venir sous leur toit deux des plus grandes illustrations de l'époque, Châteaubriand et Berryer.

Non seulement ce choix était bon sous le rapport de la gloire, mais il avait de plus de révéler à l'Europe les sentimens politiques de HENRI DE FRANCE : il y a des noms qui sont des drapeaux! En appelant ainsi auprès de lui ces deux éloquens défenseurs des libertés nationales, c'était mettre à découvert les pensées les plus intimes du jeune prince et ôter à ses ennemis tout droit et tout prétexte de douter de la sincérité de son adhésion à tous les sentimens généreux dont Châteaubriand et Berryer sont les éloquens et courageux champions, l'un par ses immortels écrits, l'autre par sa puissante parole.

Les nobles hôtes de M. le comte de Chambord n'avaient pas borné là le nombre des Français qu'ils voulaient avoir à Alton-Towers, pendant le séjour que Monseigneur devait y faire. Madame la duchesce de Lévis, madame la marquise de Pastoret, toutes deux remarquables par la grâce de leur esprit et par le charme de leur conversation, devaient arriver chez le comte de Shrewsbury avant Son Altesse Royale.

En homme de goût et d'expérience, qui a l'habitude de recevoir beaucoup de monde, lord Schrewsbury avait pensé que tout dépend bien souvent de la première impression. Si, pour charmer les yeux du voyageur attendu, il avait fait des préparatifs extérieurs, et avait ordonné d'illuminer ses créneaux et ses tours; pour aller droit au cœur de M. le comte de Chambord, pour qu'il ne manquât rien à sa bienvenue, et comme pour lui donner un petit coin de France, il avait voulu avoir chez lui des Français. Aussi Gaston de Montmorency, prince de Robecq, M. le marquis de Pastoret, M. Berryer et M. le duc de Guiche étaient rendus à Alton-Towers dès la veille de l'arrivée du prince.

M. de Châteaubriand a manqué à ce rendez-vous d'élite; sa santé l'a privé du bonheur de venir, jusque là, au devant du petit-fils de Henri IV. C'était à Londres que HENRI DE FRANCE devait embrasser cet autre Sully.

Le 3 novembre au soir, mesdames de Lévis et de Pastoret, M. le duc de Guiche, M. Berryer et M. le marquis de Pastoret arrivaient au château des Talbot, où déjà étaient réunis de hauts personnages des Trois-Royaumes.

Depuis plus d'une heure, la voiture dans laquelle se trouvaient mesdames de Lévis et de Pastoret, était entrée dans le parc et suivait ses larges routes, tantôt resserrées entre des massifs d'arbustes, tantôt passant sous de grands arbres, tantôt traversant d'immenses pelouses et franchissant des ponts jetés sur des pièces d'eau et des rivières; et cependant, au train que vont les quatre chevaux et les postillons anglais, ils n'étaient pas encore arrivés assez près du château pour apercevoir son immense déploiement; enfin le chemin, l'avenue tournante (*the approache*), où l'affluence des visiteurs ne laisse jamais pousser l'herbe, s'encaissa peu à peu ; les espaces se resserrèrent ; bientôt la voiture roula entre de hautes murailles crénelées, et au bout de quelques minutes s'arrêta devant un portail gothique..... L'hôte royal ne devait arriver que le 4. Le 3 au soir, rien n'était illuminé ; au mois de novembre, à cinq heures de l'après-midi, l'obscurité est déjà venue ; ce n'était donc qu'à travers d'épaisses ombres que les voyageurs que j'ai nommés avaient pu entrevoir le château dessiner en silhouette sur un ciel foncé ses nombreuses tours, ses dentelures de créneaux et ses pignons pointus.

La voiture était arrêtée..... et déjà on avait heurté à l'épaisse porte de chêne ; un guichet s'ouvrit ; on reconnut les arrivans et l'huis bosselé de gros clous, tournant sur ses gonds, donna entrée aux voyageurs ; trois degrés de granit montés, les voici dans un vestibule, dans un *hall* d'un style sévère dont les murs, formés de belles pierres unies, n'ont d'autres ornemens que deux faisceaux d'armes à droite et à gauche d'une porte placée en face du portail ; ainsi, dans cette première pièce de la magnifique demeure des descendans des chevaliers, ce que l'on voit tout d'abord, c'est du fer et du granit.

Après s'être élevées à plus de dix-huit pieds

de hauteur les murailles se courbent en voûte; leurs nervures se rapprochent en arrivant au centre d'où pend un cul-de-lampe peu orné.

Dans un des angles du hall, une haute et large cheminée comme celles que Walter Scott a souvent décrites, ouvre son âtre où brûlent des troncs de sapin ou d'ormeau avec les guirlandes séchées du lierre qui s'était attaché à ces rois de la forêt.

En face de ce foyer, toujours généreusement chauffé, deux fauteuils en bois de chêne, à dossier pointu et à bras rembourrés de cuir ; là, sont assis en face l'un de l'autre, un Highlander, dans le vrai costume de ses montagnes, la cotte bariolée et courte, les jambes à moitié nues, le bas bicolore roulé au dessous du mollet et formant cothurne ; le plaid aux couleurs du clan et la toque empanachée de plumes noires.

Devant cet Ecossais pur sang, dont la famille est depuis long-temps inféodée à celle des Talbot, voici un habitant du pays de Galles qui est né sur une terre relevant des très hauts, très puissans et très excellens seigneurs d'Alton-Towers. Celui-ci est aveugle, il a de beaux cheveux blancs ; son habit, taillé sur ceux du règne de Henri VII, est de velours noir, descend à mi-cuisses, et laisse voir un haut-de-chausse serré ; sur sa poitrine brillent des chaînes d'argent auxquelles sont attachées de petites harpes, de petites palmes et de petites couronnes également, en argent, honorables prix qu'il a gagnés dans les luttes du chant, avec sa voix et sa harpe galloises. C'est le barde de la famille : c'est lui qui donne la bienvenue à l'étranger demandant l'hospitalité à ses nobles maîtres.

Quand madame la duchesse de Lévis, madame la marquise de Pastoret et les autres Français qui devançaient d'un jour M. le comte de Chambord, avaient heurté à la porte du hall ; quand, le guichet ouvert, on avait reconnu les arrivans, le Highlander avait frappé deux fois du bout ferré de sa hallebarde sur la dalle de granit ; le barde s'était levé, et prenant sa harpe, avait fait entendre un vieil air écossais, air que mon grand-père aura chanté en accompagnant le prince Charles Edouard dans son expédition de 1745. *The White Cockade, la Cocarde blanche.* On avait dit au vieux Gallois que les arrivans étaient Français, et il n'avait rien trouvé de mieux à jouer que ce chant royaliste : il ne s'était pas trompé.

Ce n'était pas sans émotion que nos compatriotes recevaient cette bien-venue ; car tout n'avait pas l'air d'être appris pour un jour. Le comte et la comtesse de Shrewsbury ont voulu que tout fût en harmonie dans leur gothique demeure; en adoptant toutes les comfortabilités de notre époque, ils y ont mêlé les antiques usages, la sainte hospitalité et les vertus d'autrefois. Réunir ainsi dans la vie de tous les jours ce que le passé a de noble à ce que le présent a de commode; sous des voûtes illustres ne pas vivre en bourgeois, ne pas vouloir contraster d'une manière tranchante avec les portraits et les statues des ancêtres, n'est-ce pas sagesse? NOBLESSE OBLIGE.

La vie que l'on mène à Alton-Towers a ses obligations et ses devoirs; demandez aux pauvres de la contrée, demandez aux catholiques de vingt lieues à la ronde si ces devoirs et ces obligations ne sont pas tous remplis?

Le noble comte, dont le château, vu à distance, ressemble à une ville du moyen-âge tant il a de tours et de tourelles, n'a pas borné ses travaux à agrandir, à embellir la demeure de ses devanciers; sortez de l'enceinte murée, sortez du parc immense qui ressemble à un pays tout entier sans ronces et sans épines, et vous trouverez des hospices pour les vieillards, des hôpitaux pour les malades, des écoles pour les enfans et des églises pour les catholiques. Si dans l'intérieur du château aucune recherche de luxe ne manque; à l'extérieur, dans le pays avoisinant, aucune douleur n'est sans consolation, aucune misère sans secours.

Vous le voyez, un fils de saint Louis avait raison de venir serrer des mains si bienfaisantes!

Je n'ai point oublié que j'ai laissé dans le premier vestibule les Français arrivés le 3, au soir; mais avant de chercher à décrire le château d'Alton-Towers, j'ai voulu en faire connaître les nobles maîtres; j'ai voulu peindre l'âme avant le corps; l'esprit avant la matière; maintenant que l'on peut apprécier ce que sont et ce que valent le comte et la comtesse de Srewsbury, je vais essayer de redire les beautés de la demeure où le petit fils de Louis XIV allait séjourner.

ALTON-TOWERS.

Cette principale résidence des Talbot est située dans le comté de Stafford, sur une éminence, vis-à-vis du village d'Alton, dont elle est séparée par une riante allée arrosée par les méandres de la petite rivière *le Charnet*. Les environs du château sont agréables et pittoresques; des bois, des montagnes, des métairies avec leurs champs de culture, dessinent de toutes parts un vaste horizon.

On jouit surtout de cette vue récréante, de la belle terrasse que le comte actuel a fait élever d'un côté du château. De cette terrasse, l'œil plane sur les jardins ornés de petits lacs artificiels d'où jaillissent de magnifiques jets d'eau et sur de vastes parterres émaillés de fleurs, embellis d'un grand nombre de vases et de statues de marbre. Toutes ces magnificences concourent à donner à ce jardin, dont le plan et l'exécution sont dus au goût et à la persévérance du feu comte de Shrewsbury, la célébrité qui, chaque année, ne lui attire pas moins de dix mille visiteurs. Là où se voient aujourd'hui ces merveilles, existait, il y a peu d'années encore, une aride garenne ; et c'est, comme nous l'avons dit, le devancier du comte actuel qui est l'auteur de cette transformation. Aussi, son neveu lui a élevé un cénotaphe sur lequel on lit cette simple et poétique inscription :

He made the desert smile.
Il a fait sourire le désert!

En pénétrant dans le château, par la porte qui fait face au portail, on entre dans une grande salle d'armes de près de cent pieds de longueur, d'une hauteur et d'une largeur proportionnées, et dont le plafond est en bois de chêne à caissons sculptés. De chaque côté de cette salle sont rangés trente guerriers en armure complète, chevaliers inanimés, mais revêtus de cuirasses, de jambages, de brassarts et de casques ; et tenant lances ou pennons qui ont brillé au soleil et flotté dans les batailles.

Au dessus de ces simulacres d'hommes d'armes sont appendues, aux murailles des bannières blasonnées rappelant les illustres alliances de la famille des comtes de Shrewsbury. Aux parois des murs sont aussi fixées beaucoup d'anciennes armes de guerre et de chasse, de tous les temps et de tous les pays.

Au milieu de *l'armoirie (the-armoury)*, on voit de massives tables en chêne, à gros pieds bien solides, supportant des modèles de canons, d'obusiers et de mortiers. Du centre de ce mobilier de bataille, s'élève la statue équestre *du grand Talbot* en armure complète, à l'exception du casque qui est remplacé, sur sa forte tête, par une antique couronne de comte. Il tient dans sa main son illustre épée portant cette inscription :

Ego sum Talboti pro vincere inimicos meos.

En sortant de l'arsenal (*the-armoury*), on entre dans la galerie de tableaux, collection vraiment remarquable où l'on admire plus de deux cents des meilleures peintures des différentes écoles. En quittant cette riche et belle galerie, on parvient dans une pièce octogone dont l'architecture est très estimée des hommes de l'art et qui a cinquante pieds de diamètre. Sa voûte est portée par une simple colonne dont le fût ressemble au tronc d'un palmier, du sommet duquel montent, en s'épanouissant, des palmes s'étendant et formant les nervures du plafond. Cette pièce est éclairée par six fenêtres ; celle du milieu surtout se fait remarquer par son vitrail où sont peints les évêques et les archevêques de la famille Talbot. Dans chaque pan de l'octogone est un tombeau de marbre ; on y voit celui du grand Talbot ainsi que celui de saint Thomas de Cantorbéry qui appartenait à la famille de l'Achille anglais. Vis à vis la galerie de tableaux, par laquelle on pénètre dans l'octogone, se trouve la galerie Talbot qui surpasse de beaucoup la première par le nombre et la valeur des tableaux de grands maîtres des écoles italienne, espagnole et flamande. L'arrangement de ces précieuses peintures ne dépasse pas une corniche qui règne dans toute la longueur de cette salle, à la hauteur de 12 pieds. Au dessus de ce cordon, sur le mur azuré, brillent et rayonnent, resplendissans et glorieux, les écussons de toutes les illustrations qui sont venues se fondre dans celle des Talbot ; chacune de ces alliances a son *motto* et sa devise écrits en lettres d'or, sur des banderoles aux couleurs du blason. Du côté gauche, les inscriptions et les écussons établissent la descendance du comte actuel, de Guillaume-le-Conquérant, de David Ier, roi d'Ecosse, et de Louis VI, roi de France.

Au côté opposé se déroulent, dans le même ordre, les alliances formées par les femmes de la famille de Shrewsbury, depuis les premières héritières de la maison des Talbot jusqu'aux deux nobles filles du comte actuel, lady Mary et lady Gwendaline Talbot, mariées, la première au prince Doria-Pamphili, et l'autre au prince Marc-Antoine Borghèse.

Sur ce dernier nom, il nous faut jeter un voile de deuil, car l'ange qui le portait, délaissant sa famille, est remonté au ciel.

De la voûte de cette superbe galerie pendent des lustres gothiques d'une grande beauté. L'ameublement de cette longue pièce, qui n'a pas moins de 150 pieds, est en harmonie avec les chefs-d'œuvre qui l'illustrent ; des ornemens précieux en or et en argent, des tables de mosaïque, de marbre et de bois rare ; des chaises garnies en velours cramoisi, du temps de Henri VIII ; des urnes égyptiennes, des statues, des bustes antiques..., tout, en un mot, fait regarder à juste titre cette galerie comme renfermant une des plus belles collections d'objets d'art qui soient aux mains d'un particulier.

Parmi les bustes, on remarque surtout celui de Henri de France, d'une ressemblance parfaite, exécuté par Tenerani, sur la demande expresse de lady Shrewsbury, lors du voyage de Son Altesse Royale, à Rome.

Un corridor lambrissé de bois de chêne conduit aux appartemens appelés *les appartemens royaux*, parce qu'ils sont uniquement destinés aux personnes de sang royal. Ce sont ces chambres, au nombre de quatre, qu'allait occuper Henri de Bourbon pendant son séjour à Alton-Towers. Je ne chercherai point à décrire tout ce que ces appartemens possèdent en beauté, en richesse et en splendeur ; qu'il me suffise de dire que tout y est digne de rois et de reines, d'impératrices et d'empereurs. La bibliothèque qui se trouve attenante aux appartemens royaux mérite aussi une attention spéciale ; elle contient un choix des meilleurs ouvrages anglais, français et allemands, et une belle collection des gravures les plus estimées. Il faut encore mentionner une petite pièce située dans la tour septentrionale et qui communique avec la bibliothèque ; elle est d'une parfaite élégance de style ; c'est là que le comte actuel se livre souvent à ses travaux littéraires. On sort de la bibliothèque par deux arceaux gothiques d'où pendent de lourdes portières cramoisies brodées d'or et portant les armes de la famille.

Quand on a soulevé ces riches courtines ; quand on a franchi le seuil de ces arceaux, on se trouve dans ce qu'on appelle le premier salon. Ici, encore, on se perdrait dans les détails si l'on cherchait à les décrire : là, ce qu'il y a de plus somptueux se lie à ce qu'il y a de plus commode ; là, ce qui est le plus éclatant touche à ce qui repose davantage ; nulle part un plus grand luxe d'ottomanes, de sophas, de bergères, de causeuses et de fauteuils, de miroirs de Venise et de glaces de France, de candélabres et de girandoles ; là se voient aussi les deux grands portraits du comte et de la comtesse actuels dans leur costume de couronnement. C'est dans ce salon que monseigneur le duc de Bordeaux devait passer les soirées avec la société choisie qu'avaient invitée les nobles châtelains.

De ce *premier salon* on pénètre, en passant par une autre petite bibliothèque, dans la longue galerie que l'on pourrait appeler le salon de famille, parce qu'elle est habituellement occupée par le comte et la comtesse, leur famille et leurs amis.

Ce salon est comme le cœur de cette immense résidence, où l'on se perd quand on cherche à la décrire, comme lorsqu'on y arrive. Il est en forme de croix, et cette croix est elle-même le centre d'une plus grande croix, avec les autres parties du château. Quand on y entre, on a devant soi le majestueux prolongement de cette même longue galerie. A gauche, le *premier salon* et la bibliothèque dont nous venons de parler; à droite, une suite de corridors conduisant à la chapelle, et derrière soi se trouve la magnifique serre, qui vient mêler son luxe de plantes et de fleurs à tout le luxe des arts et à la somptuosité de l'ameublement. Au lieu de brocard, de velours et de crépines d'or, dans ce jardin à murs et à voûte de verre, de blanches statues de marbres tranchent sur des fonds de verdure, animés d'oiseaux de toutes les parties du monde.

Cette serre, une des plus belles de l'Angleterre, apporte un immense agrément à l'habitation du château, car elle communique à plusieurs salons. Elle conduit à la salle des banquets, dans laquelle on descend par un escalier circulaire ; cette pièce est fort élevée et ornée de deux tribunes qui s'étendent dans toute sa longueur. Sur les parois de ses murs sont deux grands tableaux : l'un rappelle un trait historique qui eut lieu à Rome, au moment du sacre de l'empereur Barberousse ; l'autre, la présentation au vénérable pontife Pie VII, du comte et de la comtesse de Shrewsbury et de leurs filles, dont l'une n'a fait que sourire au monde pour aller chanter au ciel.

Ma plume s'est usée à décrire toutes les magnificences d'Alton-Towers, et cependant je n'ai encore rien dit de ce que la splendide demeure a de plus noble et de plus majestueux : c'est la chapelle. La foi du châtelain et de la châtelaine est vive ; leur piété est grande, et, s'ils ont bien voulu pour eux de la richesse et du luxe, ils ont voulu tout ce qu'il y a de plus pur et de plus magnifique pour Dieu. Le vrai chef-d'œuvre de ce château si rempli de merveilles, c'est son sanctuaire ; là, l'architecture a déployé tout son art ; le ciseau n'a créé que des prodiges. Cette chapelle est remarquable par ses proportions ; elle a soixante pieds de hauteur sur trente-six de large.

La voûte est en chêne et soutenue par de

grands arceaux et par des figures d'anges posées sur des corbeilles enroulées.

La tribune de la famille est au-dessus de la porte d'entrée, et au-dessus de cette tribune est placé le buffet d'orgue.

Le chœur, avec ses vitraux de couleur, ses sculptures gothiques, ses riches panneaux, demanderait à lui seul des pages de description. L'emplacement de l'autel est divisé en quatre compartimens : au centre s'élève le divin Rédempteur cloué sur la croix; d'un côté, saint Augustin, de l'autre, saint Thomas de Cantorbéry, peints, à la manière du moyen-âge, sur les deux battans qui s'ouvrent à droite et à gauche du crucifix; plus éloignés du tabernacle, les deux figures votives agenouillées, du comte de Shrewsbury (à gauche), ayant près de lui saint Jean-Baptiste, son patron, et (à droite) la comtesse, aussi à genoux, ayant à côté d'elle la Sainte-Vierge la main étendue sur sa tête.

Une grande urne de matière précieuse et tout étincelante d'or, est posée au pied de la croix et contient de saintes reliques; puis des miniatures d'un grand prix, représentant toute la vie du Dieu fait homme, enrichissent encore l'autel, plus magnifique que celui de beaucoup de grandes cathédrales renommées. Des rideaux de drap d'or pendent en draperies de chaque côté de la table du sacrifice ornée de quatre flambeaux de vermeil du meilleur style. Sur la même ligne, deux anges avec de longues robes flottantes et de grandes ailes repliées joignent les mains, se courbent et adorent.

En outre de ces deux archanges, on voit encore dans la chapelle quatorze figures de séraphins admirablement sculptés et dorés, tenant une banderole sur laquelle on lit ces mots : *Te Deum*. Cette splendide chapelle est desservie par un prêtre français que j'ai connu en Normandie, et qui y contribuait à rendre moins amère mon absence de Bretagne.

En France, dans la plupart de nos châteaux, les chapelles ne sont pas ce qu'il y a de plus soigné ; il n'en est pas de même en Angleterre parmi les catholiques. Eux ont pensé, comme David et Salomon, que le Seigneur devait avoir une maison plus belle que la leur ; et nous pourrions citer plus d'un château des Trois-Royaumes où les chapelles ont un luxe presque royal : celle d'Alton-Towers est maintenant en première ligne : Son principal chapelain est un évêque, le révérend docteur Wiseman, un des hommes les plus éminens d'Angleterre. Parmi les grandes églises catholiques, nous en connaissons plusieurs qui n'ont pas de musique aussi suave et élevant autant l'âme que celle que l'on entend dans la chapelle des Talbot.

L'amitié est le sentiment qui répand le plus de baume sur la vie : elle ressemble à ces fleurs que nous avons vu croître auprès de notre berceau et dont nous nous sommes couronnés dans nos jeux d'enfans. Cette fleur du pays natal et de nos premiers jours, avec quel bonheur le proscrit ne la retrouve-t-il pas sur la terre étrangère ! Ce bonheur, HENRI DE FRANCE a dû le rencontrer souvent, car l'esprit élevé attire, la bonté du cœur attache, la grâce des manières séduit, et l'infortune touche et entraîne. Or, dans HENRI DE FRANCE, tous ces attraits existent, et, parmi ceux qui l'ont vu, je n'en connais pas un qui ne l'estime et ne l'aime. Lors de son séjour dans la ville des Empereurs et des Papes, M. le comte de Chambord avait donné le titre d'ami au comte et à la comtesse de Shrewsbury. Ce titre n'avait été oublié ni de part ni d'autre. Si les hauts et puissans seigneurs d'Alton-Towers attendaient impatiemment l'auguste voyageur ; lui, de son côté, n'était pas moins empressé de venir passer de bons et tranquilles jours chez les descendans des Talbot.

Ce fut donc le 4 novembre, après avoir déjeuné chez M. Haywood, ce négociant littérateur, traducteur de la philosophie de Kant, que Monseigneur prit la route d'Alton-Towers.

ARRIVÉE DE HENRI DE FRANCE.

Les nobles châtelains avaient dû prendre sur eux d'adresser des invitations aux personnages distingués qui ont eu l'avantage de s'y trouver avec monseigneur le comte de Chambord; car le prince, sollicité par le comte et la comtesse de Shrewsbury d'engager les personnes qu'il aimerait le plus à trouver chez eux, avait porté la discrétion au point de ne vouloir y amener que ceux qui l'avaient jusqu'alors accompagné dans son voyage, M. le duc de Lévis, M. le duc des Cars, M. Barrande et M. Villaret de Joyeuse.

Nous avons dit ailleurs le nom des Français arrivés de la veille, d'après la gracieuse invitation du comte et de la comtesse qui avaient voulu que le prince proscrit trouvât à Alton-Towers quelques uns des courtisans dévoués de son infortune.

Le comte et la comtesse de Shrewsbury avaient été bien inspirés en faisant leurs choix; car, pour plaire au fils de France, madame la duchesse de Lévis et madame la marquise de Pastoret ont de plus que leur esprit aimable tout le bien qu'elles font aux malheureux Français.

Le prince de Robecq n'a-t-il pas élevé sa charité, son zèle royaliste à la hauteur du nom de Montmorency?

Berryer, n'est-ce pas le dévoûment, le talent et l'éloquence incarnés?

Le marquis de Pastoret, fils du chancelier de France, tuteur de HENRI DE BOURBON, n'a-t-il pas hérité du dévoûment infatigable et du zèle éclairé de son père? et dans sa vie, sa première pensée, sa pensée fixe, n'est-ce pas le soin des intérêts du jeune prince exilé? laisse-t-il jamais ignorer à HENRI DE FRANCE ce qui peut contribuer à faire bénir son nom? Le bien qu'il y a à faire, l'artiste qui mérite d'être encouragé, la misère qu'il faut secourir, M. de Pastoret ne les dénonce-t-il pas tout de suite au petit-fils de Charles X? Et quand les secours et les encouragemens sont accordés, le fondé de pouvoirs de Son Altesse Royale perdit-il une seconde à faire arriver la consolation à la douleur, le bienfait au dénûment?

Homme grave en même temps qu'homme artiste et littéraire, M. de Pastoret sait tenir au courant de tout ce qui intéresse la littérature et les arts, le fils de France banni ; ainsi il envoie au cœur du prince les moyens de faire le bien, et à son esprit ceux de se distraire, de s'étendre et de s'élever.

M. le duc de Guiche est un camarade des jeux d'enfance de Monseigneur, et pour le prince banni c'est une douce joie de revoir ses premiers amis des Tuileries et de Saint-Cloud.

Je me persuade que, le 4 novembre, Monseigneur disait aux postillons de hâter l'allure de leurs chevaux, et je suis sûr aussi que, plus d'une fois, le comte de Shrewsbury est monté sur ses hautes tours pour voir si le voyageur, si impatiemment attendu, n'apparaissait pas sur la route. Le jour baissait rapidement, la nuit allait venir, et les voitures du prince ne se voyaient point encore sur le chemin : les ombres enveloppaient le château... Tout-à-coup portes, croisées, ogives, remparts, créneaux, tours et tourelles rayonnèrent des milles feux d'une splendide illumination. On était assemblé dans le grand salon que nous avons décrit : souvent on portait les yeux sur la pendule ; elle allait marquer cinq heures... Un roulement de voiture s'est fait entendre... Tout le monde se lève ; le comte et la comtesse, avec ce saisissement de cœur que l'on éprouve dans les momens solennels de la vie, sont les premiers à sortir du salon pour aller au devant du prince. C'est avec émotion qu'ils hâtent le pas vers le vestibule de l'arrivée ; cette émotion, tous ceux qui les suivent l'éprouvent et la partagent... Et vraiment c'était naturel, c'était dans l'ordre qu'il en fût ainsi, car ils savaient au devant de qui ils allaient tous ;

Au devant d'un descendant de soixante-dix rois !

Au devant d'un descendant de ce François Ier qui savait tout perdre, fors l'honneur, quand la fortune lui était contraire !

Au devant du petit-fils de Louis IX, si grand dans la captivité, que ses vainqueurs lui offraient la couronne !

Au devant du petit-fils de Henri IV, dont le peuple a gardé la mémoire !

Au devant du petit-fils de Louis-le-Grand, qui a donné son nom à un grand siècle !

Au devant du petit-neveu de Louis XVI et de Marie-Antoinette, qui ont tout souffert et tout pardonné !

Au devant du petit-fils de ce Charles X, que la France révolutionnaire a banni, et qui, à son dernier moment, priait pour elle !

Au devant du fils de ce loyal duc de Berry, frappé par Louvel, et qui, sur son lit d'agonie, criait : « Grace ! Grace pour l'homme ! »

Au devant du fils de cette femme énergique, à qui l'amour maternel avait donné un courage digne du sang de Henri IV !

Oh ! avec toutes ces pensées-là, ce n'était pas froidement, indifféremment, que l'on se rendait au vestibule du château pour donner la bienvenue à l'auguste voyageur.

Le sentiment général éclatait sur tous les visages ; Français et Anglais, maîtres et serviteurs, hommes et femmes, grands et petits, étaient alors sous une impression saisissante et sainte ; tous allaient s'incliner devant une grande et illustre infortune.

Quand les hommes remplissent un tel devoir, les anges doivent regarder d'en haut ; car c'est là un acte que Dieu commande et que la terre oublie trop souvent.

Sous la lueur des feux qui rayonnaient de

toutes parts, quelle scène! Les héritiers des Talbot, le comte et la comtesse de Shrewsbury et leur famille en avant de tous sur les marches extérieures du vestibule; presque sur la même ligne, Mme la duchesse de Lévis, Mme la marquise de Pastoret, Gaston de Montmorency, Berryer, M. le duc des Cars, M. le duc de Guiche, le révérend docteur Wiseman, évêque catholique, lord et lady Waterpark, lady Fitzgerald, le célèbre architecte Pugin, la marquise de Westmeath, sœur de lady Cowley, le capitaine et madame Powys, lord Beverley Percy, Viscourt Sandon, sir Thomas Gage, capitaine, et madame Washington-Hippert, lord Hatherton, honorable M. Littleton, sir Clifford et lady Constable, miss Chichester, M. et madame Cavendish, sir William et miss Broothby, M. et madame Philipps (*of grace Dieu*), M. et madame Philipps (*of heak house*), lady Louisa et M. et miss Bromley, M. Buller, membre du parlement, honorables M. et madame Berthe Percy et miss Percy, MM. Mary Amherst, M. d'Arcy-Talbot, M. et madame et miss Brougthon et tous les hôtes d'Alton-Towers attendant que la voiture de HENRI DE FRANCE s'arrête et que le prince en descende. Quand la portière a été ouverte, quand S. A. R. a paru sur le marchepied, quand son jeune et beau visage, sur lequel rayonnent, confondues ensemble, toutes les gloires de la maison de Bourbon, a pu être aperçu de tous, il y a eu, dans toute cette foule d'élite et parmi les nombreux serviteurs du château, qui regardent à distance, un frémissement indicible. Dans le silence respectueux, on n'entend que la voix du comte et de la comtesse de Shrewsbury donnant la bienvenue au descendant des rois qui vient se reposer dans la demeure des descendans des chevaliers, et la voix sonore et vibrante de S. A. R. qui accepte avec bonheur l'hospitalité offerte si noblement par ses amis de Rome.

Ce rapide échange de paroles n'était pas terminé, que des cris de joie, des *vivat* retentirent sous les voûtes du vestibule et furent répétés par tous les échos de l'immense demeure.

Ému comme ceux qui avaient l'honneur de le recevoir, Monseigneur le duc de Bordeaux a offert le bras à madame la comtesse de Shrewsbury; et, suivi de la famille de ses hôtes et de tous les personnages de distinction qu'ils avaient réunis chez eux pour y fêter son arrivée et son séjour, le prince traversa le premier vestibule et avança dans la galerie des armures et des tableaux; tout ce vaste intérieur, que j'ai décrit, resplendissait alors de la lumière de plus de soixante grands lustres et d'un nombre infini de girandoles, de bras dorés et de hauts candélabres, dont les lueurs, en éclairant les chefs-d'œuvre de peinture, jouaient sur le fer des armures, des casques, des lances et des épées; les bannières, les gonfanons, les pennons et les armoiriés ne pendaient plus immobiles sur leurs hampes; tant de mouvement au dessous de ces illustres insignes les avait agitées; on eût dit que l'arrivée de Henri de France avait réveillé toutes les gloires passées des Talbot et que les âmes des chevaliers revenaient aussi lui donner la bienvenue.

Au moment où, de cette première galerie, le prince et tout son noble cortége passait dans la salle octogne, cent musiciens, qui avaient été jusqu'alors silencieux, firent entendre l'air de : *Vive Henri IV!* Les sons de ce puissant orchestre, les souvenirs que rappelait ce vieil air, produisirent un grand effet. Le prince, qui disait, dans son enfance : « Si j'étais roi, je voudrais être appelé Henri IV second, » fut vivement touché de cette attention aimable de ses hôtes, les en remercia avec sensibilité, et ce fût, pour la première fois peut-être, que des musiciens anglais jouèrent avec enthousiasme un air national français.

Depuis l'arrivée de HENRI DE FRANCE en Écosse, la chanson jacobite de *la Cocarde Blanche* (the White Cockade) était ressuscitée; on l'avait chantée pour lui à Édimbourg, chez l'amiral Durham, chez M. Forbes et à Dalmahoy; à Alton-Towers, elle suivit l'air de : *Vive Henri IV!* C'était joindre ensemble les souvenirs de deux fidélités.

J'écris ceci en 1844, et, en 1745, mon grand-père, avec les soldats du prince Charles-Édouard, chantait ce même air qui avait été fait pour le descendant des Stuarts.

Après avoir traversé la serre, toute peuplée d'arbustes et de fleurs et éclairée par mille lampes coloriées; après s'être entretenu quelques instants, dans ce lieu enchanteur, avec madame la comtesse de Shrewsbury, madame la duchesse de Lévis et madame la marquise de Pastoret, Son Altesse Royale fut conduite, par M. le comte de Shrewsbury, *aux appartemens royaux* où le prince fit sa toilette avant d'aller s'asseoir à la table de ses hôtes. La table était dressée dans la salle des banquets, une des plus belles du château. Dans une partie des tribunes se trouvaient les mêmes musiciens qui étaient tout à l'heure dans la salle octogone ; pendant tout le dîner, ils firent alternativement entendre des airs d'Écosse et de France.

De temps en temps l'orchestre se taisait et alors le vieux barde aveugle des Talbot se levait et, s'accompagnant de sa harpe galloise, chantait des refrains de son pays, refrains où la fidélité s'alliait toujours à l'honneur et l'honneur à l'amour du souverain. La présence du descendant des rois avait redonné de la verve poétique au vieillard et il disait à ceux qui l'entouraient : « Je suis heureux de chanter pour lui ; mais vous êtes plus heureux que moi, vos yeux peuvent le voir ! »

Après le banquet, où trente-cinq personnes avaient eu l'honneur de prendre part, quand on fut rentré au salon, M. Field, un des premiers pianistes des Trois-Royaumes, exécuta, avec un talent remarquable, différens morceaux de sa composition, entendus avec grand plaisir par Son Altesse Royale, qui s'empressa de lui en témoigner, avec grâce, sa satisfaction.

Le lendemain était dimanche ; le prince assista à une messe en musique célébrée dans la magnifique chapelle dont j'ai cherché à donner l'idée. Le prie-Dieu du prince était dressé, isolé et en avant, dans la tribune des maîtres ;

un tapis de velours fleurdelisé le recouvrait, et tout à côté un fauteuil doré, portant, au dossier, une H surmontée d'une couronne.

Les personnes de sa suite avaient leurs places en arrière de Son Altesse Royale, ainsi que les nobles châtelains et leur famille. Les tribunes latérales étaient réservées à toutes les personnes de distinction invitées au château. Parmi elles se trouvaient plusieurs protestans qui furent frappés de la beauté de nos cérémonies.

Le révérend docteur Winter, chapelain ordinaire du château, célébra l'office divin et l'illustre évêque Wisemann monta en chaire et en fit tomber de ces paroles éloquentes qu'on est accoutumé à entendre sortir de sa bouche, paroles appropriées à la circonstance. Tous les assistans, qui étaient nombreux dans la chapelle, furent édifiés du recueillement et de la piété du petit-fils de saint Louis. Après l'office de l'après-midi, il y eut promenade dans le parc ainsi que dans les jardins, dont une partie a reçu, à cause de ses terrasses superposées, le nom de *jardins suspendus*.

Les magnificences d'Alton-Towers et les distractions toujours attrayantes et nouvelles qu'offraient à Monseigneur, le comte et la comtesse de Shrewsbury, ne pouvaient pas faire perdre de vue au jeune prince les études sérieuses pour lesquelles il avait entrepris son voyage en Angleterre. Aussi, le soir, en se retirant dans ses appartemens, et, le matin, avant d'en descendre, il y consacrait du temps. MM. de Lévis, des Cars, Pastoret, Villaret de Joyeuse passaient des heures avec Son Altesse Royale.

Le lendemain, lundi 6 novembre, la matinée ne fut marquée par aucun plaisir, car c'était le douloureux anniversaire de la mort du vénérable Charles X. Une messe de *Requiem* fut célébrée, à la demande de Son Altesse Royale, par monseigneur Wisemann. La chapelle avait, comme de raison, quitté sa parure de fête pour revêtir les couleurs mortuaires ; l'architecte Pugin avait présidé à l'arrangement d'un catafalque semé de larmes et de fleurs de lis d'argent.

L'après-midi fut encore employée à des explorations des lieux environnans. Dans la plupart des villages ou des hameaux que tout ce monde élégant traversait, on retrouvait la piété et la charité des maîtres d'Alton-Towers. Ici, c'était une chapelle, une église même, élevée par leur munificence ; là, un hospice pour les malades ; plus loin, une école pour les enfans ;

ailleurs, un asile pour les vieillards : ce sont là, il faut le dire, de grands embellissemens au pays que la nature a fait riant et fertile.

Le mardi, on se rendit à Chatsworth, habitation du duc de Devonshire, remarquable par ses proportions grandioses. Cette demeure est vraiment royale par son déploiement et par sa belle architecture dans le style italien. Une porte qui ressemble à un véritable arc-de-triomphe et construite avec une pierre veinée comme du marbre, donne entrée dans la cour d'honneur. Le vestibule ou plutôt la cage de l'escalier se trouve à l'une des extrémités d'une aile du château; du moins il en était ainsi lorsque je le visitai en 1829. Alors je trouvai assise au bas de l'escalier une femme.... elle était de marbre, et c'était *madame Mère*, mère de Napoléon; le ciseau qui avait sculpté cette belle statue n'était autre que celui de Canova.

Les châteaux d'Angleterre sont souvent riches en objets d'art; mais aucun d'eux, je crois, ne possède d'aussi belles statues que les galeries de Chatsworth. Il faudrait passer des journées, des semaines et des mois pour étudier et s'inspirer de tous les chefs-d'œuvre qui y sont rassemblés; et je me souviens que je n'avais qu'une matinée pour tant de merveilles. Ma tête était comme courbée sous le poids de tout ce que je voulais y retenir. Je me rappelle plusieurs statues d'un jeune sculpteur anglais : je crois qu'il se nomme Gibson, et qu'il est né à Liverpool. Il est élève de Canova et de Thornwaldsen. On voit qu'il s'est inspiré sous le ciel d'Italie; mais sa manière a cependant conservé quelques ressouvenirs de sa patrie. Cette statue d'un adolescent tenant un papillon, est, certes, une réminiscence d'une figure anglaise; ce n'est ni un Grec, ni un Romain. A côté de la danseuse et de l'Hébé de Canova, on nous montra aussi une belle statue du Suédois Thornwaldsen. Cet homme du Nord a prouvé que le génie jaillissait partout.

Le château étant situé à mi-côte, les jardins qui sont derrière viennent en pente vers lui; on a profité de cette disposition du terrain pour y établir une cascade imitant celle de Saint-Cloud. Les eaux partent d'un petit temple qui domine le coteau; l'homme qui montrait les jardins fit jouer toutes les eaux pour nous; il en paraissait très fier, et s'étonnait que nous n'en fussions pas plus émerveillés.

Tout ce qui entoure le château est dans le goût italien et français; car plusieurs Anglais aujourd'hui semblent avoir résolu de joindre ce décor à leurs *jardins-paysages*. Ce qui est tout à fait hors de ligne chez le duc de Devonshire, c'est la serre ou le conservatoire (conservatory), elle a soixante-huit pieds de hauteur; cent cinquante pieds de largeur et deux cent soixante-quinze de longueur; la charpente, élégante et légère, est tout en bois assemblé; sous cette voûte et derrière ces murs de verre de Bohême, il y a tout un parc; pelouse, massifs, corbeilles de fleurs, rivière, pont et rochers; là des bananiers aux larges feuilles et des palmiers à toute venue croissent et balancent leurs gracieux rameaux; là aussi poussent sans être gênés des araukarias. Les marches de l'escalier conduisant à la tribune qui fait le tour de la serre, à une élévation de plus de vingt pieds, se dissimulent dans des rochers en partie revêtus de ces plantes que la nature fait naître entre les fentes et les fissures des pierres; là tout est à sa place : le palmier s'élance du sable jaune, le bananier surgit des herbes luxuriantes de la savane; sur le bord de la rivière qui divise la prairie, le roseau du Jourdain, ceux du Meschacébé, de l'Ohio et de l'Akansa balancent leurs quenouilles semblables au plumage des oiseaux. Dans des corbeilles ornant la pelouse, fleurissent des roses de mille espèces ; et la vigne de nos pays du Sud court dans la serre, grimpe, s'accroche et append ses festons et ses grappes aux rameaux des arbres du Nord. Une route de voiture traverse ce pays enchanté, et les visiteurs peuvent s'y promener et s'y promènent souvent dans des voitures à quatre chevaux. Les rochers qui supportent la galerie et que des plantes ont revêtu en grande partie de leur fraîche verdure, sont enrichis des cristaux et des minéraux les plus précieux ; de ces rocs découlent, comme si Moïse les avait touchés de sa baguette, des sources et de lympides ruisselets servant à l'arrosement de ce paradis terrestre digne d'être décrit par Milton.

Aux deux extrémités de cette serre gigantesque, s'ouvrent deux portes cochères en glace comme les murs et la voûte. Quand il en a franchi le large seuil, le visiteur retrouve le temps tel qu'il est ; le vent, le froid et la pluie, les frimats peuvent se ressaisir de lui, et tout à l'heure, il leur avait échappé dans ce lieu de refuge, d'où est banni tout ce qui peut faire souffrir le corps. A-t-on inventé un lieu où les peines de l'âme ne puissent pénétrer?.... Je ne le crois pas.

Revenons à Alton-Towers avec le prince, qui y rentra tard dans la soirée.

Le propriétaire de Chatsworth, le duc de Devonshire, étant absent de ce beau lieu, avait envoyé des ordres au château pour que Son Altesse Royale y fût reçue avec tous les honneurs dus à sa haute naissance. Le noble duc a été ponctuellement obéi, un splendide luncheon a été offert au prince et aux personnes qui l'avaient accompagné dans cette excursion.

Au retour de cette exploration, ne croyez pas que Monseigneur laissât sa pensée attachée à ce qu'il avait vu dans la matinée, aux choses de luxe et de mollesse. Non, la vue de ces châteaux et de ces richesses de tout genre n'a pas été une oisive partie de plaisir ni une vaine satisfaction de curiosité pour le prince qui s'occupe à connaître les bases de la puissance de l'Angleterre et les conditions de stabilité d'une société dans laquelle des élémens de liberté et d'aristocratie sont combinés d'une manière si unique en Europe. Bientôt Son Altesse Royale revint aux études sérieuses qui préoccupent son esprit toujours avide d'apprendre. Il avait à Alton-Towers un homme d'un mérite transcendant, lord Hatherton, des lumières duquel le prince voulait profiter. Car c'est là un trait distinctif du caractère de HENRI DE FRANCE : il sait toujours tirer parti de ce que Dieu met sur son chemin, choses et hommes. Comme le voyageur qui chemine à travers les sables, sous les ardeurs d'un soleil dévorant, a besoin de se reposer auprès de la source qui jaillit sous l'ombrage de l'oasis, de même le prince proscrit, sur le rude chemin de l'exil, sent le besoin de faire halte auprès de ces hommes rares et éminens qui, dans le désert du monde, répandent sur la sécheresse de la société de consolantes idées et des doctrines salutaires. Lord Hatherton était à Alton-Towers le représentant de la partie grave de la société. Aussi le voyait-on souvent entouré du jeune et auguste voyageur, de M. de Lévis, du duc des Cars, du marquis de Pastoret, de M. Barrande, de Berryer et du prince de Robecq ; tous prenaient plaisir à écouter cet homme d'un beau caractère et d'un grand savoir.

Le mercredi matin, M. le comte et madame la comtesse de Shrewsbury tenant à grand honneur de perpétuer à jamais le souvenir du séjour de HENRI DE FRANCE dans leur résidence d'Alton-Towers, vinrent prier Monseigneur de vouloir bien planter sur la pelouse, en face du château, cinq chênes, pour redire aux générations qui suivront la nôtre que Henri de France avait séjourné dans ce lieu. Cet usage de laisser des arbres de mémoire sur la terre dont on s'éloigne, remonte aux temps primitifs ; plusieurs exemples s'en trouvent dans les Saintes Ecritures. Le petit-fils de Charles X fit pour ses hôtes d'Alton-Towers ce que son oncle, Louis XVIII, et les princes français avaient fait à Stowe, chez sa grâce le duc de Buckingham, pour y perpétuer le souvenir du bon accueil qu'ils en avaient reçu.

J'ai vu, en 1829, dans le parc de cette autre magnifique résidence, une tour appelée Bourbon-Tower ; près de ce monument, un bouquet de chênes a été planté par

Louis XVIII,
Charles-Philippe, Monsieur,
Louis-Antoine, duc d'Angoulême,
Charles-Ferdinand, duc de Berry,
Louis-Philippe, duc d'Orléans,
Louis Charles, comte de Beaujolais,
Louis-Joseph, prince de Condé,
Louis-Henri, duc de Bourbon.

Tous ces hôtes augustes, avant de quitter les délicieux ombrages de Stowe, avaient voulu eux-mêmes confier ces arbres (grands et beaux aujourd'hui) à ce sol hospitalier, mais qui n'était pas pour eux la terre aimée de la patrie... Dieu, quelques années plus tard, les a pris comme par la main et les a reconduits au beau pays des lis.

Pendant quinze ans ils y ont fait le bien, et voilà qu'aujourd'hui un autre exilé plante des arbres de souvenir chez le comte de Shrewsbury.

Les arbres des Bourbons et des d'Orléans, en grandissant, en prenant de l'âge, sont restés unis; on ne les a point transplantés, éloignés les uns des autres... Il n'en est point de même des deux branches princières : l'une verdit sous le soleil de France, l'autre souffre sur la terre étrangère... Dieu a d'incompréhensibles desseins... Louis XVIII, qui avait planté son chêne à Stowe, n'est point mort à Hartwell!

Henri de France a planté le sien à Alton-Towers, au milieu d'une nombreuse réunion. Tous les hôtes du comte et de la comtesse de Shreswsbury l'avaient accompagné et avaient joint leurs vivats à ceux de la population des environs, témoin de cette cérémonie. Quand elle fut terminée, des salves d'artillerie accompagnèrent les hurrahs.

Dans cette même belle matinée, on alla à la

ville la plus voisine, Cheadle, pour y voir la magnifique église catholique qu'y fait bâtir M. le comte de Shrewsbury, noble et infatigable bienfaiteur du pays. Après avoir examiné dans toutes ses parties cet édifice, qui surpasse en splendeur et en beauté de détails toutes les constructions de ce genre faites en Angleterre de notre temps, Son Altesse Royale, avec une nombreuse suite, se rendit à Trentham, beau et vieux château appartenant au duc de Sutherland, et assis au milieu d'un parc immense traversé et embelli par la jolie rivière de Trent. La duchesse de Sutherland a fait arranger, dans le style de Louis XIV, des parterres à encadremens contournés en buis taillé ; des ifs et des charmilles accompagnent ces jardins nouvellement créés ; tandis qu'en France nous détruisons toutes ces vieilleries pour avoir de l'eau, des prairies et des fleurs tout près de nos maisons.

De Trentham-House il y a une magnifique vue ; là, on a au dessous de soi un vaste lac dominé par un côteau d'arbres centenaires dont les masses imposantes se reflètent dans les eaux.

Le jeudi, Son Altesse Royale a passé une grande partie de la journée à examiner les fabriques de poterie et de porcelaine qui, depuis le temps de Wedgewood, occupent une portion considérable de la population du comté de Stafford. Les établissemens de MM. Minton, situés à Stoke-upon-Trent, et qui emploient plus de mille ouvriers, ont présenté à l'auguste voyageur le modèle le plus complet de ces industries, dont il a voulu suivre tous les détails. Avec un sentiment d'orgueil national qu'il porte dans les petites comme dans les grandes choses, HENRI DE FRANCE a remarqué que beaucoup de belles pièces de la manufacture royale de Sèvres, fondée par son aïeul Henri IV, servaient de modèles dans ces fabriques anglaises. Chez MM. Minton, dont l'obligeance a été aussi grande que courtoise, le prince a fait choix de plusieurs vases, de services à thé, et de ces mille et un objets à la mode aujourd'hui; et le soir, Son Altesse Royale les a gracieusement offerts, comme *souvenirs* (keep-sakes), à lady Shrewsbury et à plusieurs autres femmes de la société.

Le lendemain matin, ayant quitté Alton-Towers de bonne heure, M. le comte de Chambord s'est dirigé vers Manchester, où sir Thomas de Trafford avait tout disposé pour la visite de plusieurs des plus grandes manufactures. Le Prince a commencé ses courses par la fabrique de toiles peintes de MM. Hoile et C°, qui se sont empressés de mettre, sous les yeux du noble visiteur, tous les procédés variés qu'ils suivent pour teindre et imprimer les étoffes de coton. Ensuite, M. le comte de Chambord s'est rendu à la filature de MM. Holdsworth, où près de douze cents ouvriers se trouvaient réunis sous un même toit. Il a suivi, dans l'ordre de fabrication, toutes les opérations par lesquelles le coton brut est nettoyé, cardé, filé et préparé pour divers usages. Il a attentivement considéré les effets étonnans de ces machines.

Avant la fin de la journée, M. le comte de Chambord a pu voir encore la fabrique de soie damassée de MM. Schwabe. Il y a examiné avec intérêt, parmi les objets fabriqués, des étoffes de verre plus brillantes que celles de soie et presque aussi souples qu'elles; mais il a fixé particulièrement son attention sur les métiers à la Jacquart. Il a paru entendre avec beaucoup de plaisir ces fabricans anglais reconnaître les immenses services que leur rend cette ingénieuse machine, et avouer en même temps la supériorité incontestable que maintiennent toujours les produits de l'industrie lyonnaise.

Dans le cours de ces visites, au milieu de cette nombreuse variété de machines, d'inventions et de procédés destinés à multiplier les forces humaines ou à vaincre des difficultés d'exécution, le comte de Chambord s'est constamment informé du nom des inventeurs, du lieu qui les a vu naître et des points les plus saillans de leur existence; et l'on pouvait lire sur son visage la satisfaction qu'il éprouvait en entendant prononcer un nom qui lui rappelait son pays.

Après cette longue et sérieuse journée, le Prince est allé dîner à Trafford-Parc, où sir Thomas de Trafford lui a offert une cordiale hospitalité.

Le 10, dès le matin, l'auguste voyageur, après avoir jeté un coup d'œil sur les belles races de bétail qu'élève sir Thomas, est retourné à Manchester pour employer une grande partie de la matinée à parcourir les immenses ateliers, justement nommés *atlas-works*, de MM. Sharp, Roberts et C°. M. Sharp a conduit lui-même M. le comte de Chambord dans toutes les parties de son établissement, si connu de tout ce qu'il y a de constructeurs en Europe. Il a montré en mouvement une variété inconcevable de machines avec lesquelles on travaille le fer, pour créer cette puissance à laquelle la Grande-Bretagne doit sa supériorité dans les produits à bon marché. Il a répondu avec empressement à toutes les questions techniques qui lui ont été adressées par le noble visiteur.

Ce jour-là, comme la veille, la nouvelle de la présence du comte de Chambord s'étant répandue dans Manchester, la population, toujours si affairée, si pressée, qui parcourt d'un air préoccupé les rues de cette industrieuse cité, a cependant trouvé le loisir de suspendre pendant quelques momens sa fébrile activité pour attendre et pour apercevoir l'auguste personnage venant étudier modestement toutes les branches du travail qui procure du pain aux classes ouvrières.

Avant de quitter Manchester, M. le comte de Chambord a accepté une collation chez M. Herbert, doyen de l'église anglicane, et il est reparti ensuite pour Alton-Towers, où il est arrivé assez tard.

Ces journées, consacrées à visiter les villes industrielles, si elles sont pleines d'intérêt, sont aussi remplies de fatigues : Monseigneur a l'air de n'en ressentir aucune. Dans cet immense Manchester, les distances sont grandes, les usines nombreuses ; il en a visité beaucoup, et le soir, en arrivant au salon de sir Thomas

Trafford, le jeune voyageur était gai, aimable et prévenant comme s'il n'avait pas été, pendant de longues heures, debout au milieu d'ouvriers, montant, descendant, passant, repassant d'une fabrique à une autre, regardant et examinant tout.

La contrée qui entoure Manchester n'est plus la campagne; le hameau, le village, la ferme rustique ont presque entièrement disparu. Ce qui sort de terre, ce sont de longs bâtimens où des milliers d'ouvriers viennent coucher chaque soir. Ces hommes, qui rapportent beaucoup d'argent au pays, ont l'air d'en gagner peu pour eux-mêmes; cette population est chétive et comme usée par des travaux insalubres. Il y a loin de son aspect à celui de la classe qui tient la charrue et qui travaille à fertiliser les champs; les garçons, les jeunes filles de la ferme, les enfans que le voyageur aperçoit assis sur le seuil des chaumières, sont frais, blancs et roses; la jeunesse manufacturière est blême, hâve, étiolée et maladive. La pensée de rendre moins insalubre et moins rude l'existence de tout ce peuple qui gagne si durement son pain, est une de celles qui préoccupent davantage le petit-fils de Henri IV; aussi, du fond de son exil, il a suivi avec une vive attention les débats des Chambres françaises quand on y a fait une loi pour régler et arrêter ce que le manufacturier peut exiger d'heures de travail de l'enfant et de l'adolescent employés dans les usines, *pauvres petites machines humaines* que l'on usait avant qu'elles ne fussent complètes !

Pendant ces explorations à Manchester, le Prince était accompagné de M. Berryer, du marquis de Pastoret, du prince de Robecq, de M. Barrande, du duc de Guiche et du duc de Lévis.

Chez sir Thomas Trafford, Monseigneur a remarqué, parmi les hommes aimables et instruits que le baronnet avait réunis à Traffort-Park pour lui faire l'honneur, M. Herbert, doyen de l'église anglicane; on a déjeuné chez le ministre protestant qui, ainsi que sa famille, ont été pleins d'égards et de prévenances envers le petit-fils de saint Louis.

Le soir, retour à Alton-Towers, où l'absence de l'hôte royal avait semblé trop longue. Déjà il n'y avait plus seulement le Château à aimer le prince : l'amour que l'on portait à HENRI DE FRANCE avait découlé des salons dorés dans la chaumière ; et lorsque tard, dans la soirée, les voitures des explorateurs traversèrent le village de Farley, toutes les maisons étaient illuminées... Oh! mon Dieu! pourquoi cet enthousiasme, ce respect, cet amour, belles et nobles fleurs dans la vie d'un prince, s'épanouissent-elles pour HENRI DE FRANCE sur la terre étrangère!

Le dimanche qui suivit ces excursions industrielles, Monseigneur assista à la messe et aux vêpres dans la chapelle du château, comme le dimanche précédent. En outre du fond de société que le comte et la comtesse de Shrewsbury avaient réuni dans leur splendide demeure, chaque jour des invités nouveaux venaient faire leur cour au descendant des rois. Hommages et affection, prévenances empressées et respects, voilà ce qui n'a pas cessé un instant d'entourer Monseigneur pendant tout son séjour à Alton-Towers.

Le 13 novembre était le jour fixé pour le départ, et cette pensée avait ouvert la porte du château à une véritable tristesse : les châtelains, leurs hôtes et leurs gens s'étaient tous pris à aimer (*the good young man*) *le bon jeune homme*, que toute la France eût adoré si l'ouragan de 1830 ne l'avait pas emporté loin d'elle!

A la chapelle, pendant les dernières vêpres

auxquelles Monseigneur a assisté, la ferveur des catholiques qui y priaient avait redoublé. Jamais leurs vœux pour le descendant DES ROIS TRÈS CHRÉTIENS, pour le prince destiné en naissant à porter le beau titre du fils aîné de l'église, n'étaient montés si ardens vers le Dieu qui abat et qui relève, qui éprouve et qui récompense. Jamais, sous la voûte de la splendide chapelle, le *Magnificat* n'avait été chanté avec tant d'enthousiasme religieux; jamais l'encens et la prière ne s'étaient mieux mêlés pour s'élever vers le ciel.

Si l'on a bien prié pour lui dans cette famille de saints, soyez assurés que, de son côté, l'auguste voyageur, qui va quitter Alton-Towers, n'est pas resté froid. Oh! non; il aura prié du fond de l'âme; il aura supplié le Dieu de saint Édouard et de saint Louis de détourner de ses hôtes toute peine, toute inquiétude, toute douleur.

Le 12, à l'heure du dîner, les tribunes de la salle à manger étaient encore plus remplies de monde que de coutume; le nombre des curieux, j'allais dire *des amis*, avait augmenté; car la contrée savait que Monseigneur partait le lendemain.

Pendant ce dernier banquet, il s'en fallut

beaucoup que la conversation fût aussi animée que pendant les huit jours qui venaient de passer si rapides et cependant si pleins !

Ce n'est pas seulement en face de l'autel que les pensées religieuses nous viennent, nous saisissent l'âme pour l'élever au dessus des choses plates de la vie. Je fais appel à tout homme qui s'est mêlé aux autres hommes et qui a vécu en dehors du cercle étroit de l'égoïsme, qu'il me dise s'il n'y a rien d'imposant, rien de solennel dans un *toast* porté au prince ayant droit à votre respect et à votre amour; au prince auquel vous avez inféodé votre cœur et vos meilleurs sentimens. Oh! oui, alors, quoique entouré de choses profanes, vous vous êtes en quelque sorte rapproché de Dieu pour qu'il vous entende et qu'il vous accorde tout ce que votre pensée et vos paroles vont lui demander quand, élevant votre verre, vous allez boire à celui qui va partir ou à celui qui est absent.

Oui, ce fut un instant bien saisissant que celui où le digne descendant des Talbot, si renommés par leur chevalerie et par leur fidélité exaltée, se leva... Et, debout, au milieu du silence, en face du descendant de tant de monarques, au milieu de sa famille, au milieu de ses nombreux et illustres amis, devant la foule de ses tenanciers et serviteurs, dit d'une voix pleine d'émotion, en s'adressant au prince :

« Je remercie Votre Altesse Royale de l'honneur qu'elle a daigné me faire en passant quelques jours à Alton-Towers.

» Je lui rends grâce de la bonté qu'elle nous a témoignée à tous et de la bienveillance avec laquelle elle a accueilli toutes les personnes que nous avions rassemblées autour d'elle.

» Mes sentimens vous sont connus, Monseigneur, et je n'ai pas besoin de vous dire avec quelle ferveur et quelle sincérité nous prierons Dieu de bénir votre avenir ! »

Tout le monde était debout, les yeux humides et le cœur battant fort.

Le prince prit la parole et accrut encore l'émotion de ses hôtes et de leurs convives :

« Je suis très sensible, répondit Son Altesse Royale, aux choses aimables que vous venez de me dire. J'ai été charmé... j'ai été heureux de passer quelques jours à Alton-Towers, au milieu de votre famille et des amis dont vous m'avez entouré. Lord et lady Shrewsbury, je vous en remercie du fond de mon âme, et je vous assure ici que toujours et partout, quoi qu'il m'advienne, je me souviendrai de la réception que vous m'avez faite sous votre toit. »

Après ces toasts échangés et portés avec effusion, on sortit de la salle à manger, et l'on rentra au grand salon. La soirée fut comme celles qui précèdent les jours de départ : on aurait voulu être gais, qu'on ne l'aurait pas pu. La conversation fut grave et presque triste; et sur la belle et noble figure de l'auguste voyageur, sur son front si majestueux et si pur, on apercevait comme une ombre.

Dans cette soirée, Son Altesse Royale fut bonne et gracieuse envers tous et trouva le moyen de dire à chacun de ces mots partant du cœur et allant au cœur; de ces mots que le vent n'emporte pas et dont les années n'effacent pas le souvenir.

Comme keepsake, le prince exilé a offert au comte de Shrewsbury une grande et belle médaille d'or à l'effigie de Henri de France. Quelques jours auparavant, il s'était occupé à Manchester du soin d'y graver lui-même son nom, et c'est, je crois, la seule médaille autographe qui existe au monde. C'est parce qu'il voulait la rendre unique, afin de la donner au comte de Shrewsbury, qu'il y a écrit et gravé son nom comme il le signe d'ordinaire.

A madame la comtesse de Shrewsbury, Monseigneur a fait don d'une bague ornée de son chiffre en diamans.

Les magnificences de l'exil sont de nature à n'éblouir personne. Le petit-fils de Louis XIV n'a plus ni le Louvre ni Versailles ; mais ce qu'il donne est d'un prix immense, car ce qu'on reçoit de lui vient d'une main pure et d'un noble cœur.

Le 13, au matin, le prince, l'âme oppressée en s'éloignant des hôtes qui l'avaient entouré de tant d'affection respectueuse, prit, accompagné de M. le duc de Lévis, M. le duc des Cars et M. de Barrande, le chemin de Sheffield, où il arriva dans la soirée.

SHEFFIELD.

Le lendemain, Son Altesse Royale a visité la fabrique d'acier de MM. Sanderson, qui ont mis le plus grand empressement à tout disposer pour que M. le comte de Chambord pût voir chacune des opérations pratiquées pour convertir les fers de Suède d'abord en acier de cémentation et puis en acier fondu. Le royal visiteur a été conduit aussi, par MM. Sanderson, aux usines qu'ils possèdent à quelques milles de Sheffield où les prismes massifs d'acier fondu sont convertis, soit en barres, soit en feuilles destinées à divers genres de fabrication.

Le prince s'est ensuite rendu aux ateliers de

MM. Rogers, couteliers de S. M. B., chez lesquels on trouve, sur la plus grande échelle, un exemple complet de la fabrication spéciale à Sheffield. Il s'est appliqué à examiner les procédés de ventilation adaptés aux ateliers où l'on passe sur la meule les pièces de coutellerie, et il a vu avec satisfaction que, grâce aux soins des fabricans éclairés et humains, l'opération de l'aiguisage, jadis si funeste à la santé des ouvriers, a perdu aujourd'hui une grande partie de ses dangers pour ceux qui la pratiquent.

Après avoir encore visité les ateliers où MM. Rogers font des plaqués de toutes les formes, M. le comte de Chambord s'est fait conduire dans la fabrique de MM. Dixon. Là, il a vu préparer l'alliage connu sous le nom de *britannic métal*, auquel on donne ensuite, dans les mêmes ateliers, toutes les formes imaginables pour servir aux besoins et aux comforts de la vie matérielle. Le prince, en se retirant, a témoigné à MM. Dixon qu'il était satisfait de connaître les procédés expéditifs et ingénieux qu'il emploie dans cette immense fabrique.

WORSLEY

ET TRAFFORD-PARCK.

Il était déjà tard lorsque M. le comte de Chambord s'est mis en route pour Manchester, où il n'est arrivé que vers trois heures du matin. Après un court repas, il s'est dirigé vers Worsley, où il se proposait de voir les canaux et les mines si célèbres du duc de Bridgewater. M. Smith, directeur de cette vaste administration, avait déjà fait toutes les dispositions convenables pour recevoir le prince.

Après avoir revêtu le costume obligé, M. le comte de Chambord a pénétré, en bateau, dans les canaux souterrains qui se développent sur trente-huit milles de longueur, attestant à la fois le génie de l'ingénieur Brindley et les hardies spéculations du duc de Bridgewater. Pendant plusieurs heures, le prince a parcouru divers étages de canaux d'exploitation communiquant entre eux par un grand nombre de puits. Il est aussi descendu par ces puits à des profondeurs considérables, pour observer les diverses couches de houille et les moyens d'exploitation de ce trésor accumulé en ces lieux avec tant de libéralité par la Providence. L'attention de l'auguste visiteur était doublement excitée, d'abord par la vue des travaux, les plus grands qu'un simple particulier ait jamais exécutés à ses frais, et ensuite par le désir de se faire une idée exacte d'un projet analogue qu'une compagnie se prépare à réaliser entre le Rhône et la Loire, à travers le bassin de houille de Saint-Étienne. En sortant des mines de houille, M. le comte de Chambord a accepté une collation offerte par M. Smith, d'où il est parti ensuite pour aller dîner et coucher chez sir Thomas Trafford, descendant des Normands, dont nous avons déjà signalé la généreuse hospitalité.

Le 16, à sept heures du matin, le prince a quitté Trafford-Park, et à neuf heures il partait pour Leeds, sur le rail-way de Manchester. Le trajet entre ces deux villes a vivement intéressé

M. le comte de Chambord par la vue des grands travaux que présente cette ligne qui traverse une chaîne élevée et se développe dans des gorges étroites où la nature du terrain, les canaux, les routes et les usines, partout semés, offrent mille difficultés vaincues.

LEEDS.

A une heure après midi, M. le comte de Chambord était à peine entré dans Scarborough's Hôtel, à Leeds, lorsque M. Marshall, l'un des chefs de la plus grande manufacture du pays, est venu lui offrir ses services pour le guider dans la ville. Le prince a voulu d'abord visiter la filature de lin de MM. Marshall, qui emploient deux mille ouvriers dans une même enceinte. L'une des salles de travail, récemment bâtie sur quatre cents pieds de longueur et deux cents pieds de largeur, a excité l'admiration de Henri de France par ses dimensions extraordinaires, même en Angleterre, par l'élégance de son architecture et les huit cents ouvrières surveillant des métiers chargés de vingt mille broches et diverses autres machines que renferment à peine les deux tiers de cet espace immense.

M. Marshall a conduit aussi M. le comte de Chambord sur le toit de cette salle, percée par une multitude de lanternes formant des saillies semblables à des tentes de verre, tandis que le reste de cette vaste surface ondulée présente une prairie suspendue, parfaitement arrosée, sur laquelle paissent des moutons. Mais ce que HENRI DE FRANCE a surtout remarqué dans cette grandiose manufacture, c'est la pureté de l'air et l'apparence de santé de ceux qui le respirent. M. Marshall, en expliquant les moyens par lesquels on maintient dans la salle une température uniforme, a montré dans les souterrains une machine à vapeur uniquement employée à la ventilation. Il a aussi fourni à M. le comte de Chambord les plus intéressans documens sur les perfectionnemens récens de la filature du lin et sur les rapides progrès de cette industrie dans les diverses contrées de l'Europe.

Durant l'après midi, le prince a visité la fabrique de draps de M. Gott, qui est une des plus considérables du pays. M. Gott, avant de commencer la tournée des ateliers, a laissé entrevoir le désir qu'avait sa vieille mère de voir le petit-fils de Charles X. Le royal voyageur s'est empressé de se rendre auprès de cette respectable dame, et a passé quelques momens au milieu de la famille du fabricant, qui paraissait vivement émue. M. Gott a ensuite guidé le prince dans toutes les parties de sa fabrique où l'on voit la laine brute subir toutes les opérations nécessaires pour le commerce de la Chine.

MM. Marshall et Gott, invités par le prince, ont dîné avec lui à Scarborough's Hotel; M. le comte de Chambord s'est entretenu avec ces deux hommes éclairés des moyens employés dans la ville de Leeds pour instruire les classes ouvrières, pour développer en elles le sentiment de leurs devoirs moraux et pour secourir les pauvres pendant les crises commerciales qui les privent de travail. Cette conversation, d'un haut intérêt, s'est prolongée fort avant dans la soirée.

L'emploi de ces quatre journées contrastait fortement avec les splendeurs d'Alton-Towers et de Chatsworth; et Son Altesse Royale apportait à ses explorations industrielles au moins autant d'intérêt qu'il en avait mis à admirer les chefs-d'œuvre des arts ! Son esprit vaste a des admirations pour tout ce qui en est digne.

HULL

ET BURTON-CONSTABLE.

Le 17, dès le matin, M. le comte de Chambord, après avoir visité la halle aux Draps et le peu de monumens que renferme la ville, est parti à une heure par le rail-way de Hull. Le directeur de la station de Leeds, par ordre de ses chefs, avait offert un train particulier pour l'auguste passager et sa suite. M. le comte de Chambord avait préféré faire le trajet avec le convoi commun. Mais lorsque l'on est parvenu à Selby, M. Tottie, président de la comgagnie du rail-way, M. Liddell, directeur, et M. Georges Locking, secrétaire de l'administration, se sont présentés à la portière du prince, annonçant qu'ils venaient de Hull au devant du fils des rois de France, pour lui offrir leurs hommages et lui faire parcourir, par un train spécial, les trente-deux milles qui le séparaient encore du terme de son voyage. M. le comte de Chambord, cédant à cette aimable insistance, a pris dans sa voiture les administrateurs du rail-way, et à l'instant il a été entraîné vers Hull avec une vitesse presque incroyable, laissant bien loin en arrière le convoi public. Au moment où le train extraordinaire arrivait à l'embarcadère, on voyait une foule serrée qui occupait l'intérieur et les abords de la station, dans l'attente de l'auguste voyageur. A peine le prince français eut-il mis pied à terre, qu'un salut de *hurrah,* partant de tous les rangs, a témoigné, de la manière la plus expressive, la cordialité de l'accueil spontané que cette population, aux sentimens indépendans et généreux, sait réserver aux royales infortunes noblement endurées.

Quelques momens après cette chaleureuse réception faite au royal exilé, par toute la population d'une ville anglaise, M. le comte de Chambord est parti en poste pour le château de Burton, où sir J. Clifford-Constable, et sa famille, entourés de notabilités de la province au milieu de l'éclat des torches et des sons bruyans d'une troupe de musiciens, ont reçu S. A. R. avec la grâce et la magnificence qui distinguent la haute aristocratie de ce pays. Au fond, c'étaient les mêmes acclamations, les mêmes sentimens que sur les quais de Hull; mais seulement sous d'autres formes.

Le lendemain, 18, pendant que Monseigneur ainsi que les personnes qui l'avaient accompagné depuis le départ de chez le comte de Shrewsbury, étaient assis à la table de déjeuner de leurs nobles hôtes, les pelouses qui s'étendent comme un immense tapis de velours vert devant le château de Burton-Constable, se sont couvertes de chevaux, de chiens, de piqueurs et de nombreux équipages. Sir J. Cliffort avait annoncé une chasse au renard, à laquelle tous les gentilshommes et tous ceux qui pouvaient disposer d'un cheval de chasse dans le voisinage, sont accourus dans l'espérance de voir HENRI DE BOURBON.

Vers midi, M. le comte de Chambord est monté à cheval, et bientôt une centaine de cavaliers, la plupart en habits rouges, se sont précipités à sa suite; le renard lancé dans le parc a rapidement gagné la campagne, où cette brillante cavalcade l'a vivement poursuivi, franchissant les haies et les fossés qui entourent chaque héritage. Le prince ayant à ses côtés sir J. Clifford-Constable, lord Beaumont, le duc de Levis, le duc des Cars, etc., etc., s'est maintenu constamment au milieu des chasseurs et est arrivé à temps pour voir le renard, épuisé de fatigue, expirer sous la dent des chiens.

Ce violent exercice, qui a duré trois heures, n'a point fatigué le comte de Chambord; c'est là une réponse irrécusable à ceux qui prétendaient que son accident l'empêcherait pendant plusieurs années de monter à cheval!

Un de mes plus grands bonheurs, en ce monde, c'est de voir les espérances jalouses et envieuses trompées!

Le lundi, 22 novembre, Monseigneur est resté au château de Burton, où des soirées égayées de musique, succédaient aux matinées animées par le plaisir de la chasse et les explorations des châteaux et des établissemens industriels des environs. Ce fut chez lady Burton-Constable, qu'un musicien, renommé en Angleterre, M. Wilson, chanta devant Son Altesse Royale et en fut fort applaudi.

Le 22 au soir, le prince et les personnes qui l'accompagnaient, M. duc des Cars, M. le duc de Lévis, M. Villaret de Joyeuse et M. Barrande ont couché à Darlington, et le lendemain matin sont allés faire une visite au duc de Cleveland, à Raby-Castle, vieille demeure primitive anglaise, d'architecture saxonne; son granit semble trop dur pour s'être prêté aux fantaisies de la sculpture; son faîte est couronné de créneaux, ses tours sont plus massives qu'élancées. Tout le caractère de l'antique château est la force et la sévérité. Son Altesse Royale y a passé la journée; et le noble duc aurait vivement désiré que l'auguste voyageur se fût reposé plus de temps sous son toit; mais déjà des Français étaient annoncés à Londres, et tout ce que l'Angleterre avait à montrer à HENRI DE FRANCE ne valait pas, pour son cœur, la vue des compatriotes qui passaient le détroit pour le venir voir et lui apporter l'assurance de leur dévoûment. Monseigneur, après avoir reçu un respectueux et cordial accueil à Raby-Castle, après avoir tout exploré avec un grand intérêt, partit pour se rendre à Newcastle où il passa la nuit.

NEWCASTLE.

Le 24, M. le comte de Chambord a employé la plus grande partie de la journée à examiner diverses industries qui prospèrent sur un sol si riche en combustible minéral. Chez M. Walles, le prince a vu reproduire, avec une remarquable exactitude, les vitraux les plus curieux du moyen-âge; les détails recueillis sur cet art récemment ressuscité, et sur les caractères qui distinguent les peintures sur verre à diverses époques, dont M. Walles a fait une étude approfondie, ont intéressé beaucoup Son Altesse Royale. M. le comte de Chambord a parcouru ensuite les ateliers nommés Northumberland-flint-glass-works, où sont soufflés et taillés les cristaux destinés aux services de table et à l'ornement des habitations les plus riches.

De là le prince s'est dirigé vers l'établissement de MM. Cook-Sons où l'on polit et étame les glaces. Le directeur, M. Jons, s'est empressé de montrer à l'auguste voyageur les machines qui remplacent, du moins en partie, les bras de l'homme, jadis appliqués à ces pénibles travaux. Il a eu l'aimable attention de faire exécuter, sous les yeux du prince, toutes les opérations pratiquées dans cette manufacture, l'une des plus considérables de l'Angleterre en ce genre.

Ce qui attirait plus spécialement HENRI DE FRANCE dans ces ateliers, c'était l'espoir d'y voir fabriquer les grandes lentilles composées, que le célèbre physicien Fresnel a inventées et appliquées à l'éclairage des phares. Le désir de Monseigneur n'a pu être accompli qu'en partie; mais en entendant les motifs qui s'y opposaient, il n'a pu dissimuler un sentiment de satisfaction devant lequel l'intérêt scientifique devait céder. M. Jons a fait voir plusieurs lentilles exécutées suivant les dessins et formules de M. Fresnel, dont une copie a été mise entre les mains du royal visiteur. Quant aux belles machines destinées à fabriquer ces appareils d'optiques, le directeur a exprimé le regret de les montrer sans mouvement, parce que les perfectionnemens récemment découverts et appliqués en France, à cette industrie d'origine française, ont totalement paralysé la redoutable concurrence de l'Angleterre. C'est en France que les Anglais, ainsi que les autres nations, achètent ces puissantes lentilles qui ont déjà rendu de si grands services à la navigation.

ALNWICK.

Quand, peu de jours après être débarqué à Hull, et avoir visité l'antique cité de York, M. le comte de Chambord était allé, en gardant l'incognito, voir le magnifique château d'Alnwick, le duc de Northumberland avait tout de suite écrit au petit-fils de Charles X pour lui faire de respectueux reproches de ne s'être pas nommé lorsqu'il était venu visiter sa demeure; il avait joint, à l'expression de ses regrets, de vives instances, sollicitant de Son Altesse Royale l'honneur de recevoir chez lui un fils de France, ainsi qu'il devait être reçu.

Dans son imposant château d'Alnwick, l'ancien ambassadeur extraordinaire du roi George IV au sacre de Charles X, continue à vivre magnifiquement. Pour lui, c'a été un vrai bonheur de revoir le prince qu'il avait salué tout enfant aux Tuileries. Je l'ai dit ailleurs, pour les caractères élevés, le malheur a une puissante séduction; Henri de Bourbon, rayonnant de tout l'éclat de la prospérité, n'aurait peut-être pas été reçu avec autant d'empressement par leur grâce, le duc et la duchesse de Northumberland, qu'il ne l'a été *avec ce je ne sais quoi de sacré*, que donne une haute infortune.

Le 25 novembre, il y a eu chasse à pied dans le parc. Le lendemain dimanche, M. le comte de Chambord a entendu la messe à l'église paroissiale. En revenant de l'office divin, le prince a visité les tours qui tiennent au mur d'enceinte et qui s'élèvent de distance en distance au dessus de ses créneaux; dans l'une d'elles, se trouve une curieuse collection d'antiquités égyptiennes réunies par les soins de lord Prudhoe, frère du duc. Dans une autre tour, madame la duchesse de Northumberland a fait voir le cabinet de minéralogie qu'elle y a créé et arrangé. Ainsi ce qui avait été construit pour les armes et la guerre, est aujourd'hui cédé à la science; là où l'on devait se battre et exposer sa vie pour repousser les assaillans, on passe de tranquilles heures à apprendre....., N'est-ce pas un vrai progrès?

Ce qu'il y a de tout à fait remarquable à Alnwik ce sont les écuries et les chevaux pur sang qui y sont nombreux et que l'on range parmi les plus beaux de l'Angleterre.

Au nombre des hauts personnages que sa grâce le duc de Northumberland avait réunis dans sa somptueuse demeure pour l'aider à recevoir Son Altese Royale, nous citerons le duc et la duchesse de Roxburgh, lord Stranford, lord William Graham, lady Stanley, miss Percy et lady Walpole. Tous étaient animés des mêmes sentimens que les maîtres du château. Une attaque de goutte avait privé M. le duc de Northumberland de recevoir plus tôt le noble voyageur, et il était encore très souffrant et cloué sur son fauteuil, quand le petit-neveu de Louis XVIII est arrivé à Alnwick-Castle.

C'est dans la soirée du 26 novembre que Monseigneur a pris congé de ses hôtes d'Alnwick; il a voyagé toute la nuit pour aller prendre à Darlington le chemin de fer qui conduit à Londres; la journée du 27, s'est passée tout entière à franchir la distance qui s'étend entre Darlington et la capitale des trois royaumes où Son Altesse Royale est arrivée à sept heures du soir.

Avant d'aller coucher à Darlington, l'auguste

voyageur a voulu revoir York où il n'avait passé que quelques heures, alors qu'il se rendait à Edimbourg.

Monseigneur est allé visiter le château de cette ville, forteresse bâtie sous le règne de Guillaume-le-Conquérant.

Quand j'allai, il y a une quinzaine d'années, voir cet antique château, il était en reconstruction; les habitans d'York, fiers de leurs antiquités, le restauraient avec zèle et ardeur, en conservant avec entente son style primitif. C'était là que devait être établie une prison, selon le cœur des philosophes de l'époque. Déjà la vaste forteresse était un lieu de détention; et je me souviens que, lorsque j'y entrai, un jour de dimanche, c'était l'heure à laquelle les habitans de la ville et du comté sont admis à voir les détenus. Dans le préau, moi et mes compagnons de route, nous remarquions de petits groupes qui se formaient à distance les uns des autres; des femmes et des enfans venaient à un mari, à un père; un frère à un frère; un ami à un ami. Ici, le père n'embrassait point ses enfans : en France, nous aurions vu plus d'expansion. Cependant le cœur d'un Anglais qui se voit consoler par ses fils, bat comme le cœur d'un Français; mais l'Anglais renferme son émotion, le Français la laisse paraître au dehors. En Angleterre, sur toutes les affections, il y a comme une écorce de froideur ; il en est de même que sur son ciel où il y a toujours un brouillard pour cacher le soleil.

M. le comte de Chambord a exploré la nouvelle prison-modèle que l'autorité vient d'y établir. Une partie des détenus y est soumise à ce terrible système cellulaire qui fait partir les têtes françaises, mais dont on assure que s'arrange le flegme britannique.

D'un côté, Dieu a dit : Il n'est pas bon que l'homme soit seul ! De l'autre, la Sagesse Humaine pense qu'il est funeste que des hommes corrompus vivent en communauté... En attendant que cette grande question soit résolue, les malheureux prisonniers politiques de Doullens et du Mont-Saint-Michel, soumis arbitrairement à l'isolement et au silence absolus, deviennent fous ou meurent en peu de temps. L'esprit grave et réfléchi et la bonté de cœur de HENRI DE FRANCE s'arrêtent souvent devant cette grande pensée et la méditent pour l'approfondir.

Le petit-fils de Charles X est justicier comme Louis IX, et compatissant comme Louis XVI par qui furent abolies la corvée et la torture.

CHATEAUBRIAND.

Depuis que M. de Châteaubriand avait été invité par Henri de France à venir demeurer à Londres sous le même toit que lui, pour être plus à même de s'entretenir ensemble de leur commune et chère patrie, l'illustre auteur de *la Monarchie selon la Charte* et du *Congrès de Vérone*, avait hâte de se rendre en Angleterre, où il avait, sous la restauration, si noblement rempli les hautes fonctions d'ambassadeur auprès du roi Georges IV.

C'était en vain qu'on lui représentait combien la saison était mauvaise ; il ne voulait rien entendre de tout ce qui tendait à retarder son départ. Châteaubriand a encore le cœur impatient comme l'esprit; et quand il a une fois pris une résolution, il veut arriver promptement à la réaliser. Il partit donc de Paris le 20 novembre, accompagné de M. Danielo, Breton comme lui, homme de lettres, de talent et de cœur.

Quand l'auteur de l'*Itinéraire de Paris à Jérusalem* arriva à Boulogne avec l'intention de s'y embarquer immédiatement pour Londres, il y trouva beaucoup de pèlerins qui étaient arrivés la veille au soir et qui n'avaient pu partir par la marée du matin (le 21), à cause des vents contraires et de la mer qui était fort mauvaise.... M. de Châteaubriand vit combien ils étaient contrariés de ce retard, et il comprit leur impatience, car il commençait à la partager.

Il était descendu avec ses neveux, MM. de Tocqueville et d'Espeuilles, à un hôtel sur le port. L'auteur du *Génie du Christianisme* a dit quelque part que rien ne l'inspirait autant, que rien n'élevait si bien son âme que l'aspect de la mer. Assis près de sa fenêtre, il regardait ces flots couleur de plomb qui moutonnaient à leur crête, quand d'autres distractions lui vinrent.

Les habitans de Boulogne ayant appris que le premier écrivain du siècle était depuis quel-

ques heures dans leurs murs, envoyaient vers
lui des députés pour le complimenter. De très
jeunes gens, des hommes d'un âge mûr et des
vieillards composaient ces députations. Châteaubriand est l'auteur qui charme tous les âges : ceux
qui entrent dans la vie pour en jouir avec toute
la puissance de la jeunesse, comme ceux qui
vont la quitter dans toute la débilité que leur
ont apportée les ans, aiment à le lire. Il écouta
avec bienveillance, avec bonheur, ce que lui
dirent ces notables du pays boulonnais.

Après ces réceptions, MM. de Fitz-James,
Sepmanville et Sala vinrent prendre M. de Châteaubriand pour lui proposer une course en voiture. Il accepta, et le but de la promenade
fut les hauteurs qui dominent la mer et la
jolie ville de Boulogne ; là se dresse, haute et
fière, la majestueuse colonne que Napoléon a
élevée à la gloire de sa grande armée.

C'était par une orageuse journée d'automne ;
le vent soufflait avec violence ; la brume et la
pluie empêchaient de voir, du haut des dunes,
l'Océan, dont les grands bruits s'élevaient et
parvenaient jusqu'aux voyageurs.

L'illustre pèlerin aurait bien voulu qu'un
rayon de soleil, perçant les nuées grisâtres et
pluvieuses, fût venu lui montrer cette blanche

Albion, où il avait passé des années si dissemblables ! celles de l'émigration, alors que, dans sa pauvre mansarde (*garret*), il écrivait les ennuis de René et les amours de Chactas et d'Atala ; et les brillantes années de son ambassade, alors qu'il avait si noblement représenté, auprès du cabinet de Windsor, le roi très chrétien.

Le cœur de l'homme est ainsi fait, et mille passages des œuvres de M. de Châteaubriand le prouvent ; nous revenons, par le souvenir, aussi volontiers à nos mauvaises années qu'à celles qui ont été dorées par le bonheur. Je me persuade donc qu'en cherchant à apercevoir la rive anglaise, le vieux pèlerin pensait au temps d'Atala, de René comme à celui de la Monarchie selon la charte, comme aux jours du congrès de Vérone.

M. Sala m'a raconté que le gardien de la colonne leur disait : « Ici l'empereur distribuait les croix d'honneur ; là étaient placées les divisions du premier corps, plus loin celles du deuxième. En bas, la flotille, rangée en ligne de bataille, répondait de la mer par de nombreuses décharges, aux salves de l'artillerie de terre. J'Y ÉTAIS, disait le vieux soldat. »

En l'écoutant, l'expression des traits du grand

écrivain était admirable. Mille pensées traversaient son esprit pendant que le vétéran de l'Empire parlait de son empereur, et que le vent orageux agitait les cheveux blancs du petit-neveu de Malesherbes.

Quand le gardien vint à raconter de récentes inaugurations faites par des hommes du jour, Châteaubriand ne put s'empêcher de s'écrier : *Pitié que de voir des pygmées jouer avec un géant!*

« En revenant de cette excursion, continuait M. Sala, notre illustre compagnon de voyage nous étonnait par les aperçus lumineux qu'il nous donnait de cette grande époque de notre histoire : « Elle n'est plus à notre taille, disait-il ; notre siècle ne pourra jamais fournir un écrivain pour la bien redire.

» C'est un temple impénétrable ; ils en voient les détails, ils n'en peuvent comprendre l'ensemble. Comment donc le peindraient-ils ? »

Puis, par un de ces retours mélancoliques qui lui sont naturels, il ajoutait : « De tous ces bataillons qui ont foulé le sable de ces Dunes, de toutes ces flotilles qui ont couvert ces flots, de cet homme qui a rempli le monde, que reste-t-il aujourd'hui ?

» Rien. Et maintenant nous allons saluer, dans cette Angleterre qui a résisté au colosse...

un rejeton, non de l'empire... mais de la branche aînée de ces Bourbons que Napoléon avait proscrits ! »

Quand cet homme extraordinaire eut fait un sceptre de sa glorieuse épée, quand le général Bonaparte fut parvenu au pouvoir, il avait voulu s'attacher un écrivain tel que l'auteur du *Génie du Christianisme*, que les Muses n'avaient pas enrichi et qui était revenu pauvre de la patrie de Milton.

Une place de secrétaire de légation en Italie avait été donnée à M. de Châteaubriand ; mais cette place, qui lui était une fortune, il y renonça sans hésiter, du moment que Napoléon eut fait un pacte avec les Jacobins en répandant nuitamment, dans les fossés de Vincennes, le sang du duc d'Enghien.

Persistant dans ses sympathies et dans ses affections politiques, quarante ans plus tard, ce même Châteaubriand qui, après avoir refusé de servir l'empereur entaché du sang d'un Condé, n'avait pas voulu, en 1830, prêter l'appui de son caractère et de sa renommée au gouvernement de Louis-Philippe, allait libre, et de son propre mouvement, honorer, de l'autre côté de la mer, un prince proscrit et dépossédé.

Il n'a pas voulu s'attacher à la prospérité, et le voilà, sur ses vieux jours, qui va porter ses respects, ses lumières et ses conseils à un jeune descendant de *ces rois chevelus* qu'il a si admirablement peints dans *les Martyrs.*

Les voyageurs qui aiment leurs aises, une fois arrivés à Boulogne, vont ordinairement débarquer à Folkstone : c'est la route la plus courte et la plus commode. Ce ne fut point celle que voulut suivre Châteaubriand. « — *Je veux,* avait-il dit, *revoir Tyr, la superbe, la reine des eaux, dans toute sa beauté et dans toute sa puissance; pour y arriver, je prendrai sa magnifique avenue de la Tamise.* »

A onze heures du soir, on vint annoncer aux voyageurs que le vent était calmé. M. de Châteaubriand, M. le duc de Fitz-James, M. de Sepmanville, M. Daniélo, M. Sala se rendirent au paquebot, où ils trouvèrent trente autres Français, parmi lesquels M. le comte de Nugent, ancien préfet, MM. Rancher, Le Pippre des Montils, anciens officiers de la garde royale, MM. de Charnacé, de Boutray, Jankowitz, etc., etc., etc. Tous s'étaient dit : Il ne faut pas que l'ancien ambassadeur du roi de France auprès de l'Angleterre entre isolé dans la capitale des Trois-Royaumes; la fidélité et l'honneur formeront escorte au génie.

La mer était encore très forte, la traversée fut longue et difficile et dura dix-huit heures.

M. de Châteaubriand s'établit dans une cabine où il y avait quelques lits. Il souffrait beaucoup de ses rhumatismes qui l'empêchent de marcher : on insista pour lui faire prendre le meilleur lit ; il refusa en disant qu'il *ne perchait pas*, et s'étendit par terre avec un sac de nuit pour oreiller.

Tous les passagers étaient fort malades ; lui, ne le fut pas ; il répétait qu'un vieux navigateur comme lui ne devait plus payer son écot à l'Océan.

Les vapeurs et la fumée de la chaudière pénétraient dans la cabine et augmentaient le malaise des malades. Alors M. de Châteaubriand, se souvenant de ses voyages chez les Natchez et les Muscolgulges, disait à ceux de ses compagnons de bord qui souffraient le plus, de descendre de leurs lits et de se coucher à terre. « Les sauvages agissent ainsi dans leurs huttes, ajoutait-il, pour ne pas s'enfumer comme leur gibier ; ils s'étendent à plat, la tête presque dans le feu, et ne souffrent point ainsi du manque de cheminée. »

La bonne humeur du grand homme encourageait la gaîté de ceux des passagers qui n'étaient pas malades. L'un d'eux lui dit :

— Monsieur le vicomte, vous voilà comme Chactas.

— Oui, à l'Atala près, répondit le poète.

Comme tout cœur qui aime, celui de M. de Châteaubriand n'était pas sans inquiétude... Depuis long-temps il n'avait pas vu le prince ; il l'avait laissé enfant à Prague, enfant donnant alors de grandes espérances... Mais, en passant sur cette jeune tête blonde, les années lui avaient-elles été bienfaisantes, avaient-elles changé les riantes fleurs en beaux fruits ? Voilà ce que se demandait l'homme d'Etat en se rendant auprès du descendant des rois. Certes il avait au dedans de lui beaucoup d'espoir... mais l'espoir a une sœur jumelle et vêtue de deuil, c'est l'inquiétude. M. de Châteaubriand emportait en lui la sœur à côté du frère.

A mesure que l'illustre écrivain approchait de Londres, il devenait de plus en plus recueilli et préoccupé. Quand il aperçut les clochers de Greenwich, de Woolwich et le dôme de Saint-Paul, *il lui sembla qu'il ne devait plus penser à l'Angleterre, et qu'il devait être tout entier à l'orphelin qu'il venait y trouver.*

Quelques Français, prévenus de son arrivée, vinrent le recevoir au débarquement; il alla d'abord à son hôtel, d'où il sortit pour se rendre à l'appartement que le prince lui avait fait préparer à Belgrave-Square.

LONDRES.

« Pendant (1) que, d'un côté, un jeune prince, le pur sang de Louis XIV, a revu, dans toute la fleur de sa vive et puissante jeunesse, cette Écosse qui abrita un moment son enfance exilée; pendant que, visiteur pieux, il est allé frapper à la porte du vieux palais de Holy-Rood; pendant qu'il continue sa course, suivi des vœux et des vivats du peuple écossais qui fournit long-temps des gardes à nos rois, comme le fait remarquer Bossuet; pendant qu'il visite en Angleterre, comme il l'a fait en Écosse, les savans dans leurs académies, les grands seigneurs dans leurs châteaux, les industriels

(1) Alfred Nettement, dans LA MODE du 25 novembre 1843.

dans leurs fabriques et dans leurs mines, rectifiant, par l'étude des faits, les études qu'il a faites dans les livres, s'occupant surtout des moyens d'améliorer le sort des classes populaires, qu'à l'exemple de saint Louis, son aïeul, il chérit et voudrait soulager ; pendant que tous lui rendent ces hommages, qu'un grand nom noblement porté et une adversité qui sait garder sa dignité devant les hommes et conserver sa confiance en Dieu, obtiennent de tout le monde; pendant que le descendant de Louis XII et de Henri IV marche vers la métropole de l'Angleterre, un autre voyageur, parti d'un autre point de l'horizon, s'est avancé vers la même ville, en suivant une autre direction. »

Cet homme, c'est Châteaubriand, une des premières gloires de la France ; l'orgueil des royalistes ; le grand défenseur du christianisme et des libertés nationales; l'homme enfin que tous les partis nous envient, s'était mis en route pour se rendre à Londres, où HENRI DE FRANCE lui avait donné rendez-vous.

Quand il avait été question de ce voyage, les hommes des *faits accomplis*, *le Journal des Débats*, surtout, s'étaient écriés que l'ancien ambassadeur du roi de France près la cour d'Angleterre, que l'auteur du *Congrès de Vé-*

rone avait donné sa démission de toutes choses politiques, et que, certes, il ne sortirait point de la quiétude indispensable à ses vieux jours; puis ils ajoutaient des phrases hypocrites sur l'intérêt qu'ils prenaient à lui et y mêlaient d'insidieux conseils.

Ils disaient : « Châteaubriand restera sourd à cet appel; la souffrance et le poids des années retiendront le grand homme au rivage; son pas alourdi ne lui permettra plus de reprendre le chemin de l'exil. »

Ils disaient, en se félicitant, ces hommes du juste-milieu : « Que la maladie serait plus forte que ce courage intrépide qui regarda en face la république et Napoléon. »

Ils répétaient : « Châteaubriand ne marche plus, » et ils oubliaient que le maréchal de Saxe gagna sa dernière bataille en litière.

Ils écrivaient de tous côtés, au dehors : « Tenez pour certain que Châteaubriand n'ira point à Londres; » car ils ne le regardaient qu'aux jambes au lieu de le regarder à la tête et au cœur.

Nous pardonnons aux hommes du juste-milieu d'avoir si mal jugé celui qui s'est déclaré hautement *le courtisan du malheur et le flatteur de l'infortune;* nous leur pardonnons, parce qu'ils ne peuvent comprendre ce qu'il y a de sublime dans le dévoûment aux grandes adversités. Nous ne nous irritons point contre le vil oiseau des marais qui ne saurait s'élever jusqu'à l'aigle! Pauvres gens! eux qui, du haut de la tribune, se sont écriés : « On nous arrachera la vie plutôt que nos appointemens, » comment auraient-ils pu concevoir qu'on allât vers un prince que l'exil a dépossédé de tout et qui n'a plus ni or, ni emplois, ni faveurs à donner! Dans leur bas et vil calcul, ils avaient prononcé qu'aucune entrevue n'aurait lieu entre le petit-fils de Charles X et l'ancien ambassadeur de la restauration ; cependant cette entrevue va avoir lieu.

Qui nous dira le secret de cet entretien dont la France sera le seul sujet, et dont le fils de saint Louis et Châteaubriand seront les seuls interlocuteurs ?

Qui peindra l'attendrissement du prince à la vue de l'homme de génie que la France admire, et qui, malgré ses souffrances, passe la mer pour le visiter dans son exil; et l'émotion de Châteaubriand à la vue de tout ce qui nous reste du sang de Louis XIV ?

Oui, quand je me recueille, quand je descends dans ma conscience, quand j'examine ce qui se passe autour de moi…. je le déclare, je conçois la mauvaise humeur des hommes de 1830. Quand ils voient les gens obscurs qui entourent, qui conseillent, qui accompagnent les princes, fils de Louis-Philippe ; quand ils les comparent à ceux qui abandonnent leurs maisons, leurs habitudes, leurs intérêts, leurs familles, pour aller saluer, dans son malheur et dans sa royale pauvreté, un jeune proscrit ; quand ils voient l'éloquence et le génie, Berryer et Châteaubriand, qui ne vont point au château et qui se rendent à Belgrave-Square…, ils doivent être jaloux.

De la jalousie à l'irritation il n'y a pas loin…. nous venons d'en avoir la preuve !

Il faut l'avouer, l'exil de Henri de France a des compensations auprès de ses rigueurs. Ainsi, il y a quelques années, il se rend à Rome ; il y est reçu par M. le comte de la Ferronays, ancien ambassadeur de France, sous la restauration.

A la fin de 1843, Henri de France visite Berlin ; il y est reçu par M. le vicomte de Saint-Priest, ancien ambassadeur, sous la restauration, auprès du cabinet prussien.

Dans la même année, Henri de France arrive à Londres ; il y est reçu par M. le vicomte de Châteaubriand, ancien ambassadeur, sous la restauration, auprès du cabinet de Windsor.

HENRI DE FRANCE aurait à sa disposition tous les trésors de la liste civile, toutes les séductions du pouvoir, pourrait-il voir accourir au devant de lui des hommes plus capables, plus entourés de considération, plus éminens que ceux que je viens de nommer? Représentant mieux un pays d'honneur, de loyauté et de franchise que les Talaru, les Hyde de Neuville, les Latour-Maubourg, et les Laval de Montmorency!

Au début du voyage de M. le comte de Chambord, les hommes de la Camarilla décidèrent en conseil qu'il fallait, sans tarder, faire une contre partie au séjour du petit-fils de Charles X à Londres.

« Goritz montre son prince, montrons le nôtre, dirent-ils, et bientôt les regards et l'attention du peuple anglais se détourneront de l'exilé, pour se fixer sur le futur régent de France ; seul, il ne produirait pas assez d'effet, adjoignons-lui sa jeune et belle compagne.

» Le fils du duc de Berry est pauvre, M. le duc de Nemours est riche, ayant sa part dans la liste civile ; nous le mettrons à même de paraître avec éclat dans la capitale des Trois-Royaumes.

Qu'il parte donc, la cour de Windsor lui fera oublier les ennuis de la Bretagne, où il n'a trouvé qu'un seul rallié. »

Cette motion d'un ministre de Louis-Philippe fut adoptée à l'unanimité dans le conseil, immédiatement M. le duc de Nemours fut rappelé du Midi, et peu de jours après il débarquait à Londres.

La jeune et gracieuse reine, qui avait reçu l'hospitalité au château d'Eu, voulant reconnaître les honneurs qui lui avaient été rendus, les égards qu'on avait eus pour elle, les démonstrations d'amitié qu'on lui avait prodiguées dans la famille du roi des Français, offrit son palais de Buckingham à M. le duc et à Madame la duchesse de Nemours ; ils habitèrent la demeure royale, ils y tinrent des levers solennels.... Des fêtes leur furent données au château de Windsor. Cinq ou six Français, dont un seulement portait un nom connu, formaient la suite du futur régent. Les habitués de la cour anglaise s'étaient étonnés de ne pas voir rayonner autour du fils de Louis-Philippe quelques unes des illustrations de France.

Les grands noms de Châteaubriand et de Berryer, l'Angleterre venait de les entendre, mais ils ne se trouvaient pas sur la liste des suivans de M. le duc de Nemours.... Ces noms glorieux n'étaient point inscrits parmi ceux des *courtisans du bonheur*; ils étaient parmi ceux des *flatteurs de l'infortune*..... « Chose impertinente, s'était écrié un ministre dynastique, chose dangereuse, car elle ne tendrait à rien moins qu'à établir qu'il y a quelque chose de mieux que la prospérité! »

De l'autre côté du détroit, l'ambassade française avait pris pour son organe le *Standard*. Ce journal, au moment de l'arrivée de M. le comte de Chambord à Londres, disait que « ce prince attendait le retour de M. le duc de Nemours en France pour venir s'établir dans son hôtel de Belgrave-Square, embarrassé qu'était le petit-fils de Charles X de se trouver dans la même ville avec le fils de Louis-Philippe. » A cela, nous répondons que HENRI DE FRANCE, complètement étranger aux causes et aux événemens de la révolution de 1830, digne descendant et représentant irréprochable de nos anciens rois, a une position trop franche et trop nette pour éviter qui que ce soit; et nous ne connaissons pas une seule circonstance où il ne puisse porter haut la tête!

Après avoir representé le voyage de HENRI DE FRANCE comme une simple promenade princière, les hommes de 1830, par une de ces inconséquences qui leur sont familières, firent dire à quelques uns de leurs organes que le fils de Madame, duchesse de Berry, se souvenant du courage de sa mère, ne s'était autant rapproché de la France que pour tenter un débarquement sur les côtes de Normandie ou de Bretagne.

Vouloir faire croire à l'idée d'une pareille tentative était insensé, vouloir persuader que, dans l'état d'intimité et de cordiale entente où sont les cabinets de Windsor et des Tuileries, Henri de France était venu en Angleterre pour y préparer, dans l'un de ses ports, un embarquement et une descente sur la rive opposée, c'était insulter au bon sens public... S'il n'y va pas pour cela, demandait le juste-milieu, qu'y va-t-il faire?

Il y va pour voir la Grande-Bretagne et pour en être vu.

Ce n'est pas un gouvernement (1) qu'il vient visiter, c'est un peuple ; un peuple qui nous a fait de cruelles blessures, il est vrai, mais un peuple dont le génie rival du nôtre, lui a de tout temps disputé les destinées du monde; un

(1) La Mode.

peuple qu'il faut connaître pour lui résister. Voilà le premier objet qui a conduit M. le comte de Chambord en Angleterre. Jeune homme, il a voulu étudier le colosse qu'il a vu dans son enfance ; il a voulu voir cette Tyr moderne qui, allongeant ses deux grands bras autour du monde, tient les eaux captives sous sa loi, depuis que la révolution a tué l'Espagne et énervé la France qui, seules avec leurs pavillons unis, pouvaient assurer la liberté des mers.

Révolutionnaires de 1830, qu'avez-vous à dire de ce premier motif du voyage du petit-fils de Louis-le-Grand ? Ne vous semble-t-il pas noble, juste et légitime ? Par votre loi Briqueville, signée du pouvoir créé par vous, vous avez fait des loisirs à l'exilé ; l'exilé en profite pour étudier les peuples qui entourent son pays. Hier c'était l'Allemagne, aujourd'hui c'est l'Angleterre, toute couverte de ses noires fabriques, et dont le grand corps industriel a pour âme la vapeur.

Que voulez-vous ? Parmi toutes les couronnes que vous lui avez ôtées, il y en a une, du moins, à laquelle vous ne sauriez empêcher HENRI DE BOURBON de prétendre, c'est celle de l'estime des Français ; c'est pour la mériter qu'il veut connaître tout ce qu'un prince doit connaître, savoir tout ce qu'un homme du dix-neuvième siècle doit savoir ; et quand à ce désir il se mêlerait un peu de joie de se sentir plus près du tant doux pays de France, qui donc, à quelque parti qu'il appartienne, envierait cette joie au jeune et royal proscrit dans une époque où tous les partis ont connu tour à tour le bannissement et l'exil?

Mais le voyage de Henri de Bourbon en Angleterre a encore, nous vous l'avons dit, un second motif. Après la France, c'est l'Angleterre où les renommées se font, où la valeur des hommes trouve les appréciateurs les plus éclairés. L'intelligence humaine a un trône dans ces deux grandes métropoles de la civilisation. Etonnez-vous après cela que Henri de Bourbon vienne, non seulement afin de voir, mais pour être vu. Qui ne sait les calomnies auxquelles il a été en butte, et quelles rumeurs perfides on a essayé d'accréditer contre sa personne, son éducation, ses idées? Eh bien! le voilà en Angleterre, sous les yeux d'un peuple éclairé qui compte des hommes distingués dans tous les genres. Il n'a ni appareil, ni cortége, ni grandeur d'emprunt ; rien enfin qui puisse lui donner cette splendeur de reflet qui rehausse ordinairement les princes. Il vient parler, avec le savant, de science; l'industriel, d'industrie; le commerçant, de commerce; le marin, de marine : pendant qu'il étudiera l'Angleterre, l'Angleterre pourra l'étudier. On va connaître cet esprit que les courtisans du Château s'attachent à peindre comme arriéré; on va voir le petit-fils de Louis XIV, non plus d'après les images noires de la méchanceté doctrinaire, mais tel que Dieu l'a fait, et avec ce quelque chose de fini et d'achevé que donnent le malheur et l'exil. L'Angleterre saura s'il est de son siècle ou s'il n'en est pas; si son intelligence est cultivée ou si elle manque de culture; si les années de l'exil ont été pour lui stériles ou fécondes; elle saura si le prince est un homme, et le retentissement de la renommée en dira quelque chose à la France. En fait d'amour, HENRI DE BOURBON n'ambitionne que celui des Français; mais il apprécie à sa juste valeur l'estime de l'Angleterre. Il sait qu'il est chez un grand peuple, et il se réjouit en même temps à la pensée que, sur ce rivage, si voisin du nôtre, il pourra voir un grand nombre de ses amis de France qui lui apporteront avec eux l'air de sa patrie absente, qui lui parleront de son pays, et qui parleront de lui à son pays lors de leur retour.

BELGRAVE-SQUARE.

Quand M. le comte de Chambord entra dans Londres, le 27 novembre 1843, la nuit était descendue du ciel et s'étendait sur les campagnes ; mais, dans l'immense cité, le gaz, qui rayonne mieux en Angleterre que le soleil, pouvait faire voir à l'auguste voyageur sur quelles vastes proportions la capitale des Trois-Royaumes a été conçue et élevée.

Tout ce qu'il entrevoyait dans la course rapide de sa voiture, ces rues si larges, ces squares si spacieux, ces maisons si bien alignées, ces églises si nombreuses, ces cimetières si rapprochés de l'agitation de la voie publique, ces édifices qui rompent de distance en distance la monotonie des habitations particulières, ces colonnes, ces statues, ces arcades qui ornent certains quartiers; toutes ces choses... il les regardait à peine. Sa pensée n'était pas là; elle avait pris son essor pour aller au devant des Français arrivés à Londres. Déjà des amis l'attendaient à l'hôtel de Belgrave-Square, et d'autres devaient venir le lendemain. Cette impatience de voir tant de compatriotes tuait en son âme toute curiosité, la France lui cachait Londres. Une autre fois, il regarderait; mais ce soir-là il ne voulait qu'arriver.

Enfin, vers huit heures, une voiture s'arrêta devant l'hôtel : c'était celle du Prince.

Au moment où Monseigneur mettait pied à terre, M. de Châteaubriand avait franchi le seuil de la maison et traversait le trottoir pour aller au devant du descendant des rois.

HENRI DE FRANCE l'a reconnu, et, rejetant bien loin derrière lui la froideur de la vieille étiquette, il s'élance vers l'illustre vieillard et le serre dans ses bras. L'émotion de celui-ci fut telle, que le Prince dut le soutenir un instant.

Madame la duchesse de Lévis et quelques autres personnes présentes à cette touchante scène en furent vivement émues; et chacun comprit que la patrie était intéressée dans les sentimens qui animaient alors le Prince que la France regrette et le génie que la France admire.

La soirée se passa à faire les installations qui suivent toujours une arrivée. Madame la duchesse de Lévis, dont le bon goût égale le dévoûment, avait présidé à l'arrangement de l'hôtel; et l'un des premiers soins de Son Altesse Royale fut de la remercier de la peine qu'elle avait dû prendre pour que tout fût aussi bien ! On soupa entre soi ; et Monseigneur, qui devait, après la fatigue de la route, avoir besoin de repos, était retiré dans son appartement avant minuit. Le sommeil lui vint-il tout de suite ? Je ne le crois pas. La joie tient éveillé comme le chagrin, et pour le fils de France il y avait un immense bonheur dans cette pensée : demain je vais me trouver au milieu de trois cents amis dévoués et fidèles !

Le 28, de bon matin, les Français arrivés depuis quelques jours ; ceux qui avaient voyagé toute la nuit et que la petite pointe du jour avait vus débarquer à Londres, étaient sortis de leurs différens hôtels, allant les uns chez les autres, se félicitant et se préparant à la réception qui devait avoir lieu à midi à l'hôtel de Belgrave-Square.

Un observateur les aurait reconnus à leur visage radieux, à leurs manières vives et à la légèreté de leur démarche, contrastant avec le flegme du peuple dont ils traversaient la foule.

Midi approchait, et déjà beaucoup étaient rendus sur la grande place où se trouvait l'hôtel de Monseigneur. En face de la porte du numéro 35, des groupes se formaient en attendant l'heure... Elle sonna, et près de deux cents Français entrèrent et furent aussitôt introduits dans un des salons du premier étage. Si le cœur battait à tous ces Français pressés dans les salons du palais de l'exilé, le cœur battait aussi à HENRI DE FRANCE. Il parut...

Quand j'ai à rendre compte de scènes aussi saisissantes que celle qu'offrit cette réception, je m'irrite contre l'insuffisance de la parole humaine. Peintre inhabile, je ne trouve point sur ma palette des couleurs assez vives pour de tels tableaux.

Son Altesse Royale avança entre les rangs serrés de la foule de tant de compatriotes, et l'on put voir alors la vive et profonde émotion qui remuait tout son être. Son bonheur l'oppressait, et il y avait tant de joie dans son cœur, qu'au dedans de sa poitrine il battait comme s'il avait voulu s'en élancer.

Monseigneur ne savait point les noms de ceux qu'il voyait ; ils étaient trop nombreux pour qu'on pût les lui dire dans ce premier moment de confusion et de trouble tout rempli de délices. Mais il lisait sur leurs fronts un titre qui vaut bien mieux à ses yeux que tous les autres... celui de Français.

Ce ne fut point de son esprit que partirent, en cet instant, tous les mots qu'il sut dire à chacun ; non, c'était du fond de son âme qu'ils s'élançaient. Aussi, partant du cœur, ils allaient au cœur, et le temps, qui emporte tout, ne les effacera pas de la mémoire de ceux auxquels ils furent adressés.

Dans la foule, M. de Châteaubriand était resté debout. Le Prince l'aperçut, se hâta vers lui, lui prit les deux mains en lui disant : « De grâce, monsieur de Chateaubriand, veuillez vous asseoir pour que je puisse m'appuyer sur vous. »

Henri IV eût-il mieux parlé !

A cette réception de la matinée du 28, les femmes vinrent. Elles étaient déjà plusieurs arrivées à Londres, et, parmi elles, Monseigneur allait en voir qui l'avaient connu enfant aux Tuileries, à Bagatelle et à Saint-Cloud ; de ces Françaises qui ont tant contribué, depuis

1830, à entretenir parmi nous le feu sacré du royalisme; de ces femmes que l'on voit en même temps protectrices des arts et mères des pauvres, et qui sont bénies dans les réduits de la misère comme elles sont distinguées et admirées dans les cercles les plus élégans.

Pour présenter à Son Altesse Royale les femmes et les hommes nombreux et impatiens qui se pressaient pour arriver sous les regards du Prince, M. de Châteaubriand ne suffit plus, et MM. des Cars, de Lévis, Berryer, Montmorency, Barrande, Rohan, Cossé Brissac et Villaret de Joyeuse, s'étaient joints à lui et nommaient, par groupes et comme par escouades, les arrivans des différentes provinces qui s'adressaient à eux.

Alors, dans le salon trop petit de Monseigneur, il y eut un court instant de désordre qui fut loin de déplaire au Prince, car lui-même s'était senti comme troublé de ses propres émotions et de celles de la foule qui l'entourait et le pressait. La froideur n'a jamais de ces désordres-là; ils naissent de l'excès d'enthousiasme.

Sur les traits des hommes que je viens de nommer, on voyait le bonheur que ces amis si dévoués et si éprouvés de Son Altesse Royale éprouvaient en lui présentant tant de compatriotes invariables dans leurs croyances et dans leurs affections politiques. Eux qui savent depuis long-temps ce qu'il y a d'aimable, de noble et d'élevé dans le Prince, ressentaient une indicible joie et se répétaient entre eux : « Ils vont le connaître... ils l'aimeront comme nous l'aimons. »

Quelquefois j'avais entendu dire que l'entourage de l'auguste exilé était froid et trop ami de l'étiquette ; que, sur la terre du bannissement, il y avait encore trop de la vie des Tuileries et de Saint-Cloud ! Ces bruits étaient loin d'être exacts, j'en juge d'après Londres ; là on voyait venir à soi M. le duc de Lévis, M. le duc des Cars, M. Barrande et M. Villaret de Joyeuse. Avec bonheur ils vous serraient la main et, tout rayonnans de joie, vous conduisaient au prince dont ils sont fiers et que nous étions affamés du désir de connaître. Alors, on s'en voulait d'avoir un seul instant pu croire qu'il y eût quelqu'un qui ressemblât à un courtisan, auprès du fils du duc de Berry ; à cet égard, je prends à témoins tous les Français venus à Belgrave-Square, et j'ai la certitude qu'ils déclareront, comme je le déclare hautement, n'avoir trouvé, auprès du descendant des rois, que des hommes

19

de persistance, de conscience et d'honneur; hommes dont l'esprit est aussi élevé que le cœur est chaleureux; hommes qui connaissent bien leur époque, et qui se mésestimeraient eux-mêmes toute leur vie, s'ils avaient pu un seul jour empêcher une vérité ou un ami d'arriver au prince.

Voilà *les courtisans* que nous avons vus à Belgrave-Square. Que les princes qui gouvernent aient beaucoup de courtisans comme ceux qui entourent HENRI DE FRANCE, et la bassesse et la rouerie n'entreront jamais dans leurs conseils.

Dans cette seconde journée, le prince s'est entretenu avec chacun des nouveaux débarqués, montrant que, malgré sa jeunesse et son exil, il n'ignore aucun dévoûment, aucun mérite, aucune illustration, et qu'il connaît aussi bien les besoins locaux que les intérêts généraux du pays.

Voilà où l'on s'étonne, où l'on s'émerveille, c'est devant ce savoir du Fils de France! comment de Goritz et de Kirchberg a-t-il pu si bien nous voir, nous connaître et nous plaindre? Comment a-t-il découvert de si loin nos plaies? Comment, à travers tant de distance, a-t-il pu juger si bien le mal que les ministres de la doctrine font à notre pays de franchise et de loyauté, en y implantant leurs doctrines desséchantes et leurs principes égoïstes ?

Cette parfaite connaissance de tout ce qui nous touche, de tout ce qui nous froisse, de tout ce qui nous manque, de tout ce qu'il nous faudrait, a frappé, dès le premier jour, les Français admis auprès du jeune prince sans autre distinction que celle des mérites acquis. Avec chacun d'eux il avait causé quelques instans, et chacun, en l'écoutant, avait senti ses paroles descendre dans son cœur pour s'y graver en caractères ineffaçables ; on était venu à lui avec amour ; on le quittait avec exaltation, avec un dévoûment centuplé.

Avant d'aller plus loin dans ce récit, je vais essayer, pour ceux qui n'ont pas eu le bonheur de venir de Londres, de décrire l'hôtel que Monseigneur occupait sur Belgrave-Square, l'une des places les plus spacieuses, les plus aérées, les mieux bâties et les mieux habitées de l'immense capitale des Trois-Royaumes. Pour faire connaître cette demeure du petit-fils de Louis XIV, quelques lignes suffiront. Hélas ! le Versailles de l'exil a peu de splendeur, et la pompe des réceptions de Henri de France n'éblouira personne.

Toutes les maisons de Belgrave-Square sont

bâties sur un plan uniforme, les plus vastes ne comptent pas plus de cinq fenêtres de façade, leur architecture est des plus simples, elles sont construites en briques et plaquées d'un enduit imitant la pierre de taille ; devant chaque porte arrondie dans sa partie supérieure et vitrée, s'étend une espèce de péristyle ou, pour mieux parler, d'*auvent*, porté sur deux colonnes dont la base est posée sur le trottoir ; de droite et de gauche de ce péristyle, se dresse la grille de fer qui protège toutes les maisons de Londres ; sous cet abri se trouve la porte avec son seuil bien blanc et ses cuivres brillans comme l'or.

De l'autre côté de cette porte, pas un vestibule, mais un corridor conduisant à l'escalier ; une cloison vitrée coupe en deux ce corridor ; dans la partie la plus rapprochée de la porte et qui sert d'antichambre, se tenaient un huissier vêtu de noir pour inscrire les noms des visiteurs, et des valets de pied du prince en livrée.

Une fois sorti de cette première pièce, vous entriez dans le corridor et vous aviez à votre droite deux portes, la première était celle de l'appartement de M. de Châteaubriand ; la seconde, celle de la salle à manger. Devant vous, au fond du corridor, une autre porte conduisant chez M. Barrande et à un petit escalier qui menait chez le duc et la duchesse de Lévis. L'escalier principal, celui faisant face à la porte d'entrée, monte aux appartemens du premier étage, où se trouvent deux salons assez vastes et contigus ; c'était là que recevait le prince ; comme un seul salon n'eût pas été assez vaste pour les présentations du matin et pour les réceptions du soir, on ouvrait une de ces larges portes à deux battans qui ont été inventées par les architectes anglais pour donner de l'air et de la circulation à la foule rassemblée étouffée dans les *raouts*. Pour les audiences particulières, Monseigneur recevait dans le plus petit de ces deux salons.

L'ameublement des appartemens de réception était simple ; les glaces y étaient rares et petites ; les sophas, les divans, les chaises, les fauteuils recouverts en damas de laine cramoisi, pareil à l'étoffe des rideaux. Sur deux ou trois tables rondes recouvertes de tapis, des albums, des dessins, des gravures, des journaux, des brochures venant de France, et des livres offerts en hommage au petit-fils de Louis-le-Grand. Un des salons avait trois fenêtres donnant sur le Square, belle et vaste place dont le centre est un grand jardin avec pelouse de gazon, allées sablées, massifs d'arbustes et bouquets de grands arbres. Ces *squares* sont une des beautés de Londres, et qui manquent à Paris. Un Français, peu accoutumé aux *jardins-paysages*, disait, en regardant d'une des fenêtres du salon de Monseigneur : « Ils sont uniques, ces Anglais! ils ont fait venir la campagne à la ville!

La vue du second salon, de celui où l'on entre d'abord, est moins agréable et moins récréante : elle donne sur des cours, des écuries et des remises.

Comme tous les escaliers d'Angleterre, celui de l'hôtel de Belgrave-Square est peu large, ses marches sont recouvertes de tapis et sa rampe est de bois d'acajou. La salle à manger est au bas de cet escalier, et, comme je l'ai dit, voisine de l'appartement occupé par M. de Châteaubriand. Cette pièce est assez vaste et ses murs sont ornés de tableaux dignes d'appartenir à un membre de Jockey-Club; ils ne représentent que des chevaux et des chiens célèbres.

La table pouvait, d'ordinaire, donner place à quatorze ou quinze personnes. Cette salle à manger était encore plus simplement meublée que les pièces du premier étage.

L'appartement de Son Altesse Royale était au second.

La chambre occupée par M. de Châteaubriand avait une vue donnant sur le Square ; le prince l'avait choisie au rez-de-chaussée pour éviter à l'illustre Français la peine de monter, chaque fois qu'il rentrait chez lui.

Dans l'ameublement des deux salons d'en haut, il y avait deux beaux lustres en bronze doré qui ne faisaient point partie de l'ameublement de la maison, telle que sir Thomas Shelly, son propriétaire, la louait à Son Altesse Royale. Madame la duchesse de Lévis les avait choisis chez un des premiers marchands de bronzes de Londres ; d'abord elle en avait pris de plus simples, que les hommes du magasin avaient déjà mis de côté ; mais, quand la noble dame Française eut donné son adresse, quand le marchand, qui les lui fournissait en location, sut qu'ils étaient destinés à orner les salons de M. le comte de Chambord, petit-fils du roi Charles X, il en fit tout de suite voir de beaucoup plus beaux à la duchesse. Elle, qui sait que les Bourbons exilés n'ont pas de liste civile, répondit qu'elle s'en tenait à son premier choix ; que ceux qu'on lui montrait seraient sans doute beaucoup plus chers.

« Non, madame la Duchesse, s'empressa de
» dire le marchand anglais; j'enverrai tout ce
» que j'ai de mieux au prince français, au même
» prix que tout ce que j'ai de plus simple et
» aux mêmes conditions que celles que j'ai faites
» à Votre Grâce pour son premier choix. »

Et, comme l'avait dit ce brave industriel, il fit porter à l'hôtel de Belgrave-Square ses deux plus beaux lustres et ses plus belles girandoles.

Quand M. le duc de Nemours avait, quelques jours avant l'arrivée à Londres de M. le comte de Chambord, logé à Buckingham-Palais, il avait eu des factionnaires d'honneur à sa porte. HENRI DE FRANCE n'avait point de sentinelle à la sienne, point de drapeau, rien d'extérieur pour distinguer la maison qu'il habitait des maisons environnantes.... Je me trompe, il y avait toujours, pour la faire reconnaître, pour l'indiquer aux pèlerins arrivant du fond de la Provence et des Landes de Bretagne, un groupe de pauvres. Je ne sais qui avait appris à ces nécessiteux anglais que la race de saint Louis était aumônière, que la branche aînée des Bourbons savait encore donner, malgré la pauvreté de l'exil. Mais toujours il est certain que, dès le lendemain de l'arrivée de HENRI DE

France à l'hôtel de Belgrave-Square, il y avait à la porte du n° 35 des pauvres qui venaient y attendre le moment où Son Altesse Royale sortirait.

Ce groupe stationnaire n'était pas seulement composé d'indigens ; il s'y trouvait aussi de ces retardataires des temps passés, de ces demeurans d'un autre âge, qui pensent encore que les descendans des rois, que ceux qui ont été salués dans leurs berceaux comme des rois futurs ont une majesté native que rien ne peut leur ravir ; en Angleterre, comme en France, il y a toujours de ces gens-là, ils sont rares, mais ils existent, et j'aime à les rencontrer.

LE 29 NOVEMBRE 1843.

Tous les Français arrivés à Londres et qui venaient de voir, dans la journée du 28, le prince de leur prédilection, étaient radieux de bonheur et d'orgueil national; HENRI DE FRANCE était tout ce qu'ils avaient rêvé, tout ce que leur amour et leurs espérances avaient souhaité qu'il fût; les cœurs aimans ont souvent de l'exagération dans leur espoir; cette fois ils n'avaient pas dépassé la réalité, ils avaient beaucoup espéré : ils trouvaient davantage. Les pèlerins de Londres s'applaudissaient donc d'être venus y saluer et honorer le prince qui ne faisait mentir aucune de leurs espérances; mais, auprès du besoin qu'ils se sentaient d'entourer d'hommages et de dévoûment le descendant des rois, ils éprouvaient le désir d'aller témoigner leur gratitude et leur admiration à l'illustre Châteaubriand qui, souffreteux et infirme, n'avait pas hésité à venir, dans la plus mauvaise saison de l'année, apporter au petit-fils de Charles X son dévoûment, son expérience, ses lumières et ses conseils.

Il fut donc résolu, dans la matinée du 29, que tous les Français que l'on aurait le temps de prévenir seraient invités à se rendre, à midi, à Belgrave-Square, pour complimenter, tous ensemble, le noble et glorieux défenseur de la monarchie et des libertés nationales, et le remercier de la nouvelle preuve de dévoûment qu'il venait donner, à la face de tous, au descendant proscrit de nos anciens rois. Arrivés à l'hôtel du Prince, les Français, dont le cortége avait grossi sur le chemin, furent introduits dans la salle du rez-de-chaussée attenant à l'appartement de M. de Châteaubriand. Tous étaient vivement émus et gardaient le silence, quand le duc de Fitz-James, organe de leurs sentimens, élevant la voix, adressa les paroles suivantes au glorieux patriarche de la fidélité :

« Monsieur le vicomte,

» Après avoir salué Henri de France, il nous
» restait un devoir à remplir : c'était de venir
» saluer en vous la royauté de l'intelligence.
» Vous avez conseillé, hélas! vous avez averti
» les rois au jour de la prospérité. Vous venez
» aujourd'hui soutenir et défendre le petit-fils
» de Louis XIV ; vous donnez un grand specta-
» cle au monde.

» La France qui, malgré tout, est toujours
» la noble France, vous suit et vous admire ;
» elle vous a laissé partir entouré de ses sym-
» pathies, parce qu'elle comprenait que vous
» aviez une grande mission à remplir. Nous
» plaçons en vous notre espoir.

» Vous parlerez du passé pour qu'on évite
» les écueils, et votre génie montrera de loin
» l'avenir.

» Recevez les hommages de ces Français
» restés fidèles à la patrie ; et moi, Monsieur,
» le fils de votre ancien ami, permettez-moi de
» regarder comme le plus grand honneur d'a-
» voir été choisi par ces messieurs pour être
» leur interprète auprès de vous. »

A peine le noble et chaleureux duc de Fitz-James avait-il achevé de prononcer ces paroles ;

à peine M. de Châteaubriand avait-il eu le temps de dire quelques mots, en réponse à ce discours, que soudain la porte de la salle s'ouvrit : Henri de France entra, et, s'avançant au milieu de cette réunion improvisée et sans apprêt, dit d'une voix forte et sonore :

« J'ai appris, Messieurs, que vous étiez réunis » chez M. de Châteaubriand, et j'ai voulu venir » ici vous rendre votre visite.

» Je suis si heureux de me trouver au mi- » lieu de Français! J'aime la France parce que » c'est ma patrie; et je ne pense au trône de » mes pères que pour la servir avec les senti- » mens et les principes que M. de Château- » briand a si glorieusement proclamés et qui » ont, dans le pays, tant de bons défenseurs! »

Ces paroles, dites avec un accent partant de l'âme, portèrent au comble l'enthousiasme de tous et les cris de : Vive Henri de France! Vive Henri de France! furent poussés avec d'indicibles transports. A cet instant, une voix domina toutes les autres, ce fut celle du prince qui, étant arrivé près de la porte pour remonter dans ses appartemens, se retourna vivement et dit à cette assemblée toute palpitante d'émotion et d'enthousiasme : « Et moi, Messieurs, » je crie vive la France ! »

Je ne sais où chercher des mots pour raconter le bonheur, le délire qui succédèrent à ce noble élan du fils de Madame. Son geste, son regard, sa voix avaient pris une dignité, une majesté que son aïeul Louis XIV n'a jamais surpassée du temps de sa puissance et de sa gloire, dans son somptueux Versailles. Un éclair d'en haut avait brillé sur le jeune proscrit et l'avait montré à tous, tel que Dieu l'a fait, pur, éclairé et fort.

M. de Châteaubriand, comme vaincu par l'excès de son bonheur, était retombé sur son fauteuil. Tous l'entouraient et lui répétaient : « Vous avez bien fait de venir auprès de lui ; il aime la France comme vous l'aimez ; il conçoit son avenir comme vous le concevez ; il vous apprécie, il vous admire comme nous vous admirons et comme nous vous apprécions tous. »

Et l'illustre vieillard, le visage ruisselant de larmes de joie, répondait à ceux qui l'entouraient et qui le félicitaient : « Oui, oui, nous avons tous bien fait de venir le voir, l'entendre et le connaître. Il est digne de notre amour et de notre admiration, il éprouve ce que nous éprouvons ; il veut ce que nous voulons ; sa devise est la nôtre : Tout pour et par la France ! »

Dans cette heure passée sous le toit du royal

exilé, que de vœux, que d'exaltantes émotions !
Comme les cœurs battaient, comme les mains
se serraient, comme les âmes se comprenaient,
comme tous se félicitaient d'avoir passé la mer
pour venir auprès du royal banni resté si Français !

Quand le prince était descendu chez M. de
Châteaubriand ; quand il avait dit en entrant :
« Messieurs, je vous savais ici et je viens vous
y rendre votre visite, » Berryer, le duc de
Valmy l'avaient accompagné, et tous les Français qui étaient venus à Belgrave-Square avec
le duc de Fitz-James, leur serraient cordialement la main, en répétant : « Maintenant nous
le connaissons et nous redirons ce qu'il vaut. »

D'autres disaient (1) : « Que l'on ne nous
demande plus ce que le Prince est venu faire
à Londres ? ce que nous sommes venus y faire
nous-mêmes ; ce que nous rapporterons de notre voyage ? Nous n'en rapporterons ni une
conspiration, ni une révolution (et ce n'était
certes pas ce que nous y étions venus chercher) ; mais nous en rapporterons des paroles
qui prouveront, à ceux qui n'ont pu les entendre, que l'esprit de privilége est mort ;
que le fantôme de l'ancien régime est scellé

(1) La Mode. — A. Nettement.

dans les tombes du passé ; qu'il n'en sortira plus et qu'il n'y a personne, à quelque parti qu'il appartienne, sous quelque drapeau qu'il marche, qui puisse se dire plus Français, plus homme de lumière, plus ami de la liberté que le noble rejeton de cette grande race royale qui enfonce si profondément ses racines dans le passé de notre histoire et dont, avec Châteaubriand, le génie s'élance dans l'avenir.

» Nous rapporterons ces paroles qui rendent les calomnies désormais impossibles, qui frappent d'impuissance le mensonge, et nous rentrerons dans notre pays en répétant tous un cri qui a toujours été dans notre cœur ; mais que, cette fois, nous avons pris sur les lèvres du petit-fils de saint Louis, de Louis XII, de Charles V, de Charles VII, de Henri IV et de Louis XVI, et ce cri, le voici :

VIVE LA FRANCE !

En sortant de chez M. de Châteaubriand, les Français qui y étaient venus, allèrent raconter à ceux qui, n'ayant pas été avertis à temps, n'avaient pu s'y rendre, la grande et saisissante scène qui s'y était passée. Toute la journée et dans tous les différens hôtels où les voyageurs étaient descendus, on ne parla pas d'autre chose ; et le soir, dans les salons de Monseigneur, le récit de la matinée animait la foule qui y était compacte et serrée.

Les journaux anglais qui paraissent le soir, parlèrent, suivant les opinions qu'ils représentent, des discours de M. le duc de Fitz-James, des paroles de M. le comte de Chambord et de l'enthousiasme des Français.

Deux jours plus tard, la presse de Paris commentait les paroles prononcées à Londres, et nous nous souvenons tous comment elles furent interprétées.

Avant la journée du 29, la jalousie s'était déjà éveillée, pour calomnier les intentions de HENRI DE FRANCE ; mais, à partir de cette date, ce furent des maladresses, des emportemens et des fureurs que la presse parisienne eut à raconter chaque jour.

Le 3 mars 1844 nous a fait voir à quoi toutes ces colères ont mené.

EMPLOI DES JOURNÉES.

En général, ce qui connaît le moins le prix du temps, c'est la jeunesse. N'ayant pas encore vu passer beaucoup de jours sur sa tête, elle ne sait pas ce qu'ils apportent et ce qu'ils enlèvent dans leur incessante succession.

M. le comte de Chambord n'est point du nombre de ceux qui ne savent pas ce que vaut le temps ; de bonne heure il a appris à régler ses journées. Aussi nous n'en connaissons pas d'aussi bien remplies que les siennes ; et, certes, ceux qui voudront bien lire la relation de son voyage en Écosse et en Angleterre, se convaincront de ce que j'avance ici.

Ce n'est point le fils de saint Louis, l'élève du duc de Rivière, du baron de Damas et de monseigneur d'Hermopolis qui néglige de mettre le jour qui commence sous la protection de Dieu. Ce devoir rempli, il est tout entier aux études, tout aux devoirs importans de sa haute position. Les distractions viennent plus tard et ces délassemens ont encore en eux quelque chose de digne et de régulier. Pendant tout son séjour à Londres, Monseigneur était levé dès sept heures du matin ; il s'habillait immédiatement pour recevoir chez lui et pour faire quelques courses et quelques explorations dans la ville. Ces explorations, vous le savez, n'étaient ni vaines ni stériles. A dix heures, S. A. R. déjeunait, et, dès avant midi, Monseigneur admettait dans son cabinet les Français auxquels il voulait parler en particulier et ceux qui lui avaient demandé des audiences. Ces entretiens se prolongeaient toujours plus que la personne admise et le prince lui-même ne l'avaient prévu ; car, pour faire durer ces audiences, il y avait un mot magique, un mot qui charmait, qui retenait les deux interlocuteurs, c'était celui de France ; beau et grand nom partout, et qui sonne si bien à l'oreille d'un de ses fils exilé.

Entre une et deux heures, recommençaient les réceptions où les Français nouvellement arrivés étaient présentés à S. A. R. ; je n'ai pas besoin de redire ici quel accueil leur était fait, et combien alors ils se félicitaient d'avoir passé la mer pour venir voir, connaître, aimer un tel prince.

Cependant ce m'est un bonheur auquel je cède, de redire ici quelques unes des paroles bienveillantes dont monseigneur a daigné récompenser le dévoûment de plusieurs de mes amis intimes que j'avais eu l'honneur de présenter à Son Altesse Royale.

Lorsque je nommai au prince mon neveu, Amédée de la Haye, je dis à M. le comte de Chambord : « M. de la Haye est fils d'un Vendéen et d'une Vendéenne, et Vendéen lui-même; son oncle, le baron de la Haye, ancien capitaine de cavalerie sous l'empire, a eu l'honneur de recevoir et d'avoir sous son toit, pendant plusieurs jours, l'auguste mère de Monseigneur. »

A ces mots, le fils de MADAME prit la main de M. de la Haye et lui dit, avec l'accent d'une vive émotion : « Tous les services rendus à ma mère, je les regarde et j'en suis reconnaissant comme s'ils m'avaient été rendus à moi-même. »

Quand M. Henri de Cornullier lui fut présenté, le prince, qui n'ignore aucun dévoûment et qui se fait un devoir de les honorer tous, lui fit un accueil si affectueux, que nous vîmes tout de suite que Monseigneur connaissait la grandeur de la perte que la famille de Cornullier et que notre province de Bretagne avaient faite par la mort récente de M. Louis de Cornullier. J'entendis sortir de la bouche du prince ces paroles consolatrices : « Je sais, Monsieur, ce que valait votre père et tout ce qu'il a fait dans des temps difficiles ; j'ai écrit à madame votre mère pour lui dire toute la part que je prends au malheur qui l'a frappée ainsi que vous. Votre père était un de ces hommes, un de ces modèles comme il en faut à la société actuelle, un modèle d'honneur et de loyauté. »

Après avoir dit ainsi à chacun de ces mots qui consolent et qui récompensent ; après avoir tenu ses audiences et terminé ses réceptions, dans lesquelles Monseigneur trouvait toujours le moyen de révéler tout ce qu'il a de noble et d'élevé dans l'âme ; vers quatre heures, il était libre : c'était le moment où il faisait des excursions dans ce Londres si régulier, qu'il en est monotone, si vaste, qu'il en est *inexplorable*, si sombre, qu'il en est attristant, si enveloppé de brume, de fumée et de brouillards, qu'on le croirait une de ces cités fantastiques qu'Ossian entrevoyait dans les nuages.

Le vieux palais de Saint-James, avec son sévère aspect saxon, ses créneaux et ses tourelles dentelées ;

Buckingham-Palace, avec son architecture incertaine et mélangée ;

Le palais de White-Hall, avec ses odieux souvenirs de régicide ;

Westminster, avec ses tours et ses tombeaux;

La Tamise, avec sa forêt de mâts, ses ponts et ses puissantes ondes;

La Bourse, avec ses milliards de bank-notes et ses montagnes de lingots d'or;

La Tour, avec ses statues de rois, ses armures de chevaliers, et ses haches de bourreau;

Le British-Muséum, avec ses précieux marbres du Parthenon, dont le vandalisme de lord Elgin a doté son pays;

Sommerset-House, avec ses galeries de tableaux;

Le nouveau palais des deux Chambres, avec son majestueux déploiement, et ses merveilleuses sculptures;

Regent's-Street et Regent's-Parck, avec leurs péristyles, leurs frontons et tout le luxe d'une folle architecture;

Hyde-Parck, avec son arc triomphal, ses immenses pelouses, ses larges voies, ses troupeaux de daims, ses massifs d'arbres centenaires;

Le jardin de Kensington, avec sa régularité française, ses boulingrins et ses belles eaux;

Saint-Paul, avec son majestueux dôme qui va se perdre dans les brouillards et dans les nues.

Toutes ces choses, tous ces monumens, toutes ces magnificences... il y a une jeune femme, à peine âgée de vingt-quatre ans, qui se dit, quand elle les visite : Tout ceci est sous mon sceptre. Cette femme est Victoria Ire, reine d'Angleterre, d'Écosse et d'Irlande.

Eh bien ! voici un homme de l'âge de la jeune reine.... lui aussi était né pour dire en passant devant le majestueux Louvre ; devant cette longue galerie qui s'étend du palais de Philippe-Auguste à celui de Catherine de Médicis et qu'un musée de chefs-d'œuvre joint ensemble par une suite d'arcades et de frontons :

Devant ce magnifique jardin des Tuileries, avec ses bassins, ses jets d'eau, ses parterres, ses vases de marbre et son peuple de statues ;

Devant cet immense place où l'asphalte s'étend comme un tapis au dessous du monolithe contemporain de Moïse et de Pharaon, placé là comme un grand doigt rouge pour marquer l'endroit du régicide ;

Devant ce géant des monumens, arc triomphal dédié aux armées françaises et sous lequel le cercueil de Napoléon a passé ;

Devant ce royal hôtel des Invalides où gisent les ossemens du grand capitaine, confiés à la garde des vétérans de nos gloires ;

Devant ce Panthéon que le matérialisme a volé au vrai culte ; monument déshérité de la croix; mais qui porte encore fièrement sa ceinture de colonnes sous les rayons du soleil;

Devant ce fleuve de Seine, si capricieux dans les campagnes qu'il traverse; si bien maintenu entre ses superbes quais dès qu'il est parvenu dans la cité des rois, et qui reflète dans ses ondes, couleur d'aigue-marine, toute une suite de chefs-d'œuvre, de ponts élégans et de palais;

Devant cet Hôtel-de-Ville, l'*ancien parlouër aux bourgeois,* récemment et si admirablement restauré;

Devant ce *vieux palais* où saint Louis a tenu ses assises, et d'où Marie-Antoinette, captive, est partie pour monter sur l'échafaud;

Devant ce temple de la Madeleine, avec ses marbres, ses fresques, ses dorures et son bel ensemble; rappelant extérieurement ce que l'antiquité a eu de plus pur et de plus beau;

Devant la Bourse que l'on dirait sa sœur si leur destination ne différait pas tant;

Devant cette longue ligne si animée des boulevarts, zone admirable qui ceint la cité et que l'on peut comparer à une grande veine où circule la vie des Parisiens;

Enfin, devant cette antique et sainte cathédrale Notre-Dame, où tous les rois, où toutes les reines de notre vieille monarchie, sont venus s'incliner et prier ; vieux témoin des joies et des douleurs de la France, sanctuaire où l'on baptisait les enfans qui devaient un jour tenir le sceptre et porter couronne.

Toutes ces choses, tous ces monumens, toutes ces magnificences... ce jeune homme que vous voyez passer inconnu, isolé, sans suite, dans les rues de Londres ; ce jeune homme a pu dire, alors qu'il était enfant, et qu'avec sa mère et son gouverneur il parcourait la cité de Charles V, de Philippe-Auguste, de François Ier et de Louis XIV : « Un jour mon sceptre s'étendra sur toi, noble et splendide cité, vieux berceau de mes pères ! »

Mais, à la traverse de ces destinées, il est survenu une tempête, une loi, un exil..., et le prince, né à Paris et qui devait y régner, nous l'avons vu banni de ses splendides demeures, sans gardes, sans cortége, passer, à pied, devant les palais de Victoria !

Descendant d'une race stuartiste, j'ai appris comment la famille hanovrienne et devancière de la reine Victoria est entrée dans les palais de Jacques II.

Attaché de cœur aux Bourbons de la branche aînée, j'ai vu comment la famille d'Orléans a été mise en possession des Tuileries et du Louvre. Oh !

qui pourra comprendre les desseins de Dieu !

Après ces excursions à pied et ces promenades en voiture, en tête à tête avec M. de Châteaubriand, promenades qui se dirigeaient souvent vers le jardin de Kensington, beau lieu chanté par l'abbé Delille, et que l'auteur du *Génie du Christianisme* aimait de prédilection, Monseigneur rentrait vers cinq heures, et faisait sa toilette pour l'heure du dîner (six heures et demie).

Le 29 novembre, M. le duc de Fitz-James et M. Berryer furent invités à la table de Son Altesse Royale. M. de Châteaubriand y dîna aussi ce même jour. Logé chez le prince, il avait toujours son couvert mis ; mais à cause de sa santé, il avait demandé à être servi dans sa chambre.

M. Dambray y avait dîné le lendemain de son arrivée. MM. Louis Peyra, Adolphe Sala et le brave et fidèle Lavillatte, tous les trois, anciens officiers de la garde royale, jouirent du même honneur.

A ces dîners, comme partout, M. le comte de Chambord s'entretient avec chacun, de ce qui le touche le plus ; à l'officier, il parle avec enthousiasme de la gloire française ; à l'industriel, de tout ce qu'il voudrait faire pour le bien du commerce ; à l'artiste, il révèle son bon goût et ses connaissances, et au littérateur, il prouve combien, malgré les distances de l'exil, il sait tout ce qui se publie en France. Il y a naturellement dans la conversation du dîner et dans celles qui le suivent, plus d'aisance et de laisser-aller que dans les présentations du matin et les réceptions du soir ; nulle part, la noble gaîté du petit-fils de Henri IV ne se montre avec plus de charme que dans ces réunions composées au plus de seize personnes, dont six ou sept sont de sa maison. Le prince a en face de lui M. le duc de Lévis ; madame la duchesse de Lévis est assise à la gauche de Son Altesse Royale ; la droite étant réservée à une femme invitée. Des deux côtés de M. de Lévis, sont placés les hommes les plus âgés ou ceux que l'on veut honorer davantage. Pour les invitations, le prince n'est nullement exclusif ; et des hommes respectés dans le commerce, l'industrie et les arts, viennent s'asseoir auprès des illustrations du rang et de la naissance. Il résulte de cette fusion, de la variété et de l'agrément dans les sujets que l'on traite ; et grâce à l'aisance que le prince y apporte, la conversation est attrayante et animée tout en restant pleine et instructive.

NOTRE ARRIVÉE.

1ᵉʳ DÉCEMBRE.

Jusqu'à ce moment, j'ai parlé de la joie, du bonheur, des émotions, du ravissement des autres; il m'est bien permis maintenant de redire ce que j'ai éprouvé moi-même à mon départ de Paris, à mon arrivée à Londres et lors de ma présentation au prince que je n'avais pas vu depuis quinze ans.

On dit qu'en vieillissant le cœur se refroidit et qu'il ne bat plus comme dans la jeunesse; on assure que la laide plaie de l'égoïsme s'en va gagnant avec les années et dessèche l'âme; je m'inscris en faux contre ceux qui parlent ainsi : Non, à vingt ans, je ne serais pas monté en voiture pour m'acheminer vers l'Angleterre, avec plus de plaisir, avec plus de bonheur que je l'ai fait en 1843. Ma mémoire a gardé fidèle souvenir des grandes émotions de ma vie, mais parmi celles que j'ai ressenties, je n'en connais pas de plus saintes que celles que j'emportai en prenant, ce jour-là, ma place dans la diligence de Paris à Boulogne, voiture toute remplie, toute chargée de gens qui pensaient comme moi, d'hommes qui vénéraient ce que je vénère, qui aimaient ce que j'aime et auxquels j'aurais pu dire ces paroles de Ruth à Noëmi : « *Votre peuple est mon peuple et votre Dieu est mon Dieu!*

Aller ensemble vers un même but, avec la même pensée, le même sentiment, avec un même cœur et un même esprit, c'est sans contredit une des plus grandes joies que Dieu puisse nous accorder.

Aussi, tout ce que j'éprouvais, ceux qui étaient avec moi le ressentaient. Pour plusieurs de mes compagnons de voyage, cette Angleterre dont on parle tant, ce Londres que l'on a surnommé le centre du monde, étaient un nouveau pays, de nouvelles merveilles à aller explorer : mais je ne crains pas d'être démenti quand je déclarerai que ce qui les occupait le moins, c'était la contrée inconnue qu'ils allaient voir.

L'auguste Français à qui nous portions nos hommages nous empêchait de penser aux Anglais; en nous souvenant que le royal banni, que nous allions saluer, avait dû posséder le Louvre et Versailles, nous pensions peu à Buckingham-Palace et à Windsor.

Comme, pour ajouter au bonheur que nous avions d'avancer ensemble vers un but désiré, le temps était doux et serein et les campagnes de France que nous traversions s'embellissaient d'un soleil qui ne ressemblait point à l'astre pâlissant de la fin de l'automne. J'étais bien aise de voir ces champs ainsi parés de beaux reflets d'or; car je savais combien de séductions se trouveraient de l'autre côté du détroit, sur cette terre verdoyante, de cottages et de châteaux.

Je ne veux rien perdre des souvenirs de ce voyage; je veux les renfermer, les clore dans ma tête, les sceller dans mon cœur, pour qu'ils ne s'en aillent point pendant les années qui me restent. Ce sont des trésors dont je deviens avare et que je ne gaspillerai plus. Je rassemble donc tout ce qui tient de près et de loin à ce beau pèlerinage de Londres.

Mes compagnons de voiture étaient MM. de Larcy, Alfred Nettement, mon fils aîné Édouard

Walsh, mon neveu Amédée de la Haye et M. de Chavaudon ; dans une autre partie de la voiture, le comte de Boissard, ancien aide-de-camp du maréchal de Reggio, et maire de la commune de Saint-Germain-des-Prés, de Maine-et-Loire, et son fils Arthur de Boissard.

Dans une autre voiture partie de Paris en même temps que nous, Henri de Cornullier, Alexandre de Gautret, Alfred de Gautret, fils de Vendéens ; de la Broise, ancien officier de la garde royale, mon plus jeune fils Olivier Walsh, de Belleval, avocat distingué et aimé des royalistes, de Soussay et de Bois-Berthelot.

Dans une troisième voiture qui nous suivait de près, le général de l'Espinay, son gendre Élie de Gontaut-Biron, son neveu le vicomte Octave de Curzay, fils de ce vaillant préfet de Bordeaux qui, avec son épée administrative, défendit, en 1830, le drapeau blanc flottant sur son hôtel jusqu'à ce que, blessé, couvert de sang, il tombât comme mort au bas de son escalier ; puis MM. de Gontaut Saint-Blancard, de Rohan-Chabot, d'Indy, Wilfrid et Antonin d'Indy, ses fils, Descoutil de Merlemont et M. de Carrière, ancien préfet.

Ce fut en si bonne compagnie que je fis le trajet de Paris à Boulogne et celui de Boulogne à

Londres. Dans la diligence où j'étais, comme doyen des voyageurs j'avais la meilleure place et j'obtenais, sans les demander, des égards et les prévenances de ces jeunes gens qui, se souvenant de leur père et de leur mère, n'ont pas voulu désapprendre le respect envers les personnes âgées, et rester étourdis et légers devant des cheveux blancs.

Le soleil allait se coucher comme nous arrivions à Boulogne; nous ne pûmes profiter du bateau à vapeur qui partait le soir même, ne voulant pas parvenir à Londres au milieu de la nuit. Nous eûmes donc le temps de voir cette jolie ville devenue un peu trop anglaise.

Du haut de ses vieux remparts, on aperçoit, par un temps bien clair, la tour de Douvres, bâtie par Guillaume-le-Conquérant. Pour oublier le champ de Crécy auprès duquel nous venions de passer en sortant d'Abbeville, j'avais besoin de penser à cette expédition du glorieux bâtard; à cette flotte de onze cents voiles et de cent mille hommes, partie du petit port de Saint-Valéry, et à la grande victoire d'Hastings. Si du haut des vieilles murailles de l'antique *Bononia* on peut voir le château de Douvres, un jour viendra où, de la côte anglaise, on apercevra, sur un immense dôme, portée dans les nues, une brillante et radieuse figure, celle de la Vierge que les matelots invoquent sous la poétique appellation de *l'Étoile des mers*.

A quatre heures du matin, un paquebot anglais, ayant à son bord plus de cinquante pèlerins comme moi, partit de Boulogne par une pluie battante et un vent tout-à-fait contraire. Malgré les chants et les fanfares de nos jeunes gens, la traversée fut mauvaise et longue; bientôt les chants avaient cessé... tout le monde était devenu malade sauf deux ou trois intrépides. La veille, le coucher du soleil avait doré de beaux rayons le pays que nous allions momentanément quitter, comme pour que nous eussions emporté de la patrie une riante et gracieuse image. Le vendredi, 1ᵉʳ décembre, quand le jour se leva, l'aspect que nous eûmes en débarquant dans le petit port de Folkstone était bien dissemblable.

A travers un brouillard froid, humide et d'une teinte jaunâtre, nous mîmes pied à terre sur une jetée cyclopéenne. Tout y était noir et boueux; et la fumée du charbon de terre, se mêlant au brouillard, l'épaississait encore et le rendait infect. Il y a six mois que le petit port de Folkstone ne comptait que quelques humbles maisons, et voilà que la douane va bientôt y avoir un magnifique hôtel et que déjà l'industrie a su s'y créer un excellent coffée-house. Le chemin de fer de Londres, qui arrive là, crée toutes ces merveilles et, pendant ce temps, le vieux Douvres dépérit.

La nature a peu fait pour cette partie du comté de Kent qui s'étend entre Folkstone et Londres; mais l'agriculture anglaise s'y montre dans toute sa science et sa coquetterie. Les champs sont bien clos, bien encadrés d'arbres qui ont tous l'air de dater du même temps. Parmi tous ces chênes, nous n'en avons pu distinguer un seul centenaire; tous semblaient avoir été plantés là il n'y a pas plus de soixante ans.

Après trois heures d'une course rapide, nous avions atteint le but de notre voyage; nous entrions dans la capitale des Trois-Royaumes par un chemin qui ne donne aucune idée de sa beauté. La route que nous suivions se trouvait à la hauteur des toits des maisons. A notre droite, un viaduc de plus de cent arches s'allongeait sur un pays plat; c'est le chemin de fer de Douvres.

La ville des brouillards, la cité à la fumée noire, Londres enfin se montra alors à nous dans ce qu'elle a de plus sombre ; et le soleil, à travers toutes ces brumes et ces vapeurs, ne laissait tomber sur elle, de son disque rouge, que des rayons obscurcis. Il n'était que trois heures que les becs de gaz s'allumaient déjà pour remplacer la lumière défaillante du jour. En écrivant aujourd'hui, je me souviens de ce que j'ai vu alors ; mais, au moment où nous arrivions au terme de notre pèlerinage, nous pensions peu aux choses extérieures : nous étions bien plus préoccupés de celui que nous allions voir que de ce qui frappait nos regards. Mon cœur était serré... Oh ! comme un ciel de France est bien plus beau qu'un ciel anglais ! Nous, dans quelques semaines, nous retournerions sous le soleil qui a lui sur nos berceaux ; mais, parmi tous ces Français, il y en aurait un seul !...

Voilà le sentiment qui pesait sur nos âmes !... Et si quelque pensée venait soulever ce poids, je ne puis dire de quelle nature elle était... les lois de septembre nous en ont fait un délit !

Les Anglais et les cokneys ou les badauds de Londres, qui viennent assister à l'arrivée de chaque convoi, s'étonnaient, s'émerveillaient de la vivacité, de l'activité et de la gaîté de nos jeunes compatriotes. En peu de temps je me trouvai commodément assis sur la banquette d'un omnibus.

Sur l'impériale, huit autres de nos amis s'étaient placés, entourant une haute pyramide de malles, de sacs de nuit et de boîtes à chapeaux. Ainsi chargé, il fallait que notre omnibus eût un étrange aspect; car, sur les trottoirs, tous les passans se retournaient pour nous regarder. En arrivant auprès du théâtre de Hay-Market, mon fils aîné, qui avait pris les devants dans une voiture de place, nous arrêta comme nous passions dans Charles'street, en face de l'hôtel de la Colonnade (*Colonnade-Hotel*).

Pendant la prise de possession de nos appartemens dans cet hôtel, l'un de nous avait écrit, au nom de tous à M. Barrande, pour lui annoncer notre arrivée et lui demander à quelle heure, le lendemain, nous pourrions être présentés à Son Altesse Royale. Nous venions de nous réunir dans notre salon, au premier étage, lorsque notre commissionnaire revint, nous apportant la réponse impatiemment attendue; elle nous fixait midi comme l'heure où nous serions reçus avec tous les autres Français arrivés en même temps que nous. Alors, ce ne fut pas froidement que nous nous mîmes à calculer le nombre d'heures qui nous séparait encore du moment où nous serions admis en présence du prince à qui nous venions apporter l'assurance de notre dévoûment et le tribut de nos hommages.

La plupart de mes compagnons de voyage voulurent, dès le soir même, avoir un aspect de la capitale des Trois-Royaumes ; ils sortirent de l'hôtel. Je trouvai leur empressement tout naturel, car moi aussi j'ai hâte de connaître les lieux où j'arrive et à prendre, par les yeux, possession du pays où je vais séjourner. Mais un peu de goutte que j'avais ressentie en partant de Paris me retint dans le salon ;... et puis je n'étais pas fâché de demeurer seul avec moi-même, de me recueillir et d'évoquer des souvenirs de quarante ans. A l'appel de ma mémoire, ils se levèrent comme des ombres, et beaucoup d'entre eux me parurent vêtus de deuil... En effet, parmi les choses que j'allais trouver à Londres, toutes n'étaient pas riantes, et dans les hautes herbes du cimetière catholique il y avait une tombe que je ne pouvais avoir oubliée.

Oh ! voyez-vous, il n'y a point de félicité humaine si complète qu'une triste réminiscence ne puisse traverser ! Au bonheur que j'éprouvais à la pensée de revoir HENRI DE FRANCE, était venue se mêler celle des amis que j'avais vu mourir à Londres. . . . .

Le lendemain, nous avions devancé l'heure fixée pour notre présentation. Nous nous promenions sur le large trottoir de Belgrave-Square; ce fut avec une sainte oppression sur le cœur que nous franchîmes le seuil de la demeure du noble banni de France.

Les salons de l'hôtel qu'il occupe sont assez vastes; celui où nous venions d'être reçus était trop petit. En nous trouvant à ces Tuileries de l'exil, avec quelle cordialité nous nous serrions la main. Nous n'avions point changé, nous avions gardé nos convictions, nos affections politiques et notre foi jurée, et, pour s'estimer, c'est beaucoup que cette fixité dans ses croyances et ses principes. En 1820, nous avions entouré de nos hommages le berceau du prince que nous venions saluer à Londres en 1843. Alors, nous l'aimions comme l'enfant de nos espérances; à présent, nous le saluons comme un descendant des rois, façonné à la rude école du malheur, et que le malheur a trouvé digne de sa haute naissance.

Depuis quelques instants nous étions dans l'attente, nous parlions tout bas du bonheur que nous avions à nous rencontrer en si bon lieu, quand tout-à coup une large porte s'ouvrit au fond du salon. Alors, un silence aussi profond et presque aussi religieux que celui des sanctuaires régna soudainement.

Dans ce silence, une voix s'élevait : c'était celle du petit-fils de Henri IV. Cette voix était harmonieuse et sonore, faite pour plaire et pour commander. La foule s'était rangée sur une triple ligne de chaque côté du salon. A ce moment, j'aperçus dans la pièce voisine, dont la porte venait d'être ouverte, HENRI DE FRANCE, que je n'avais pas eu l'honneur de voir depuis 1829 !

A Saint-Cloud, je l'avais vu enfant, écoutant des histoires qu'il me faisait alors lui raconter quand j'allais voir, avec le comte Humbert de Sesmaisons, notre excellent ami le baron de Damas. Et maintenant, le prince m'apparaissait dans toute la beauté, dans toute la force de ses vingt-trois ans, paré des grâces de son âge, de la dignité de sa race et de la double majesté du sang royal et du malheur !

Dieu s'est plu à répandre sur cette jeune tête tout ce qui charme et tout ce qui attire. Le fils du duc de Berry a le regard à la fois doux et fier : la vivacité de Henri IV s'y est mêlée à l'imposante majesté de Louis XIV.

Bientôt il fut au milieu de nous tous, adressant à chacun de ces mots qui récompensent des sacrifices, qui allègent les souffrances et qui rivent le dévoûment au fond des cœurs. En le regardant, nous ne pouvions empêcher les larmes de nous monter aux yeux ; en l'écoutant, nous sentions nos cœurs battre comme ils n'avaient jamais battu. C'était un bonheur indicible... Et cependant ce bonheur n'était pas complet ; ce n'était pas en France que nous le revoyions, que nous lui parlions...

Au premier instant où, dans le salon voisin, j'avais aperçu le prince, il était placé entre Berryer et le duc de Rohan. Le duc de Lévis, le duc des Cars, le comte Emmanuel de Brissac, le prince de Robecq, M. Barrande, M. Villaret de Joyeuse aidaient à présenter à Son Altesse Royale les deux cents pèlerins qui remplissaient le salon. Quand nous y entrâmes, deux femmes nous y avaient précédés, madame la comtesse d'Arjuzon et madame la marquise de Rougé. Bientôt madame la duchesse de Lévis était venue rejoindre ces deux nobles Françaises que les pauvres de Paris connaissent et bénissent.

Un vieillard dont je voudrais savoir le nom, et qui avait défendu au château des Tuileries

Louis XVI, Marie-Antoinette, madame Royale, le petit dauphin et madame Élisabeth, dans la terrible nuit du 10 août 1792, était là, vétéran de la fidélité; malgré son grand âge et ses infirmités, il était venu avec les hommes de la France actuelle, saluer le descendant des rois, que des évêques, archevêques et prélats de Rome avaient nommé l'*Enfant du miracle* et le *salut d'Israël*. Comme le vieillard Siméon, le vieux royaliste avait voulu le voir avant de mourir.

Après avoir présenté à HENRI DE FRANCE mes fils Édouard et Olivier et mon neveu Amédée de la Haye; après avoir nommé, d'après l'invitation que venait de m'en faire M. le duc des Cars, les Bretons et les Vendéens arrivés avec moi; après avoir été témoin de l'accueil que leur avait fait le prince; après avoir clos dans mon cœur, pour qu'elles n'en sortent jamais, les paroles que Monseigneur daigna adresser à moi et aux miens, je sortis du salon avec tous mes compagnons de voyage et nous allâmes saluer M. de Châteaubriand. Sur le beau front du premier écrivain du siècle, rayonnait une joie qui ne s'y voyait plus depuis quatorze ans. Fier de l'entière confiance que lui accorde le petit-fils de Louis XIV, l'ancien ambassadeur du roi de

France semble rajeuni. Chaque matin, Monseigneur descend chez lui, s'informe avec une touchante bonté de sa santé, et, assis sur son lit, cause longuement et confidentiellement avec lui. Heureux qui pourra redire les enseignemens qu'un tel ministre donne à un tel prince! Heureux l'homme à même d'entendre journellement les nobles élans qui s'échappent du cœur qu'une éducation forte et chrétienne a rendu digne des plus grandes destinées et à la hauteur de tous les événemens.

En sortant de chez M. de Châteaubriand, nous tous arrivés de la veille, nous allâmes saluer le duc de Fitz-James dont le noble cœur ne fait jamais défaut au parti royaliste.

Dès le jour de notre présentation, M. de Larcy, député de l'Hérault, fut invité à dîner chez le prince. Le lendemain, Alfred Nettement, et quelques jours après, le comte de Boissart reçurent de Son Altesse Royale le même honneur.

Avant nous étaient déjà arrivés à Londres:

MM. de Bérard, Dambray, Guy de la Tour-du-Pin de la Charce, Blanchet, avocat, de Béthisy, de Biron, de Bellevue, Boscal de Reals, Bloyet de Kerouartz, de Boispean, de Brissac, Bétout, de Brézé, de Bray, de Beaurepaire, Béchu de Loheac, Edouard

Béchu, Frédéric de Beaulaincourt, Jules de Cosnac, François des Cars, Alexis Cousin, de Caux, de Civrac, G. de Charnacé, de Coislin, de Courthenil, de Clermont, de Chaignon, de Cussy, de Croismare, de Chassepot de Pissy, de Cosson, Cadoudal, de Closmadeuc, de Catuelan, de Carné, de Clercy, de Goulaine, de Crevecœur, Crony-Tchilchogoff, de Cressac, de Corbière, de Cardevacque, de Colbert de Castel-Hyll, de Durfort, de Giry, Donjon de Saint-Martin, Daniélo, Edmond et Maxence de Damas, Gaston et Henri d'Espinay, Espivent de la Villeboisnet, de Flamarens, Flatters, statuaire, Ludovic de Fayet, Grimouard de Saint-Laurent, de Guiche, Gagelin, Dentu, Amédée d'Hagerüe, de Mazinghem, de Rancher, de Saint-Amand, le général du Tertre, ancien député, et ses frères, Armand du Tertre, Victor de Creuzol, le général de Champagny, Frédéric de Trogoff, Marcellin de Gouarideuc, François-Noël de Pilavoine, Hippolyte de la Noue, Charles de Kerhériver, Louis de Kerouartz, René Hay, Alphonse Hémart, L. Peyra, d'Escuns.

MM. de Vauce, Camille de Vicq, Charles de Vogelsang, de Villebresme, de Vaufrelan, de Villaine, de Valory, de Valmy, de Rougemont, Charles de Wendel, du Temple de Rougemont, Costé de Triquerville, de Tocqueville, le colonel Theubet, de Tevet, de Tristan, Theubet, Louis de Treveret, de Saint-Léger, de Sepmanville, MM. de Saint-Amand, Charles de Saint-Prix, de Solages, de Soussay, Sartoris, Sazy de l'Isle, de Saint-Venant, Léon Schneider, de Saint-Didier, Lécuyer de Villers, de Léon, Albert de La Rochefoucault, de Lostanges, de la Châtre, Lambert, Lambert d'Arras, MM. Leclerc de Bussy, MM. de Lastic,

Alexandre Lemareschal, Lorette et son fils, de Lespinay, de La Noue, de la Touarre, Le Gall du Tertre, Lange, sellier, Léopold de Lachaussée, Charles de Lagarenne, de Lucinge, de Lagniau, Em. Lefranc, de la Bourdonnaye de Montluc, Legrand, peintre, Casimir de Kerdrel, de Kerever, Amédée Jauge, Vincent de Jankowits, de Jonville, Jannon, de Julien, de Jumilhac, de Jobal, Jombart-Hallez, de Julvécourt, Jannon, Isoré de Pleumartin, d'Iquelon, Hay de la Rougerais, d'Hannonville, le général d'Hautpoul, Hollande, d'Herouville, Hervey, Hocquart, Frédéric Hay des Nétumières, Hepburn, de Hauvel, de Grasse, Gouhier de Petite-Ville, de Grente, de Chamois, de Flers, Louis de France, Charles de Faucigny, de Fremiot, de Forceville, Louis de Fontaine, de Frelon, Defontaine, Emile de Franqueville, Ludovic de Franqueville, Paul de Malartie, d'Espeuilles, d'Erbach, MM. de Dampierre, de la Rochelle, de Banville du Rosel, de Chénédollé de Monceaux, de Saint-Remy, de Chaulieu, de Banville, Charles de Bonvouloir, Louis Lernout, Louis de Kerouarts, Roche, Eugène de Gomer, Philibert de Chevarnier, d'Ecquevilly, lieutenant-colonel, de Meun, Ferdinand de Langle, Augustin de Langle, Marcellin de Couavideuc, Ange de Guernisac, de Trogoff, lieutenant de vaisseau, de Puységur, de Pierre, MM. de Berghes, Gueyrasse, de Sesseval, de Bamond, Bérard des Glajeux, Sylvain Caubert, Messin, ancien magistrat, de Rousquet, Frédéric Chalaniat, Gustave Bouchard d'Aubeterre, Drouler fisls, de Carrière, N. Lefranc, négociant, Victor de Carrière, etc., etc.

LA CHAPELLE.

—

A la réception du samedi soir, Son Altesse Royale nous donna rendez-vous pour le lendemain, à dix heures, à la chapelle de King-Street, en nous recommandant bien de ne faire aucune démonstration publique. « Nous sommes ici, disait-il, dans un pays peu expansif; il faut extérieurement nous soumettre à sa froideur; nous prierons ensemble pour la France; mais, je vous le répète, Messieurs, aucun cri, aucune démonstration. »

Le prince dit même à quelqu'un, à cet égard : « Je le désire, je le veux, je l'ordonne. »

Le 3 décembre, nous nous sommes donc tous rendus au nombre de huit cents à la chapelle française de King-Street, humble oratoire que j'ai vu élever, il y a quarante ans, par de nobles mains, lorsque vingt-cinq mille émigrés de France s'étaient réfugiés à Londres et y vivaient du pain dur de l'exil. Alors, je m'en souviens, de vieux officiers, de jeunes prêtres, d'anciens magistrats, des hommes accoutumés aux aisances de la vie, de fidèles domestiques, d'honnêtes artisans travaillaient ensemble à transformer une ancienne écurie en église. L'abbé Bourret, fils d'un fermier général, dirigeait les travaux. Des jeunes gens, des jeunes femmes se faisaient quêteurs et quêteuses, et venaient frapper à la porte des ateliers où de grandes dames de la cour de Louis XVI et de Marie-Antoinette travaillaient à des chapeaux de paille et à d'autres ouvrages dont la vente devait apporter de l'aisance dans la vie de leurs familles. Je n'ai point oublié que jeunes et vieux donnaient leur obole pour la construction du temple que l'on allait dédier au Dieu des exilés. Tous, royalistes et catholiques, nous éprouvions un si grand désir d'avoir une chapelle à nous, que le saint édifice fut bientôt achevé. Les femmes les plus riches et les plus élégantes avaient préparé les ornemens pour le sanctuaire pendant que les murs s'étaient construits. Un peintre anglais, madame Cosway, avait fait don d'une Annonciation pour le maître-autel, et avait mis dans la main de l'archange Gabriel une si belle tige de lys, qu'en la regardant nous nous prenions tous à penser à ceux de la patrie. Enfin, la pauvreté des émigrés trouva le moyen de faire des largesses pour orner la maison de prières qui est aussi celle de l'espérance. M. de Boisgeslin, archevêque d'Aix, fit la dédicace de ce nouveau temple, et je me rappelle les larmes de joie que répandaient ceux qui l'avaient bâti, quand le prélat y entonna pour la première fois le *Domine salvum fac regem!* Le vrai roi était alors Louis XVIII!

Le 3 décembre 1843, cette chapelle, qui peut contenir de sept à huit cents fidèles, était comble. L'ambassade française, la maison de M. de Saint-Aulaire, avait eu le bon goût d'entendre une autre messe que celle à laquelle assistait HENRI DE FRANCE; aussi, quand le prince est venu s'y agenouiller, sans avoir voulu qu'une place distincte lui fût réservée, il n'y avait dans l'enceinte sacrée qu'un cœur, qu'un esprit et qu'un vœu. Je ne puis bien redire le saisissement éprouvé par tous quand, à dix heures et quelques minutes, le bruit d'une

voiture annonça l'arrivée de Monseigneur.....
Entre les flots pressés de la foule, il avança jusqu'au banc en face de la chaire que surmonte encore une fleur de lys placée là depuis quarante-trois ans. Le prince, isolé, marchait seul, et la majesté de son visage et de toute sa personne impressionna vivement toute l'assemblée fidèle. En arrière de Son Altesse Royale, à quelque pas de distance, venait M. de Châteaubriand appuyé sur le bras de M. le duc de Lévis. L'illustre pèlerin s'était mis à genoux en laissant un espace vide entre lui et le prince. Monseigneur lui fit signe de s'approcher. M. le duc des Cars et M. le duc de Lévis se placèrent dans le même banc; et c'était, je vous assure, un spectacle à remuer fortement les cœurs, que celui que nous avions alors sous les yeux. Le descendant de saint Louis, inclinant son jeune et beau front devant le Seigneur des seigneurs, devant le Roi des rois, devant le Dieu de toute justice, devant celui qui pousse dans l'exil et qui ramène de la terre du bannissement; et, pour ajouter à ce tableau, voyez l'auteur du *Génie du Christianisme* priant tout à côté de ce Prince très chrétien.

Entrer dans cette chapelle, c'était déjà quelque chose de solennel pour les Français arrivés à Londres à la fin de l'année 1843, car ils y retrouvaient les traces et les souvenirs de leurs devanciers en royalisme qui étaient venus là, au même endroit, sur les mêmes dalles, s'agenouiller et demander à Dieu force et résignation. Mais, pour moi et pour plusieurs de nos contemporains, la situation était bien plus saisissante, car aux émotions du présent se mêlaient en mon âme les réminiscences du passé ; aussi j'arrivai de bonne heure à l'oratoire de mes jeunes années ; j'allai prendre place sur le banc au dessous de la tribune latérale, place où j'avais vu tant de fois s'agenouiller un ange aujourd'hui dans le ciel, ma sœur, madame de Certaines. Cette sainte, qui me tenait lieu de mère, occupait ce banc avec ses pieuses et gracieuses amies, madame la vicomtesse de Vaudreuil, née Caraman, madame la marquise de Sommery, sa sœur mademoiselle de Samson, madame de Grandval et la comtesse de Saisseval, chargées de l'entretien des aubes et de l'ornement de l'autel. A cette place sanctifiée, je pouvais évoquer, sans crainte d'avoir à rougir, celle qui a quitté la terre, car elle aurait applaudi si elle avait pu revenir et apparaître à mes yeux que son souvenir emplissait de larmes ; elle m'aurait dit : « Tu as bien fait de venir honorer ici le descendant de nos rois encore une fois exilés ; tu as bien fait d'y amener tes fils ; tu t'es souvenu de notre père, et tu n'as pas forligné. »

Oh ! certes, si j'eusse abjuré nos croyances et nos affections de famille ; si je me fusse rallié aux faits accomplis, ma conscience, en priant, n'aurait point été si tranquille; mon cœur n'eût pas ressenti la douce joie d'être approuvé d'en haut !

Qu'il me soit permis de retracer ici une image que j'ai encore dans la pensée. De ma place à la chapelle j'entrevoyais, au dessus de la foule agenouillée, trois têtes bien remarquables et bien distinctes, celle du fils de France avec sa belle chevelure blonde, avec sa majesté native ;

Celle de Châteaubriand, avec la blanche couronne des ans et l'auréole du génie ;

Puis, tout à côté, la tête fière, brune et chevelue de Gaston de Montmorency.

Autrefois, j'avais vu l'exil déployer ses pompes dans ce sanctuaire de King'Street ; j'y avais vu, réunis, monseigneur le comte d'Artois, ses fils, monseigneur le duc d'Angoulême et monseigneur le duc de Berry ; M. le duc d'Orléans, M. le duc de Montpensier, M. le comte de Beaujolais, M. le prince de Condé, M. le duc de Bourbon. Puis, en face de ces illustrations de la France, dix ou douze évêques et archevêques avec leurs mitres et leurs crosses d'or; et, devant cette auguste et chrétienne assemblée, devant une foule pressée d'émigrés de tous les rangs, j'avais entendu le père Mandard laisser tomber ces paroles sur les têtes que la main du Seigneur avait courbées :

« Vous qui souffrez, pourquoi murmurez-vous! pourquoi vos yeux se changent-ils en sources de larmes! pourquoi repoussez-vous l'espérance, ce vrai don du Seigneur! Le murmure ne fait qu'accroître la souffrance! Relevez la tête, regardez le ciel; espérez, et votre fardeau deviendra moins lourd!

» Israël avait allumé la colère du Seigneur, son Dieu. Le peuple choisi a gémi long-temps dans la captivité. Cette captivité n'a pas été éternelle; le jour de la délivrance est venu, et des chants d'allégresse ont retenti là où il y avait eu des larmes et des gémissemens. »

A ces paroles, je me le rappelle comme si c'était d'hier, je vis la belle figure du comte d'Artois se tourner du côté du prédicateur; son regard avait l'air de remercier le prêtre qui lui défendait le désespoir.

Dans cette chapelle, des pensées d'autrefois s'emparaient de mon âme, et cette réminiscence me vint dans l'esprit.

Un soir, après le salut, à cette heure mystérieuse où la méditation descend avec les ombres naissantes, je me souviens qu'un prêtre, prosterné devant l'autel, se mit à réciter les litanies de la Providence : c'était la première fois que j'entendais cette belle prière. Dans la foule chrétienne qui remplissait la chapelle, il se trouvait des princes, des frères et des filles de roi, des officiers-généraux, des archevêques, des évêques, de pauvres prêtres, des gentilshommes, des artisans et des fidèles serviteurs de grandeurs déchues. Tous agenouillés comme une grande famille, ils répondaient à l'officiant qui disait :

« Providence, par qui règnent les rois ;
» Providence, leur meilleur conseiller ;
» Providence, leur meilleure consolation ;
» Providence, leur meilleure espérance. »

Et l'assistance répondait, comme une seule voix qui implore : « Ayez pitié de nous ! »

Le prêtre continuait :

« Providence, qui avez nourri nos pères ;
» Providence, qui avez fertilisé leurs champs;

» Providence, qui avez béni leurs maisons et rempli leurs greniers ;

» Providence, qui prenez soin des petits oiseaux ;

Providence, qui mesurez la rigueur du froid à la toison de l'agneau ;

» Providence, tendre mère de toute créature. »

Et les exilés, prosternés, disaient tous ensemble : « Ayez pitié de nous ! »

Le prêtre ajoutait :

« Providence, qui avez sauvé Moïse dans son berceau abandonné aux flots du Nil ;

» Providence, qui avez exalté Joseph, vendu par ses frères ;

» Providence, qui avez conduit David, avec sa harpe, devant le roi Saül ;

» Providence, qui l'avez établi roi sur le trône d'Israël ;

» Providence, qui avez sauvé Daniel de la fosse aux lions ;

» Providence, qui avez délivré les trois jeunes Hébreux de la fournaise ;

» Providence, qui avez ramené votre peuple de l'exil et de la servitude ;

« Ayez pitié de nous, ayez pitié de nous! »

criaient toutes les voix, avec un redoublement de ferveur; car la sainte prière, par l'énumération de tant de preuves de bontés, de tant de douleurs consolées, de tant de maux réparés, de tant d'exils finis, avait ramené l'espérance dans bien des cœurs !

C'est là une des beautés des prières de l'Église; elles placent toujours, auprès de la demande qu'elles font à Dieu, une preuve de sa puissance et de sa miséricorde; pour que le malheureux qui vient implorer le secours du ciel le fasse avec confiance, la religion lui montre les grandes et nombreuses adversités qui ont été consolées avant que lui eût commencé à souffrir. Si c'est un roi détrôné qui prie, elle lui fait voir David, après de longues persécutions, remontant sur son trône et Israël bénissant son règne. Si c'est un juste abandonné par ses parens et ses amis, qui vient pleurer au pied des autels, elle lui montre Job consolé par Dieu même. Si c'est un exilé, un proscrit qui penche vers la tombe parce que l'air natal lui manque, elle fait venir à sa mémoire les enfans d'Israël reprenant les harpes qu'ils avaient suspendues aux saules de l'Euphrate et chantant des hymnes de délivrance au Seigneur qui a brisé leurs fers et qui les ramène, des plaines de Babylone, aux saintes collines de Sion.

Parmi les Français assistant à cette messe de King-Street, j'ai vu et l'on m'a nommé :

MM. de Riencourt, de Fromessent, Albert de Pichon, Adalbert d'Hespel, de Brincourt, de Cacheleu, de Saint-Rémy, Odoard, de Maupas, Anatole de Maupas, de la Fare, de Jobal, de Viviers, Louis des Monstiers-Merinville, Renaud des Monstiers-Merinville, de Roffignac, de Sommery, de Tourzel, d'Imecourt, de Cossette, Zernout (de la commune de Flêtre, Nord), Bertier de Sauvigny, Louis Carrié, négociant; de Champgrand, Gustave de Champgrand, de Chatelain, Adolphe de Carcaradec; MM. de Bouthilliers, Odon de Saint-Chamans, d'Argy, lieutenant-colonel, de Montarand, Hersart de la Villemarqué, de Nadaillac, de Lépine, de Guébriant, de Bourbon-Busset, Albert de Rességuier, Gaston de Lavau, de Divonne, de Saint-Didier, de Châtauvillard, de la Porte, de Bonneval, de Crésolles, de Kerminguy, Félix de Brunville, Eugène de Brunville, de la Barthe, d'Argenton, de Vandeuvre, du Feugrey, ancien préfet, de Ludre, de Roussel de Prévil, Henri de Barde, Dexmude de Montbrun, Arthur de Bréda, Octave de Bernes de Longvilliers, Jules Moullart de Villemarest, Auguste Moullart de Villemarest, Guillemot, de Huart, de Lardemelle, Lemoine de Varny, de Luxembourg, de Lévis-Mirepoix, Guy de Lévis-Mirepoix, Sigismond de Lévis-Mirepoix, de Lattre de Tassigny, de la Motte-Rouge, de Marsac-Obet, du Plessis-Bellières, Postel d'Ivry-la-Bataille, de Puyvert, Raoul de Poix-Freminville, de Pradel, Pichot, avocat, de Quinsonnas, Émile de Quinsonnas, de Segonzac, de Sevoy, de Vibraye, de Carcaradec-Obel, Fortuné de Saint-Luc, du Boisbaudry, du Breil de la Canelaye, de Canisy, de Kerouarts, Onffroy, Gaillard, de Lastours, Dubois d'Ernemont, André-Michel Wallon, de Galard de Terraube, Le Mancel de Pecqueville, de Croï-Havré, de Breuil, Caulliez, Lemaire-Requillard, de Montrichard, de Calvières, du Hamel, le docteur baron de Cases, de Villeneuve-l'Etang et ses deux fils, Kerlanguy, de Périgord, de Chalais, d'Anglade, de Neuville, d'Armaillé, de Lanascol, Albert de Bois-Robert, Henri Hutteau-d'Origny, de Lamalle, maréchal-de-camp, de Nicolaï, d'Auger, Camille d'Auger, de Sennevoy, de Bonneuil, de Saint-Maure, l'abbé de Moligny, de Bouillé, de la Rochethulon, de Chaumont-Guitry, Félix de Chaumont-Guitry, Léonce de Bonnefoy, de Scrouy-Moullart, Félix Moullart de Torcy, de Baulny, l'abbé de Casse, d'Espiès, Aimé d'Espiès, Ferdinand d'Espiès, de Caylus, d'Argence, de Beaurepaire, Gustave de Robillard, de la Marre, Jules de Monbreton, de Pina, du Viviers, d'Auvers, de Béthune-Sully, Théodore de Périnelle, de Pichon-Longueville, de Raffignac, de Malart, de la Roussière, Ruinart de Brimont, de Vauvineux, Alphonse de Cardevaque, de Fromessent, d'Avaray, Arnould de Berthou, Adrien d'Hespel, de Bellangreville, de la Croix, de Maupeou, Drouet de Santerre, de la Ferté-Meun, de Carondelet, du Quesnoy, Armand de Pracontal, de Montecot, de Rivière, le colonel Rémouit, de Rastignac, Rohan-Chabot, etc., etc.

SOIRÉES DE BELGRAVE-SQUARE.

PORTRAIT DU PRINCE.

C'était à huit heures et demie du soir que les salons du Prince s'ouvraient pour nous recevoir; à neuf, ils étaient pleins de ceux qui ont désappris le chemin des Tuileries depuis quatorze ans. Une fois que l'on avait eu l'honneur d'être présenté à M. le comte de Chambord, on était invité à passer les soirées chez Son Altesse Royale. Aussi l'on était serré et pressé à ce Louvre qui n'avait point de gardes à ses barrières, point de courtisans dans ses salles, point de magnificence dans ses réceptions, point de priviléges de rangs, point d'exclusion pour aucun Français, une fois qu'il avait été nommé au petit-fils de Louis XIV.

Ce descendant du grand roi, cet HENRI DE FRANCE que plusieurs d'entre nous étaient venus voir avec cette inquiétude qui s'attache aux cœurs qui aiment beaucoup, avec cette crainte de ne pas trouver à la hauteur de son affection celui dont on a été séparé long-temps, voici comme il vient d'être peint par un habile pinceau :

« La première impression que fait éprouver Henri de Bourbon est agréable et douce ; la rectitude des lignes de son beau front, qui n'a jamais été terni, on le voit, par une pensée haineuse ou déloyale; ses yeux, d'un bleu doux et vif, dont l'éclat a quelque chose d'argenté; son regard pénétrant et limpide, forment un ensemble d'une attrayante majesté (1).

» Henri de France est un de ces vivans résumés de toute une histoire. Sa figure rappelle à la fois Henri IV, Louis XIV et Louis XVI, et sa physionomie semble avoir emprunté à tous ces princes quelqu'un de leurs traits sans qu'on puisse dire qu'il soit le calque d'aucun d'entre eux. J'ai vu de beaux portraits de Louis XV dans toute la fleur de la jeunesse qui ne sont pas sans analogie avec la figure de Henri de France pour la pureté des lignes et l'éclat éblouissant du teint; mais cette ressemblance est modifiée par des traits empreints de la vigueur et de la vivacité de Henri IV, d'au-

---

(1) Alfred Nettement.

tres rappellent la majesté de Louis XIV, d'autres enfin la bonté de Louis XVI.

» Les cheveux de Henri de France sont d'un blond doux et doré; ils sont rejetés de côté de manière à laisser à découvert un front vaste et d'une pureté de lignes remarquable; ils retombent en arrière comme sur le beau médaillon en bronze sorti des mains d'un membre de l'Institut; seulement les mèches sont coupées moins symétriquement. Un collier de barbe d'un blond doux et cendré entoure l'ovale gracieux de son visage; je ne crois pas avoir vu ailleurs une nuance de cheveux semblable. Un sourire aimable et bienveillant vient souvent animer la bouche du prince, sans cependant errer perpétuellement sur ses lèvres; ce n'est pas une habitude de physionomie, c'est le reflet des sentimens qui naissent dans son cœur quand il vient à parler à quelqu'un qui arrive du tant doux pays de France.

» Henri de France a le caractère naturellement vif, ouvert, franc et enjoué. Hélas! l'exil a jeté sur ce caractère une nuance de mélancolie qui devient visible dès qu'on lui rappelle la France. La France manque à sa gaîté, qui aurait quelque chose de celle de Henri IV si la patrie ne lui manquait pas. Quand il parle de son pays c'est avec des paroles si tendres et un accent si doux, que tous les cœurs en sont touchés. Il sympathise avec toutes les souffrances, il plaint tous ceux qui souffrent. Nous avons vu son beau et candide front se rembrunir au récit des tortures des républicains du Mont-Saint-Michel, et c'est alors qu'il faisait observer qu'il n'y avait pas de loi humaine qui pût condamner des hommes à l'idiotisme et à la folie.

» Il manquerait quelque chose à ce portrait de HENRI DE BOURBON si nous ne disions pas un mot de sa politesse chevaleresque avec les femmes. Elle est moins vive que celle du Béarnais, et, par le mélange de la courtoisie et du respect, elle tient plutôt de celle du grand Roi qui ne rencontrait jamais une femme à Versailles, fût-ce une femme de service, sans ôter son chapeau. On comprend ce sentiment dans le cœur de HENRI DE FRANCE, il doit être reconnaissant envers le sexe qui lui a donné une sainte pour tante, un ange pour sœur, et une héroïne pour mère. »

En commençant à écrire cette relation, j'ai pris un engagement avec moi-même, c'est de garder dans mon cœur, comme des consolations et comme des récompenses d'une vieille fidélité, toutes les paroles bienveillantes que Henri de France a daigné adresser à moi et aux miens; et si, à cet endroit de mon récit, je me dépars de cette réserve commandée par le tact et les convenances, c'est que je n'ai pas cru pouvoir, par mon silence, dérober à une morte les regrets que monseigneur lui a donnés.

Dans la soirée du 3 décembre, le prince entra dans son salon que déjà la foule encombrait; il ne s'arrêta point à l'entrée de l'appartement comme il avait coutume de le faire pour parler aux Français qu'il n'avait pas encore vus, il marcha droit jusqu'à l'autre extrémité du salon, et, s'adressant à mon fils Edouard Walsh, il lui dit de manière à être entendu des personnes qui nous entouraient :

« Hier, dans ma joie de me trouver au milieu
» de tant de Français, je ne vous ai point parlé,
» mon cher Walsh, de la perte que vous avez...
» que nous avons tous faite par la mort de votre
» excellente femme. Je me souviens du plaisir
» que nous avons eu à la voir à Kirchberg,
» et je n'ai pu oublier combien elle a toujours
» été active à secourir les fidèles Espagnols et à
» seconder tous vos courageux efforts; je sa-
» vais aussi avec quelle grâce elle réunissait
» chez elle des hommes de haute intelligence

» divisés d'opinion parce qu'ils ne se con-
» naissaient pas, mais au fond faits pour
» s'entendre....... Je vous répète ce que je
» vous ai écrit dans les premiers momens de
» votre malheur, que les peines de mes amis
» seront toujours les miennes, comme leur
» bonheur fera toujours le mien. »

Après ces paroles qui ne se sont pas, je puis l'assurer, gravés dans un seul cœur, S. A. R. a daigné ajouter quelques mots sur le nouvel emprisonnement qu'avait subi mon fils aîné l'année précédente, et dans cette phrase pleine de bienveillance, il prouva de nouveau combien, par la pensée et par le sentiment, il sait de loin tout ce qui se passe en France, et *s'émeie de compatissance* pour tout ce qui atteint ses amis.

Maintenant que j'ai rendu à une tombe l'honneur d'un tel souvenir, notre nom ne sera plus prononcé dans ces pages où il y aura place pour tous, hors pour celui qui les écrit.

A ces soirées je me rappelle avoir vu madame la duchesse des Cars et mademoiselle des Cars, madame la duchesse de Valmy, madame la duchesse de Lévis, madame la duchesse de Lorges et mademoiselle de Lorges; madame la duchesse d'Avaray, madame la marquise de Rougé, madame d'Arjuzon, mesdames de Civrac, de Bouillé, de Goulaine, d'Astis, de Clercy, d'Osseville, de Bourbon-Busset, de la Grand-Ville, de Pierre, madame de Quelen et mademoiselle de Quelen, mesdames de Malartic, de Bérard, de Freslon, Obert, de Chabannes, de Cadignan, la comtesse de Gomer, madame Gustave de Gomer, mademoiselle de Gomer et mademoiselle de Calonnes, madame de Trobriant, mademoiselle Hortense de Bois-Robert, madame de la Ferronnays, mesdames de la Rochefontenille de Champigny, de Conchy, de Saint-Venant, de Cugnac, mademoiselle Thery, mesdames de Béthisy, de Brissac, de la Châtre, madame et mesdemoiselles Faulder, etc., etc.

Toutes ces femmes, par l'élégance de leurs parures et par la distinction de leurs personnes, donnaient au royal banni l'idée d'un de ces salons de Paris où sa pensée est permanente, où son nom est si souvent prononcé. Quelques unes de ces dames ont paru à Belgrave-Square, resplendissantes de diamans, et le petit-fils de Louis XIV est maintenant si déshabitué des magnificences du monde, qu'il disait avec une naïve sincérité : « Je suis tout ébloui de tant de splendeurs ! »

Ces réceptions, qui commençaient à huit heures, ne se prolongeaient pas au delà de dix heures et demie. Alors Monseigneur remontait dans ses appartemens où il restait à travailler jusqu'à près de minuit.

Avant de se livrer au repos, le prince a l'habitude d'écrire tout ce qu'il a vu, tout ce qu'il a entendu, tout ce qu'il éprouve et tout ce qu'il a fait pendant la journée. Cette habitude d'enregistrer chaque soir ses actions s'établit parmi les hauts personnages de l'époque; et je me figure que, pour quelques uns, la phrase est difficile à faire, car souvent il faut qu'elle déguise la pensée ou qu'elle voile l'action. Cet embarras, HENRI DE FRANCE ne l'a pas; sa plume peut écrire tout ce qui lui a passé par le cœur et l'esprit; son âme candide et pure n'a rien à dissimuler; il peut sans crainte livrer sa pensée la plus intime au regard des hommes; car ce n'est pas à lui qu'on jettera l'accusation d'habileté coupable, de rouerie et de basse hypocrisie. Un quart d'heure après que S. A. R. avait quitté le salon, on se retirait de l'hôtel, et le plus grand nombre d'entre nous allait chez le duc et la duchesse des Cars prolonger, comme à Paris, la soirée jusqu'à minuit ou une heure du matin. Ce salon était plein d'attraits pour nous tous, notre enthousiasme y était plus à l'aise et pouvait s'y épancher en parfait accord avec les sentimens du maître et de la maîtresse de maison. Ici l'éloge pouvait parler moins bas et le dévoûment plus haut; car nous ne craignions plus d'être entendus par le prince, objet de notre amour et de notre admiration.

AUDIENCES.

Les journaux dynastiques ont voulu représenter le salon de Belgrave-Square comme ce qu'ils appellent un salon de Coblentz. C'est un mensonge et une calomnie de plus. Sur aucun point de la France, il n'existe un salon aussi français que celui de Henri-Dieudonné; français, par celui qui y reçoit; français, par tous ceux qui y viennent; français, par tous les vœux que l'on y fait. Eh! mon Dieu! ceux qui jouissent de toute la prospérité des faits accomplis; ceux qui se sont inféodés à la bonne fortune, ne peuvent-ils voir, sans jalousie, des amis et des serviteurs fidèles, accourir faire une sorte de patrie au jeune et noble exilé?

Nous ne nous leur envions point leurs joies, leurs idoles ; qu'ils nous laissent donc nos égards, notre culte envers le malheur !

« Si Dieu m'avait laissé aux Tuileries, » disait Henri de Bourbon à de jeunes Français, « je » ne serais pas le roi de telle ou telle classe, » je serais le roi de tout le monde et je vou- » drais que chacun eût une bonne et large part » de bonheur et de liberté. » Formé dès son enfance à l'amour du travail, le prince en sait tout le prix. Dans la rude épreuve que la Providence lui a imposée, il sait par expérience que l'occupation est une consolatrice dans l'adversité. Aussi, aux jeunes gens, conseille-t-il de ne pas s'isoler des intérêts et des affaires du pays ; de se garder des délices de la vie parisienne ; de passer la plus grande partie de l'année dans leurs provinces, dans leurs villes, dans leurs campagnes, près du logis natal où leurs familles ont vécu et se sont fait aimer.

Il leur recommandait encore d'être en rapports incessans avec le laboureur, avec l'ouvrier, avec l'artisan, avec l'industriel de leurs localités ; de savoir leurs besoins, de secourir leurs misères, d'écouter leurs réclamations et de les aider de tous leurs moyens.

Il leur répétait qu'en suivant cette règle de

conduite, en se rendant utiles à leurs compatriotes, en faisant du bien à tout ce qui les entoure, ils donneraient des joies et des consolations à son exil, et que ces consolations et ces joies, il les leur demandait instamment.

Oh! tous ceux qui ont entendu de telles paroles, tous ces jeunes gens auxquels elles ont été adressées, vont, sans aucun doute, mettre en action de si nobles, de si patriotiques conseils; il en résultera un prompt et réel bien-être pour les classes populaires; il y aura aide, accord, harmonie dans le corps social... Alors viendra-t-on nous demander ce que nous sommes allés faire à Londres et ce que nous y a dit Henri de Bourbon!

A l'hôtel de Belgrave-Square, j'ai vu des Français qui ne pouvaient avoir, auprès du petit-fils de Charles X, d'autres titres que leur profonde misère, s'en retourner de chez l'auguste proscrit en bénissant son nom et en répétant : « Pourquoi, ceux qui se sont faits ses ennemis, ne le connaissent-ils pas? » Les artistes, les littérateurs, les ouvriers qui lui ont fait hommage de leur travail, peuvent dire combien il accueille avec intelligence et grâce, et comme il remercie avec son bon goût et son bon cœur.

Depuis plusieurs années, il existe, à Londres, un comité qui a eu, pendant quelque temps, le comte d'Orsay pour président, et dont le but est de secourir les Français malheureux qui y résident. Dès les premiers jours où le fils du duc et de la duchesse de Berry apprit l'existence de cette bonne œuvre, il adressa 1,000 francs au comité. Le denier du prince exilé alla tomber dans la caisse des pauvres Français, peu de jours après pareille somme fut versée, dans le même but, par M. le duc et par madame la duchesse de Nemours. Le prince des faits accomplis et le prince frappé de bannissement avaient tous les deux fait une bonne action ; tous les deux, ce me semble, auraient dû être remerciés de la même manière. Messieurs les membres composant ce comité de bienfaisance l'avaient d'abord jugé comme nous ; mais autre a été la pensée de l'ambassade française ; elle s'est remuée, a intrigué, a menacé pour empêcher que les hommes chargés de secourir la misère des Français qui souffrent loin de leur pays, allassent porter leurs remercîmens et ceux des pauvres secourus, à M. le comte de Chambord ! Pour faire sa cour à M. Guizot, M. de Sainte-Aulaire n'a pas voulu que le descendant de Louis XIV obtînt autant que le descendant de Monsieur, duc d'Orléans. Dans sa pitoyable jalousie, il a cherché à détourner quelques bénédictions de la tête de Henri de France exilé..... Il a échoué dans ses manœuvres ; il n'a pu arrêter tous les remercîmens. Malgré M. l'ambassadeur, le président du comité a écrit au prince, et la lettre lui a été portée par le vice-président au nom de la commission.

Il y a des princes qui, à l'exemple de Henri IV, gagnent les cœurs en se montrant. On a dénoncé à l'ambassadeur de Louis-Philippe M. le comte de Chambord comme un de ces princes-là.

Je parlais tout à l'heure des audiences que M. le comte de Chambord accordait aux Français qui lui en faisaient la demande. Le lundi 5 décembre, Alfred Nettement entra dans ma chambre et m'apprit que, ce même jour, à midi, il serait reçu en particulier par Son Altesse Royale.

« — Promettez-moi, lui dis-je, de me faire part de toutes vos impressions ; car j'aime à voir un homme comme lui en face d'un homme comme vous, et je suis curieux d'apprendre, de vous-même, tout ce que vous aurez ressenti et tout ce que vous pourrez me redire.

» — Je vous le promets, me répondit l'éloquent publiciste. »

Puis il sortit en me serrant la main.

En rentrant à l'hôtel, voici ce qu'il nous dit :

« Bientôt mon tour vint d'être reçu par Henri de France, et je vis tout d'abord qu'il n'y avait autour de lui ni barrière, ni obstacle, ni courtisans pour empêcher les Français d'arriver jusqu'à lui. Il était seul ; pas une oreille qui entendît les paroles qu'on lui adressait ; pas un regard qui s'interposât entre le regard du prince et le vôtre. On lui parlait face à face. Il se livrait ainsi bravement au jugement de son interlocuteur, n'ayant pour se défendre que les lumières de son esprit ; n'étant armé que de son intelligence. Cette confiance me plut et commença à me rassurer.

» Dès les premières paroles, je vis que j'avais affaire à un homme. C'était de la liberté, des droits nationaux, de l'impossibilité des priviléges, de la nécessité pour les hommes de la droite de devenir en tout les hommes de la France, de se fondre avec elle, de défendre les intérêts des classes populaires abandonnés, de conquérir par des services rendus au pays, dans toutes les sphères des intérêts généraux, une influence légitime, que j'entretenais le prince. Non seulement j'étais écouté, mais compris; non seulement j'étais compris, mais approuvé; non seulement j'étais approuvé, mais interrompu par Henri de France, dont la pensée devançait la mienne; qui me disait ce que j'allais lui dire, qui s'exprimait d'une manière si claire, si précise sur ces questions capitales qui divisent notre époque, que je demeurais à la fois confondu et ravi de ce qu'il me disait et de la manière dont il écoutait les paroles sérieuses que je lui adressais. Jamais je n'avais parlé avec plus de liberté et plus de franchise; pas un mot de flatterie, pas même un de ces mots de dévoûment qui viennent du cœur aux lèvres quand on se trouve en présence d'un Bourbon. »

Pour obtenir ces audiences, il n'y avait ni faveur, ni privilége; tout le monde pouvait en demander; car voici à quoi se réduisaient les instructions données par le prince, à la personne chargée d'écrire les lettres annonçant qu'elles étaient accordées.

Son Altesse Royale avait dit : « J'en accorderai à tout Français qui aura une demande à me faire, une vérité utile à m'apporter, un avis sage à me donner; quant à ceux qui n'auraient à m'offrir que des hommages et des complimens, faites leur entendre que le temps me manque et que je crois à leur dévoûment, sans qu'il leur soit nécessaire de venir m'en assurer eux-mêmes en audience particulière. »

EXPLORATIONS DANS LONDRES.

A un Français, qui demandait un jour à M. le comte de Chambord s'il avait déjà visité beaucoup de monumens de Londres, Son Altesse Royale avait répondu : « Eh, mon Dieu ! non, et c'est votre faute !... Vous êtes venu me faire une petite France d'où je ne sors qu'à regret... J'aime beaucoup à voir, à connaître; mais en vérité je préfère passer une heure à causer avec un compatriote que d'aller voir n'importe quelles magnificences de Londres. »

WESTMINSTER.

Une des premières explorations de Henri de France l'a conduit à la royale abbaye de Westminster, le Saint-Denis des trois royaumes ; grand et noble réceptacle de cendres illustres ; dépôt d'ossemens de poètes et d'hommes d'État, de comédiens et de ministres, d'industriels et de généraux, d'orateurs et de chevaliers, de princes et de princesses, de rois et de reines !

Le petit-fils de Charles X porte dans son cœur une piété éclairée et sincère ; il se souvient incessamment des exemples de son vénérable aïeul et des enseignemens de monseigneur d'Hermopolis. Avec de pieuses croyances, on aime à méditer devant une tombe, car le chrétien la regarde comme le berceau de l'immortalité, comme la porte qui s'ouvre sur un monde meilleur... Soyez-en assurés, si jamais il était permis au prince exilé de revenir au pays natal, un des lieux vers lesquels il se hâterait de porter ses pas serait aux caveaux funèbres de Saint-Denis, là où son loyal et noble père est descendu jeune et plein de force, frappé par le fer de Louvel.

Je me persuade que, sous les voûtes de Westminster, la pensée de Henri de France sera souvent revenue à la royale basilique de Suger, où dorment, couchés dans leurs lits de granit, les descendans de Clovis, où le duc de Berry l'attend... où son aïeul Charles X n'est pas... vieux monarque dépossédé de son sépulcre comme de son trône!

L'esprit religieux du descendant des rois très chrétiens aura souffert du vide de la magnifique église de Westminster. Depuis que le catholicisme n'y célèbre plus ses mystères, n'y brûle plus son encens, n'y chante plus ses cantiques et ses *Requiem*, ce vaste vaisseau n'est plus qu'un lieu inhabité où l'on garde un peu de la poussière que les grandeurs de l'empire britannique ont laissée après elles.

J'étais avec M. de Larcy à visiter Westminster, le jour où il a pris sur une tombe cette belle devise devenue sienne :

LOYAUTÉ N'A HONTE.

Un homme comme lui est bon à avoir partout. Jeune encore, il est mûr pour les affaires et les choses sérieuses, et sa pensée s'agrandit près des tombeaux; j'en ai eu la preuve plus d'une fois; sa jeunesse n'a peur ni des lits d'agonie ni des larmes.

Peu de jours avant notre visite à Westminster-abbey, HENRI DE FRANCE y avait fait la sienne, accompagné de M. Villaret de Joyeuse; le doyen des gardiens nous parla avec tout l'enthousiasme qu'un Anglais peut avoir, du jeune prince français. Cet homme eût été élevé sous les voûtes de Saint-Denis, que ses paroles n'auraient pas été plus convenables. HENRI DE FRANCE avait gagné le cœur de ce cicerone des tombeaux, comme il s'empare de celui des ouvriers, qu'il aime à aller voir dans les usines et les manufactures.

Je me hâte avec joie de faire observer que Guillaume III, qui a si traîtreusement pris la couronne à son beau-père Jacques II, n'a pas dans tout Westminster un monument élevé à sa mémoire. Il dort couché dans un caveau, sans pierre commémorative, aux pieds du général Monck. Il est là avec Marie, fille ingrate et dénaturée de Jacques Stuart. Je suis bien aise que ce couple que je méprise et que je déteste, n'ait pas obtenu le plus petit mausolée dans la royale abbaye. La fille qui a aidé à détrôner son père, doit être maudite et non pas honorée ; les affections, les sentimens de famille doivent exister partout, mais surtout sur les hauteurs du monde. Si la sincérité était bannie de la société, ne serait-ce pas dans le cœur des princes qu'il lui faudrait se réfugier ?

En nous montrant la chapelle de Henri VII, le *warder* nous en faisait admirer ses prodiges de sculpture avec un indicible orgueil. Les Anglais d'aujourd'hui veulent égaler ces merveilles, et vont tendre aussi d'une dentelle de pierre toute la longue façade de la nouvelle chambre des lords, qui a trois cent cinquante pieds de développement.

Voilà déjà bien des visites que je fais à Westminster. Quand je suis arrivé à Londres, au sortir du collége, j'y allais souvent porter mes rêveries de dix-sept ans : je trouvais là tant de souvenirs de l'histoire que je venais d'apprendre !

Les fleurs de lis de France, les léopards anglais, la harpe d'Irlande, le chardon d'Écosse, les tours de Castille, l'aigle de Germanie, la herse de l'Abbaye, et tant d'autres emblèmes héraldiques s'y mêlent, s'y croisent et s'y confondent, que l'esprit se trouble et s'égare.

WESTMINSTER ! C'est un grand livre qui raconte le néant des grandeurs humaines, et qu'il faut ouvrir plus d'une fois.

LA TOUR DE LONDRES.

Après sa visite à la tombe de saint Édouard, le petit-fils de saint Louis voulut aller voir la

Tour blanche (*the white Tower*) de Guillaume-le-Conquérant. Cette Tour de Londres, que les Anglais sont si empressés de faire voir, rappelle cependant qu'ils ont été vaincus dans les champs d'Hastings et que beaucoup des soldats et des chefs du vaillant bâtard normand étaient Français.

La tour, que les habitans de la métropole anglaise aiment avec prédilection, et qu'ils regardent presque comme un lieu sacré, a été originairement construite pour maintenir leurs devanciers dans la soumission et le respect que le rude Guillaume exigeait des vaincus devenus ses sujets.

Cette forteresse, telle qu'elle existe aujourd'hui, est un musée d'antiquités anglaises, un réceptacle de reliques du vieux temps, un dépôt d'archives des siècles passés qui redisent indifféremment les gloires et les hontes de leurs annales.

Les Anglais continuent toujours à y montrer, l'un à côté de l'autre, le fer qu'ils ont conquis sur les champs de bataille, et le fer du bourreau. On fait voir aussi, dans la vieille citadelle de Londres, la tour sanglante (*the bloody tower*) où les deux jeunes enfans d'Edouard furent étouffés dans le même berceau par les sicaires de Richard III. Les plus beaux vers de Shakespeare redisent cet horrible meurtre.

Les gardiens ont aussi grand soin de vous faire remarquer la porte du Traître (*Traitor's gate*) par laquelle les traîtres passent pour aller à l'échafaud. Ils vous conduisent de là à une chapelle toute pavée de pierres tombales de personnes illustres décapitées, nobles condamnés des justices révolutionnaires.

Ici, sont aussi enterrés les corps sans têtes (*the headless trunks*) des lords Kilmarnock, Balmerino et Lovat, qui ont été les derniers vendéens de l'Ecosse. Ils ont eu le sort de Charette et de La Trémouille. Paix à leurs cendres! honneur à leur mémoire!! J'ai vu un Stuartiste s'agenouiller devant le billot sur lequel leurs têtes ont été abattues par la hache de l'exécuteur des hautes-œuvres de Georges de Hanovre, et baiser religieusement la marque noire de leur sang.

LE TUNNEL.

Les hautes et graves pensées qu'inspire la vue des tombeaux, les souvenirs de chevalerie qui plaisent à toute âme généreuse, avaient conduit HENRI DE FRANCE à l'abbaye de West-

minster et à la tour de Londres. Le désir de
voir un des prodiges de notre époque et d'honorer, par sa visite, le Français qui a conçu et
réalisé cette merveille que l'antiquité n'aurait
pas manqué de ranger au nombre des merveilles du monde, a mené M. le comte de Chambord au tunnel. M. Barrande et M. Villaret de
Joyeuse accompagnaient ce jour-là Son Altesse
Royale.

Avant d'aller visiter le tunnel, Monseigneur
avait appris qu'il lui faudrait admirer ce chef-d'œuvre de difficultés vaincues en l'absence de
l'habile ingénieur français qui l'avait conçu,
commencé et mené à fin. M. Brunel était retenu chez lui par une maladie grave; et son
fils, à qui l'Angleterre reconnaît aujourd'hui
une habileté égale à celle de son père, était
absent de Londres pour la direction d'autres
grands travaux. Ils furent l'un et l'autre remplacés par M. Page, ingénieur, et par M. Charlier,
qui eurent l'honneur de recevoir Son Altesse
Royale à sa descente de voiture; tous les deux
s'empressèrent de redire au prince tous les
regrets de la famille Brunel. La réponse de
Monseigneur prouva que ces regrets étaient
bien partagés par lui; il chargea la personne
qui le recevait d'en porter l'assurance à Mes-

sieurs et à madame Brunel ; et il ajouta : « Voir une merveille telle que celle-ci, conçue et achevée par un de mes compatriotes, est un désir que j'éprouvais depuis long-temps. Les travaux de M. Brunel, les difficultés qu'il rencontrait, m'ont plus d'une fois occupé, alors que j'étais bien loin de Londres, et j'aurais été heureux de le voir ici pour qu'il fût témoin de mon admiration. »

Monseigneur parcourut toute la longue galerie souterraine, écoutant M. Charlier qui lui redisait toutes les phases des travaux et toute la patience du génie qui les avait entrepris. Au moment où le prince visitait le tunnel, le grand fleuve de la Tamise, grossi par la marée haute, faisait peser sur la voûte de la galerie trente-deux pieds de hauteur d'eau.

Ce qui frappe, lorsque l'on est descendu dans ces profondeurs radieuses de lumière, comme si les rayons du soleil pouvaient y pénétrer, c'est le calme qui y règne. Les bruits du monde n'y font que bourdonner vaguement et d'une manière confuse. L'immense cité s'étend à droite et à gauche de vous avec toute son agitation ; de puissantes ondes, avec leur mille et mille vaisseaux, roulent au dessus de votre tête, et vous n'entendez qu'une sourde et continuelle rumeur semblable à celle qui s'élève du sein d'une vaste forêt.

Avant que Monseigneur ne quittât le tunnel, pour remonter dans Londres, M. Page offrit à Son Altesse Royale la médaille frappée en commémoration de l'achèvement du tunnel et sur laquelle le nom de Brunel est glorieusement inscrit. On présenta également à M. le comte de Chambord le livre du tunnel avec les plans, le bouclier et tout l'historique de cette gigantesque entreprise.

LES DOCKS.

C'est sans doute une magnifique avenue, pour arriver à la métropole de l'empire britannique, que ce puissant fleuve de la Tamise dont les eaux sont en partie cachées sous ces flottantes maisons de bois que le Commerce et la Guerre poussent aux extrémités du monde et qui reviennent de leurs longs voyages comme pour augmenter le nombre des habitations de l'immense capitale. Dans cette espèce de faubourg porté sur les ondes, on ne compte pas moins de trente mille marins qui y couchent toutes les nuits.

C'est un imposant chemin que celui qui se dessine entre cette foule de navires et cette forêt de mâts.

Mais sur cette majestueuse voie ouverte à toutes les nations, le commerce n'a pas cru ses navires assez en sûreté; aussi, à droite et à gauche de la Tamise d'immenses réservoirs ont été creusés et ménagés pour reposer et mettre à l'aise ces lointains voyageurs. Là, les eaux, que chaque marée amène, viennent remplir ces lacs faits de main d'homme. Des portes, pour recevoir et retenir ces eaux, s'ouvrent et se referment selon les besoins. Là, les vaisseaux admis paient, d'après leur tonnage, la place qu'ils occupent sur les ondes des docks et sous la surveillance de gardiens spéciaux.

Après être monté à bord de plusieurs bâtimens, HENRI DE FRANCE, vraiment infatigable dans son désir d'apprendre et de tout connaître, a voulu parcourir les incommensurables magasins formant l'encadrement de ces vastes réservoirs. Là, sont rangées, d'après leur nature et dans un ordre admirable, toutes les denrées, toutes les marchandises de toutes les parties du monde.

Peu de temps avant que Monseigneur n'eût visité les docks de Sainte-Catherine, des bâtimens chargés de vins de France étaient arrivés. M. le comte de Chambord a pris un vif plaisir à s'entretenir avec les matelots de ces navires français.

Dès que le directeur de cet important établissement avait appris l'arrivée du prince français, il s'était hâté d'aller courtoisement lui offrir ses services qui avaient été acceptés avec empressement.

De là, par le chemin de Black-Wall, Son Altesse Royale, toujours accompagnée de M. Page, se rendit aux docks des Indes-Orientales. Avec les richesses que portaient les innombrables vaisseaux qui se balançaient là sur les flots des docks, on achèterait des mondes!

Là, Son Altesse Royale a vu, avec un immense intérêt, le *Great-Northern*, grand bâtiment sur lequel on a établi une hélice avec laquelle on a fait une expérience comparatrice pour la vitesse avec les bâtimens à roues.

Après cette longue exploration, toujours faite à pied, des docks des Indes-Orientales, Monseigneur est revenu à ceux des Indes-Occidentales, dont il a encore fait le tour sans paraître le moindrement fatigué. Il a ramené M. Page dans sa voiture.

Avant de rentrer à son hôtel, le Prince s'est arrêté à la Banque, où plusieurs des directeurs, prévenus par M. Jauge, attendaient l'auguste voyageur pour lui faire les honneurs de cet établissement, dont le nom retentit dans tout l'univers et dont les richesses remuent le monde politique et commercial depuis plusieurs siècles.

Dans la soirée qui a suivi ces nombreuses et consciencieuses études, M. le comte de Chambord a été, comme de coutume, avenant, aimable et gracieux dans son salon.

Un Français qu'il aime, et qu'il n'avait cessé d'avoir, depuis son séjour à Alton-Towers, dans son intimité, Berryer était parti la veille, et le prince, tout en se réjouissant que l'illustre député fût sur le chemin de Paris pour retourner s'occuper de nouveau des affaires de la France, disait hautement ses regrets de ne plus le voir près de lui; car Berryer est un de ces hommes dont on n'admire pas seulement le talent, mais dont on aime le caractère. Dans cet homme d'une nature privilégiée, la tête, qui saisit si vite et si bien les intérêts les plus divers, est jointe à un cœur qui bat pour tout ce qui est noble et bon; jamais homme politique n'a été plus facile, plus doux, plus aimable dans la vie de tous les jours.

Les personnages les plus éminens des Trois-Royaumes ont tenu à honneur de recevoir chez eux le plus grand orateur de notre époque; et le Fils de France était heureux de voir honorer ainsi un Français qu'il connaît et qu'il apprécie.

Ce nom de Berryer en rappelle un que l'on prononçait souvent dans les salons de Belgrave-Square, c'était celui du marquis de Dreux de Brézé. Tous les jours le jeune Prince en demandait des nouvelles aux Français arrivant de Paris, et ce fut avec une touchante sensibilité que Monseigneur reçut le vicomte de Brézé, frère du noble pair, dont la santé s'est usée dans l'incessante lutte engagée depuis quinze ans, et à laquelle, consultant plus son courage que ses forces, il n'a jamais fait défaut.

Le vicomte Emmanuel de Dreux de Brézé, à tous égards digne de son noble et loyal frère, a été accueilli par le petit-fils de Charles X comme il devait l'être, avec effusion de cœur. Henri de France est un de ces hommes qui n'oublient pas; il se souvient et se souviendra toujours que M. de Dreux de Brézé à la chambre des Pairs, comme MM. de la Bourdonnaie, de Valmy et de Larcy à la chambre des députés, *ont répondu de lui corps pour corps et cœur pour cœur.* Un homme avec lequel Monseigneur se plaisait encore à s'entretenir, et qui certes, par sa loyauté, ses services et son dévoûment à la France, mérite bien cet honneur, c'est le vicomte de Quélen, frère de cet Hyacinthe de Quélen, que la persécution a trouvé si grand; que le choléra a montré si charitable et que l'Eglise de France regrettera long-temps ! A la mort du saint et courageux prélat, le petit-fils de saint Louis avait écrit une admirable lettre de condoléance au vicomte de Quélen. A Londres, il lui parlait encore de ses regrets. Dans le cœur du Prince rien ne s'efface, si ce n'est le souvenir d'un tort envers lui; alors seulement il manque de mémoire. Il l'a dit lui-même en écrivant au maire de Condé-sur-Noireau : *Je suis de la race qui pardonne.*

PROMENADE DU PRINCE

AVEC

M. DE CHATEAUBRIAND.

Un jour, je me trouvais, vers les trois heures de l'après-midi, chez M. de Châteaubriand. MM. de Larcy, Sala, de Boissard et mes fils y étaient aussi venus, et, avec ce charme que l'on éprouve à entendre parler un grand homme, nous écoutions l'auteur du *Génie du Christianisme* nous raconter que, depuis son arrivée à Londres, il n'avait pas encore eu le temps de consacrer une heure ou deux à d'anciens souvenirs que la grande ville avait à lui offrir....
« Je veux cependant, disait-il, aller revoir une maison d'humble apparence que j'ai habitée, il y a près d'un demi-siècle, et que je suis allé regarder du temps de mon ambassade. Je sais

que depuis ce temps-là bien des tombes se sont ouvertes, et il est plus que probable que ceux qui logeaient là, sous le même toit que moi, sont partis de ce pauvre logis et de ce triste monde. Moi, j'ai vécu là, d'une rude vie d'émigré, travaillant beaucoup et espérant peu...; et comme ce ne sont pas seulement les lieux où le bonheur nous est venu que nous aimons à revoir, le premier jour où j'aurai quelque loisir, j'irai faire ce pèlerinage tout seul. »

Il ajouta : « Dans cette maison, je me souviens qu'il y avait une vieille demoiselle irlandaise.... Si elle avait été seule, probablement je n'eusse pas fait sa connaissance, car alors j'étais triste, sombre et taciturne..... Mais elle avait un chat de la plus grande beauté, et malgré leur mauvaise réputation (je les crois calomniés!), j'ai toujours beaucoup aimé les chats.

» Pour gâter celui-là, je m'entendais à merveille avec la vieille fille irlandaise, et c'était, je crois, le seul point sur lequel nous fussions parfaitement d'accord, si parfaitement d'accord, que nous tuâmes le pauvre chat à force de friandises... Nous l'avions aimé ensemble; nos larmes furent communes.

» Je crois bien, dit M. de Châteaubriand, que la demoiselle irlandaise est morte, ainsi que son chat….. Mais la maison et moi sommes encore debout, il faut que nous nous revoyions. »

Cet amour de Châteaubriand pour les chats me fit penser à Walter-Scott, qui les aimait aussi beaucoup; à Abbot's ford, le célèbre romancier en avait un, nommé Grimalkin et pour lequel il exigeait les plus grands égards ; lorsque, en entrant dans son cabinet de travail, il trouvait ce chat sur son fauteuil, en face de son bureau, il prenait un autre siége pour ne pas déranger Grimalkin, et dans le château les gens avaient ordre de ne jamais chasser le favori de leur maître des endroits qu'il choisissait pour son repos. Un jour que Walter-Scott lisait un passage de ses œuvres à son ami Washington Irving, celui-ci lui fit remarquer que Grimalkin écoutait sa lecture, les yeux fixés sur l'auteur, tandis que son levrier Maïda dormait à ses pieds.

A cette observation du poète américain, le châtelain d'Abott's ford répondit : « Ah! ces
» chats sont de mystérieuses créatures ! et, dans
» leur esprit, il se passe des choses dont nous
» ne nous doutons pas. »

Ah these cats are a very mysterious kind of folks There is always more passing in their minds than we are aware of.

Châteaubriand a parlé quelque part de *la seconde vue des Ecossais*, qui leur fait apercevoir les événemens sur le point d'arriver. Walter-Scott l'expliquait ainsi à Washington Irving : *Coming events; cast their shadows before.* « L'é-
» vénement qui approche jette son ombre en
» avant....... »

Nous écoutions Châteaubriand, quand la porte de sa chambre s'ouvrit ; c'était le prince : « Je viens vous chercher, M. le vicomte, pour notre promenade ; la voiture nous attend, dit-il en s'avançant vers le fauteuil du noble vieillard, qui s'était levé, et qui avait déjà à la main sa canne et son chapeau. Prenez mon bras, ajouta Henri de France, appuyez-vous sur moi, allons voir le jardin de Kensington que vous aimez tant. »

Arrivés sous le péristyle extérieur, le prince et M. de Châteaubriand s'arrêtèrent pour distribuer quelques aumônes aux pauvres qui avaient pris l'habitude de se placer tous les jours sur le chemin du petit-fils de saint Louis. Car le renom de charité de nos princes a passé les mers, et partout les malheureux viennent à eux comme à une autre Providence.

Bossuet l'a dit : *les rois très chrétiens, les fils aînés de l'église, doivent être plus charitables* que tous les autres monarques, car *l'église est une source de Charité.*

Henri de France, descendant de ces rois, a pu être dépossédé de sa couronne par la révolution de 1830, mais la passion de faire du bien et de secourir le malheur lui est restée tout entière ; ses ennemis ne lui ont rien dérobé de cette partie de son héritage.

LETTRES DE HENRI DE FRANCE

ET DE M. DE CHATEAUBRIAND.

Le jour du départ de M. de Châteaubriand approchait, il avait été fixé au 9 décembre.

Cette nécessité attristait le prince. L'absence d'un tel hôte allait laissser un grand vide dans sa maison et dans son cœur. Aussi, dès que le jour où l'illustre vieillard quitterait Londres eut été arrêté, Monseigneur ne perdait pas un seul des instans où il pouvait s'entretenir avec l'homme éminent qui, malgré ses infirmités et la mauvaise saison, n'avait pas un instant hésité à venir lui apporter l'expression de son dévoûment avec l'aide de son expérience et de ses lumières.

Depuis ce jour, les promenades tête à tête,

en voiture, devinrent plus fréquentes et plus longues, et les entretiens du matin plus intimes.

C'était après un de ces entretiens que M. de Châteaubriand disait à l'un de nous : « Vraiment, il y a sur ce jeune prince un rayon d'en haut. Dieu l'a doué d'une intelligence transcendante et d'un cœur à la hauteur de son esprit. Quand je cause avec lui, quand j'ai un système, un plan, une doctrine politique à lui expliquer, dès mes premières paroles, son esprit va au fond de ma pensée, et j'ai tout de suite la preuve qu'il sent, qu'il approuve et qu'il adopte tout ce que je voulais lui apprendre et lui faire aimer..... »

M. de Châteaubriand ajoutait : « Le jeune prince a tout à fait surpassé mon attente et a plus que rempli tous mes souhaits. Je ne puis rien lui dire sur la liberté, sur la nationalité, sur les droits de chacun et sur les droits de tous, sans être prévenu par lui. » HENRI DE FRANCE comprend tout ce qui est grand et veut tout ce qui est juste.

Il fallait que le monde apprît la reconnaissance que le petit-fils de Henri IV a vouée à l'illustre auteur de *la Monarchie selon la charte*; c'était une nécessité politique de situation et un devoir de cœur pour le jeune prince que de révéler à tous combien il était plein de gratitude envers le noble vieillard qui était sorti de la tranquillité de ses habitudes pour reparaître dans l'agitation des affaires, comme le plus ferme appui et le meilleur conseiller du descendant de Louis-le-Grand. Voici la lettre que M. de Châteaubriand reçut de HENRI DE FRANCE, la veille de son départ de Londres :

« Londres, le 4 décembre 1843.

» Monsieur le vicomte de Châteaubriand,

» Au moment où je vais avoir le chagrin de me séparer de vous, je veux encore vous parler de ma reconnaissance pour la visite que vous êtes venu me faire sur la terre étrangère, et vous dire tout le plaisir que j'ai eu à vous revoir et à vous entretenir des grands intérêts de l'avenir. En me trouvant avec vous en parfaite communauté d'opinions et de sentimens, je suis heureux de voir que la ligne que j'ai adoptée dans l'exil et la position que j'ai prise, sont en tous points conformes aux conseils que j'ai voulu demander à votre longue expérience et à vos lumières. Je marcherai donc encore avec plus de confiance et de fermeté dans la voie que je me suis tracée.

» Plus heureux que moi, vous allez revoir notre chère patrie. Dites à la France tout ce qu'il y a dans mon cœur d'amour pour elle. J'aime à prendre pour mon interprète cette voix si chère à la France, et qui a si glorieusement défendu, dans tous les temps, les principes monarchiques et les libertés nationales.

» Je vous renouvelle, Monsieur le vicomte, l'assurance de ma sincère amitié.

» Henri. »

Repassons dans notre mémoire toutes les phases de la vie de M. de Châteaubriand ; rappelons dans nos souvenirs toutes les épreuves, toutes les vicissitudes, toutes les agitations de cette noble existence, et nous concevrons peut-être imparfaitement ce que dut éprouver le vétéran de la fidélité, l'éloquent publiciste de notre époque, en recevant cette lettre, où chaque ligne, chaque mot écrits de la main de Henri de France, en le remerciant, glorifie le serviteur dévoué et l'homme d'État.

Ah ! si le premier écrivain du siècle, si l'homme appelé dans les conseils des rois, a souffert dans sa glorieuse carrière ; si l'envie, la jalousie, la haine lui ont tendu des embûches, qu'il se console ; une belle et radieuse auréole vient d'être donnée à ses cheveux blancs ! Le petit-fils de saint Louis, appelant à lui l'auteur du *Génie du Christianisme*, a donné au monde un beau et grand spectacle.

Dans l'effusion de sa gratitude, voici la réponse que M. de Châteaubriand adressa au petit-fils de Charles X :

« Londres, le 5 décembre 1843.

» Monseigneur,

» Les marques de votre estime me consoleraient de toutes les disgrâces ; mais, exprimées comme elles le sont, c'est plus que de la bienveillance pour moi ; c'est un autre monde qu'elles découvrent, c'est un autre univers qui apparaît à la France.

» Je salue avec des larmes de joie l'avenir que vous annoncez. Vous, innocent de tout, vous à qui l'on ne peut rien opposer que d'être descendu de la race de saint Louis, seriez-vous donc le seul malheureux parmi la jeunesse qui tourne les yeux vers vous !

» Vous me dites que, plus heureux que vous, je vais revoir la France : *plus heureux que vous !* c'est le seul reproche que vous trouviez à adresser à votre patrie. Non, prince, je ne puis jamais être heureux tant que le bonheur vous manque. J'ai peu de temps à vivre, et c'est ma consolation. J'ose vous demander, après moi un souvenir pour votre vieux serviteur.

» Je suis avec le plus profond respect,
» Monseigneur,
» De Votre Altesse Royale,
» Le très humble et très obéissant serviteur,
» Chateaubriand. »

Parmi les pèlerins de Londres, comme à Paris, comme dans les provinces, ces deux lettres produisirent une vive sensation, sensation qui dure encore et dont les effets ont été rendus visibles à Doullens, à Ploërmel, à Toulouse, à Montpellier et à Marseille.

Au moment où parurent les deux lettres que je viens de transcrire, la presse de toutes les opinions s'en empara, les cita et les commenta. Un journal, le *Courrier français*, s'adressant à nous, s'écriait : « Vous avez pris M. de Châteaubriand pour témoin, ne le démentirez-vous pas! Vous avez voulu faire de lui votre porte-drapeau, le suivrez-vous dans la voie où il marche? »

A cela nous répondrons :

Henri de France lui a dit : « En me trouvant
» avec vous en parfaite communauté d'opinions
» et de sentimens, je suis heureux de voir que
» la ligne de conduite que j'ai adoptée dans
» l'exil et la position que j'ai prise, sont en
» tous points conformes aux conseils que j'ai
» voulu demander a votre longue expérience et
» a vos lumières.

» J'aime a prendre pour mon interprète cette
» voix si chère a la France et qui a si glo-
» rieusement défendu dans tous les temps les
» principes monarchiques et les libertés natio-
» nales. »

Ce que Henri de France a dit, nous le pensons ; ce qu'il veut, nous le voulons ; car il ne veut que le bonheur de notre commune patrie.

Pendant que j'en suis à répondre au *Courrier français*, il faut que je dise quelques mots d'un article ironique tiré d'un journal grand partisan de l'égalité.

Voici ce que disait le *National* du 3 décembre 1843 :

« On remarque depuis quelques jours au
» bureau des passe-ports, que les noms les
» plus communs succèdent aux titres de ducs,
» de marquis, de comtes et de vicomtes dans
» les demandes de passe-ports pour Londres.

» Notre bourgeoisie veut à tout prix se faire
» aristocrate. Le nouveau Coblentz est à la
» mode parmi les épiciers. Si les épiciers émi-
» grent, que restera-t-il au *juste-milieu ?* »

A ces quelques lignes du journal républicain, à cette accusation fastidieuse à force d'être banale, *qu'il n'y avait que des gentilshommes à aller saluer M. le comte de Chambord, de l'autre côté du détroit*, je répondrai : Le jour où j'eus l'honneur d'être présenté au petit-fils de Louis XIV, un commis voyageur français, venu à Londres pour la maison de commerce qui l'emploie, fut retenu très long-temps par Son Altesse Royale, et nous remarquions tous avec quelle bonté, avec quel bonheur HENRI DE FRANCE s'entretenait avec ce Français ; ce même jour, plusieurs ouvriers eurent également l'honneur de parler au Prince.

AUDIENCES ET RÉCEPTIONS.

Parmi les Français arrivés pour voir et entourer Henri de France, trois venaient de quitter Londres pour retourner à Paris : MM. de Chateaubriand, Berryer et Pastoret ; tous les trois, de retour en France, rendaient haut et éclatant témoignage de ce qu'ils avaient vu, entendu et admiré de l'autre côté du détroit. Leurs voix, qui portent avec elles leur garantie, produisirent l'effet qu'elles devaient avoir dans les salons royalistes. Or, comme il y a des échos partout, il s'en trouva pour répéter les récits des visiteurs du prince ; de salon en salon, leurs paroles furent redites et parvinrent à celui des Tuileries ; là, elles firent d'autant plus d'effet, qu'elles étaient en tout conformes aux notes du comte de Saint-Aulaire qui, lui, ne pouvait être accusé d'enthousiasme pour un prince de la branche aînée.

Nous faisons remonter à ces premiers bruits la première pensée réprobatrice de notre pèlerinage; nous sûmes bientôt, de l'autre côté de l'eau, que nous étions fortement désapprouvés dans le monde doctrinaire, et nous n'en tînmes aucun compte; car tous les publicistes, tous les moralistes du parti dynastique auront beau écrire, déclamer et s'obstiner à vouloir prouver que nous avons eu tort d'aller honorer une royale et profonde infortune, nous n'en persisterons pas moins dans le culte que nous avons voué au malheur! Eh! en vérité, quels sont donc les hommes si certains d'être heureux à perpétuité, pour oser vouloir *flétrir* les hommages rendus à la mauvaise fortune! Ont-ils donc fait un pacte avec le destin, pour que la prospérité leur demeure à toujours!

Tandis qu'à Paris et dans les provinces la révélation de ce qu'est Henri de France allait en se propageant; tandis que les royalistes s'en réjouissaient et en étaient fiers; tandis que certaines gens s'en irritaient et en prenaient de l'humeur; nous, pèlerins, nous jouissions à Londres des heureuses journées passées auprès du prince, journées toutes d'union et d'harmonie, journées où nous n'avions tous qu'un esprit pour juger et qu'un cœur pour aimer le jeune descendant de nos vieux rois. Nous n'étions aucunement préoccupés du mécontentement que le *Journal des Débats* et la presse dynastique laissaient éclater. De son côté, M. le comte de Chambord, heureux de vivre au milieu de nous tous, devait quelquefois se faire illusion et se croire en France, tant il y avait autour de lui, de paix, de bon accord, de dévoûment et d'amour.

Dans ma vie, qui commence à être longue, j'ai eu ma part de soleil et d'ombre, de joie et de tristesse, de bons et de mauvais jours ; et, je le déclare, jamais je n'ai voulu davantage ralentir la marche du temps que pendant mon séjour à Londres ; car le bonheur d'ici bas est si pauvre, si éphémère, qu'on en prévoit la fin, alors même qu'il commence ; et c'était toujours avec frémissement que je pensais que bientôt il nous faudrait revenir en France, et, qu'avec nous, le proscrit n'y reviendrait pas ! Cependant, parmi tous les Français, nous en eussions vainement cherché un plus occupé d'elle ; un qui lui consacrât plus exclusivement toutes ses pensées et toutes ses actions. Depuis l'aube du jour jusqu'aux ombres du soir, son esprit et son cœur ne s'en détachaient pas. Dès le troisième jour de notre arrivée, nous avions vu Son Altesse Royale accorder des audiences particulières à plusieurs d'entre nous. Alfred Nettement et Charles de Boissard, deux de nos compagnons de route et logeant avec nous à *Colonnade-Hotel*, avaient eu l'honneur d'être reçus par le prince et de s'entretenir pendant quelque temps avec lui. L'éloquent écrivain, comme l'ancien aide-de-camp du maréchal duc de Reggio, devenu maire de Saint-Germain-des-Prés, petite commune rurale de l'Anjou, nous racontèrent, en revenant de Belgrave-Square, comme ils avaient parlé franchement, consciencieusement et librement au petit-fils de Louis XIV; comment le jeune prince les avait encouragés à parler ainsi; combien ils l'avaient vu *avoir faim et soif de la vérité*, et avec quelle dignité il commandait qu'on la lui dît tout entière.

En outre de ces entretiens seul à seul, Henri de France recevait souvent des députations de nos diverses provinces. Ainsi, pendant mon séjour en Angleterre, j'ai vu Monseigneur admettre collectivement et tour à tour auprès de lui des Français de la Picardie, de l'Auvergne, de la Bretagne, de l'Anjou, de la Normandie, de la Flandre, de l'Artois, de la Provence, du Languedoc, du Boulonnais.

Chacune de ces députations avait un de ses membres qui portait la parole au nom de ses compatriotes présens et de beaucoup de nos amis politiques qui n'avaient pu faire le voyage de Londres, mais qui y avaient envoyé l'assurance de leur respect et de leur persistance à aimer ce qu'ils avaient aimé avant que la révolution de 1830 n'eût déclaré que le roi Charles X, si bienfaisant; que son fils si dévoué; que son petit-fils si innocent de toutes les fautes qui avaient pu être commises; que MADAME, duchesse de Berry, si Française par son amour pour les arts; que MADEMOISELLE, si gracieuse et si bonne; que Madame la Dauphine, la sainte de la France, la mère des pauvres et des malheureux AVAIENT MÉRITÉ LA PEINE DU BANNISSEMENT A PERPÉTUITÉ !!!

Au moment où j'écris cette page, le glas des morts sonne à une église voisine, pour les funérailles du député de Cherbourg, de ce M. de Briqueville qui a si cruellement attaché son nom à la loi d'exil et de proscription !

Je connais si bien les cœurs de nos princes, je sais si bien que leur clémence, que leur miséricorde sont inépuisables, qu'en apprenant la mort de l'homme qui s'était fait leur proscripteur, ils demanderont au Dieu de saint Louis, de Louis XVI et du duc de Berry de lui pardonner.

Dans ces audiences collectives qu'accordait Henri de France, il révélait avec éclat tout ce que Dieu lui a donné, tout ce qui lui fait une couronne que toutes les lois révolutionnaires du monde ne pourront lui ravir ; il montrait ce qu'il a d'élevé dans le caractère, d'étendu dans l'esprit, de juste et de droit dans le jugement, d'énergie dans la volonté, de pureté dans le cœur et de chaleur dans l'âme !

Et tous ces dons du ciel, il nous les rendait visibles par tant de facilité dans ses paroles, tant de grâce dans ses manières, tant de majesté dans sa personne, que nous aurions voulu que ses ennemis eussent été mêlés à nous pour le voir et l'entendre.

C'était une chose digne d'être vue et observée, que les Français sortant du salon de Son Altesse Royale ; après ces audiences, leur vivacité native était doublée par leur enthousiasme, et leur enthousiasme naissait de leur amour et de leur admiration. Aussi, comme on se serrait la main, comme on se félicitait d'être venu voir de près et étudier un pareil prince ! Comme on se souvenait des paroles qu'il avait si bien dites; comme on se les communiquait; comme on les écrivait tout de suite pour qu'elles fussent transmises en France, et pour que le temps ne pût les effacer d'aucune mémoire!

En redisant ces audiences et l'effet qu'elles produisaient sur nous, je ne fais point de sédition contre les faits accomplis. Je rends justice à un Français frappé d'une immense infortune, et j'honore en même temps notre caractère national. Il y a désintéressement, il y a noblesse, il y a élévation de cœur à s'attacher, à s'enthousiasmer ainsi pour l'adversité! Et, dans un siècle comme le nôtre, où la plaie rongeante, où la passion dominante est l'amour de l'argent, ne faut-il pas applaudir aux hommes qui vont saluer un prince que le bannissement a rendu pauvre, et dont les mains vides n'ont à distribuer ni dons, ni grâces, ni faveurs!

LES OUVRIERS.

Si Henri de France charmait les députations de nos diverses provinces ; s'il étonnait ceux qui les composaient par l'étendue et la variété de ses connaissances et par les idées justes qu'il s'est faites, si jeune, et si éloigné de nous, de l'état dans lequel se trouve aujourd'hui la France, notre commune patrie, il n'exaltait et ne ravissait pas moins les ouvriers, les marchands et les industriels qui, pour le venir saluer et l'assurer de leur dévoûment, n'avaient pas hésité à quitter leurs familles, leur négoce et leurs travaux.

Nous venons de voir plusieurs de ces nobles artisans et nous sommes encore tout émus de ce que quelques uns d'entre eux nous ont dit, avec cette éloquence du cœur, qui n'est surpassée par aucune autre.

Un horloger et son frère, tenant un magasin de lingerie, ont fait en commun le pèlerinage de Belgrave-Square ; tous les deux ont bien suivi le progrès de notre époque en tout ce qu'elle a de bon ; tous les deux ont de l'esprit et du cœur, et, tous les deux, sur la route de Paris à Boulogne et de Boulogne à Londres, ont pensé à ce qu'ils diraient au Prince quand ils auraient l'honneur, le bonheur de se trouver face à face avec le fils des rois, des martyrs et des saints.

L'un de ces hommes me disait hier ce qui lui était parti du cœur, ce qu'il avait arrangé dans son esprit, et je puis assurer *qu'il y avait là* des choses que tous les maîtres de Rhétorique et de belles lettres du monde n'enseignent pas !

Qu'étais-je, moi ? me disait l'horloger parisien, pour aller voir et saluer un fils de roi ? moi ! sans nom, sans fortune, aller avec tous ceux qui ont de la fortune et des noms ! mais, c'est folie ; que ferai-je là-bas ? J'y serai inconnu, ignoré... Je n'obtiendrai ni un regard, ni une parole... puis tout à coup, j'ai eu honte de ces mauvaises pensées. N'avais-je donc pas vu en France, Charles X et tous les Bourbons de la branche aînée si accueillans pour tous les

Français; avais-je jamais entendu dire qu'ils eussent jamais repoussé l'homme le plus obscur?...

Alors, au dedans de moi, je demandai pardon au jeune descendant des rois, d'avoir, pendant une seule seconde, eu l'idée que j'aurais de la peine à parvenir jusqu'à lui.

Il n'y avait que quelques heures que nous étions arrivés à Londres, mon beau-frère et moi, ajoutait l'industriel parisien, que déjà les portes de l'hôtel de Belgrave-Square s'étaient ouvertes pour nous, aussi vite, aussi larges, que pour les plus grands seigneurs !

A peine avions-nous été introduits dans l'un des salons, que HENRI DE FRANCE, majestueux comme s'il nous avait reçu dans la grande galerie de Versailles, entra seul et fit quelques pas vers nous... Tous les deux, nous nous croyions bien sûrs de nous, et assez hommes pour ne pas nous attendrir et pleurer... Je commençais donc à redire le peu de paroles que j'avais arrangées sur la route; je disais que Charles VII avait reçu à Bourges des visites comme celles que nous venions faire à Londres à Son Altesse Royale... je croyais que j'allais pouvoir continuer, j'étais content de moi.... Voilà tout à coup que je ne sais quoi d'imprévu me saisit, me trouble et me domine. La pensée de M. le duc de Berry, le poignard dans le sein ; celle de Louis XVI, de Marie-Antoinette, de madame Elizabeth sur l'échafaud, du duc d'Enghien dans les fossés de Vincennes, toutes ces images noires et ensanglantées m'assaillent et me maîtrisent à tel point, que je ne puis plus me rappeler ce que j'avais à dire au petit-fils de Charles X, ce que j'avais dans le cœur m'avait troublé l'esprit : je ne m'y reconnaissais plus.

Henri de France, voyant notre trouble, nous tendit la main, à mon beau-frère et à moi... en nous disant d'une voix que nous n'oublierons jamais... Je sais combien vous nous aimez... combien vous nous êtes attachés, je vous remercie d'être venus me voir ici...

Nous n'étions plus debout, mon frère et moi; tenant toujours ses mains, nous étions tombés à genoux, et ses royales mains, nous les baisions et nous les arrosions de nos larmes d'attendrissement, de joie et de bonheur... *Oui, le fils des rois a été tenu ainsi pendant quelques instans par un horloger et un marchand de linge de Paris...* et loin de retirer ses mains de nos étreintes, il nous les laissait, et lui aussi était ému... Relevez-vous, dit-il, et *parlons de l'état du commerce en France.*

Alors, avec une bonté qui nous touchait, avec une connaissance de la spécialité de chacun de nous qui nous étonnait, il s'entretint de tout ce qui nous intéressait comme s'il s'était, toute sa vie, livré à l'étude du commerce.

Après avoir causé de France pendant près d'une demi-heure avec nous, il finit par nous demander si nous faisions nos affaires et si nous étions heureux?

— « Oh! pour être heureux, m'écriai-je, il faudrait que mes pendules et mes montres marquassent l'heure. . . . .
. . . . »

Cette heure, l'horloger a pu l'indiquer à HENRI DE FRANCE à Londres ; moi je ne puis la redire à Paris !

« Depuis mon voyage en Angleterre, me disait encore l'industriel parisien, je me suis fait, je suis devenu une *affiche vivante* ; ce que j'ai vu, ce que j'ai entendu, ce que j'ai admiré, il faut que toute personne que je rencontre le sache ; tant de bonheur ne m'a pas été donné pour que je le garde enfoui dans mon cœur ; une pareille manifestation d'amour pour la France et pour les ouvriers qui y gagnent leur pain et celui de leurs enfans à la sueur de leur front, ne m'a pas été faite pour que je la taise ;

j'userai mes bronches et mon larynx à répéter ce que mes yeux ont regardé, ce que mes oreilles ont écouté, ce que mon âme a ressenti. A mes amis, à mes connaissances, à mes pratiques, à mes ouvriers, à ceux des autres, et jusqu'aux conducteurs de cabriolets que je prends exprès de temps en temps, il faut que je parle du prince dont j'ai tenu les mains dans les miennes : *affiche vivante*, il faut que je redise combien le noble exilé s'intéresse vivement au bonheur des classes ouvrières; combien il désire, pour son pays, de belles et larges libertés. »

Je savais, depuis long-temps, que dans la classe industrielle, que parmi les marchands de Paris on trouvait des hommes distingués; mais jamais encore je n'en avais rencontré d'aussi éloquens, d'aussi entraînans que celui dont je viens de raconter l'entrevue avec HENRI DE FRANCE. Vauvenargue a dit que les grandes pensées viennent du cœur : l'éloquence de l'horloger partait de là!

Un industriel de Nantes, M. Legall du Tertre, appelé à Londres pour les affaires de son commerce, avait dit, avant de quitter la Bretagne, à un de mes vieux amis : « Je pars pour l'Angleterre, je tâcherai de voir M. le comte de Chambord, et, à mon retour, je vous dirai, en conscience, si j'ai trouvé dans *votre prince* un homme comme il en faut aujourd'hui. »

A Londres, M. Legall du Tertre fut tout de suite, en sa qualité de Français, admis auprès de Son Altesse Royale; et bientôt, entre le prince et l'industriel, la conversation fut facilement établie. A propos de je ne sais quel produit, de je ne sais quel procédé, M. le comte de Chambord cita l'exemple et la méthode de l'Angleterre.

— J'aime mieux la France, dit M. Legall.

— Et moi donc! s'écria chaleureusement le jeune prince, je défie n'importe quel Français de l'aimer plus que moi!

Disant ces mots, le fils de France s'était redressé fièrement et tout l'amour que sa royale race a eu depuis tant de siècles pour notre belle patrie, s'était fait visible, rayonnant dans son superbe regard et dans l'émotion qui l'agitait alors.

De retour à Nantes, M. Legall du Tertre disait à mon ami, M. de Laubespin : « Dans M. le comte de Chambord, j'ai trouvé un homme et un prince taillé comme il le faut à notre époque. »

Peu de jours après mon arrivée à Londres, un saint-simonien eut l'honneur d'être admis auprès de monseigneur. Le prince, avec la bonté qui lui est naturelle, le mit à l'aise et lui permit de lui dérouler son système et ses utopies. Le jeune Français parla avec éloquence et chaleur ; et, quand il eut fini, HENRI DE FRANCE lui dit avec un charmant sourire : « Je n'ai jamais entendu, Monsieur, un plus beau rêve redit dans un plus beau langage. »

Un petit garçon de Meudon, nommé Salèle, et qui, il y a quinze ans, avait l'honneur de jouer dans le parc de Saint-Cloud avec monseigneur le duc de Bordeaux, est devenu homme et bon ouvrier (peintre en bâtimens) ; lui aussi est allé à Londres, et voici comme il nous a raconté son entrevue : « Je connaissais M. Sala ;
» j'allai le demander à son hôtel ; il voulut
» bien me conduire chez Monseigneur. Un quart
» d'heure après, j'étais dans le salon ; le Prince
» y entre bientôt : on lui avait dit mon nom ;
» il a la bonté de faire quelques pas vers moi,
» il me tend la main. Je me précipite sur cette
» main : je l'ai prise, j'y ai porté mes lèvres et
» l'ai mouillée de mes larmes..... les sanglots
» m'étouffaient..... je ne pouvais parler........
» Enfin, je levai la tête et je vis que le prince
» avait aussi des larmes dans ses beaux
» yeux. »

—Ah ! Monseigneur, ah ! mon prince, m'écriai-je, vous me reconnaissez donc !..... Mon Dieu ! mon Dieu ! que je suis heureux ! que j'ai bien fait de venir.

— Oui, oui, je vous reconnais, quoiqu'il y ait long-temps que nous nous soyons vus. Vous avez grandi plus que moi, Salèle.

— Monseigneur, vous êtes bien grand, vous êtes plus grand que tous. . . . . . .

Le prince s'entretint pendant une demi-heure avec Salèle, et, pendant ce temps, il lui parla beaucoup de lui, de sa famille, de sa femme et de ses enfans. Puis, il le questionna au sujet des ouvriers, s'enquérant de leur position morale, de leurs travaux et de leurs salaires.

A toutes ces questions, Salèle répondit avec naïveté et franchise ; et quand Monseigneur lui dit : « Salèle, vous allez sans doute passer » quelques jours ici pour voir les beautés de » Londres ? »

— Non, non, Monseigneur, j'ai vu tout ce que je voulais voir : je vous ai vu ; j'ai baisé votre main ; vous avez serré la mienne..... vous m'avez reconnu..... Ma femme est sur le point d'accoucher..... je partirai demain..... je lui dirai mon bonheur pour lui donner courage ; et quand nous aurons un enfant de plus, nous bénirons Dieu ensemble et nous le prierons pour vous.

Salèle a rapporté de son voyage une médaille que le prince lui a remise lui-même en lui disant : « Elle est à mon image, conservez-la en » mémoire de moi. » Le pauvre et bon Salèle ne donnerait pas cette médaille pour des sacs d'or.

Son Altesse Royale a encore accueilli avec une vive émotion une peinture sur porcelaine, ouvrage de M. Rivart, ancien sous-officier de la garde royale. Le soldat, devenu artiste, a choisi pour sujet de son tableau une visite que monseigneur le duc de Bordeaux avait faite avec son gouverneur, le baron de Damas, à l'un des postes du parc de Saint-Cloud. Sous les magnifiques ombrages du parc, on voit la compagnie dans laquelle servait alors le peintre, présentant les armes au petit prince, qui ne se trouvait jamais aussi heureux qu'au milieu de *ses amis*, les soldats de la garde royale.

M. le comte de Chambord a accepté ce tableau, qui ne pourra orner présentement qu'une chambre d'exil.

Voici comment *le Morning-Post* du 4 décembre rend compte de ce qui se passe à l'hôtel de Belgrave-Square :

« Ce qu'il y a d'honorable en France, tient à prouver à l'Europe qu'il n'a point oublié la branche aînée des Bourbons; de nombreux Français continuent d'affluer à Londres; mais de toutes les visites que le petit-fils de Charles X a reçues, c'est celle des députations des classes laborieuses qui a touché le plus profondément le cœur de Son Altesse Royale. Plusieurs de ces loyaux ouvriers, aux sentimens nobles, malgré l'humilité de leurs professions, n'ont pas craint de venir, des rivages lointains de la Méditerranée, rendre leurs hommages respectueux au prince frappé de bannissement. »

SUITE

DES

EXPLORATIONS DANS LONDRES.

———

Après avoir visité l'abbaye de Westminster, où tant de souvenirs des temps passés vous assaillent et vous font prendre en patience la rudesse du présent ; après avoir vu le tunnel et les docks, où le génie de l'homme se montre dans toute sa puissance ; après avoir exploré la Tour de Londres, où le caractère anglais se révèle ; l'église de Saint-Paul, où le protestantisme répand sa froideur ; les chambres du parlement britannique, où s'agitent tant de grands intérêts, M. le comte de Chambord, avec le goût très prononcé qu'il a pour tout ce qui donne de l'exercice à l'intelligence et pour tout ce qui ouvre de grands espaces devant la pensée, aurait regretté de ne pouvoir, chaque jour, consacrer plusieurs heures à examiner en détail tout ce que Londres offre de curieux et d'intéressant ; mais comme c'était le *bonheur* de s'entretenir, chez lui, avec des Français qui le privait du *plaisir* de donner plus d'étendue, plus de temps à ses excursions, Son Altesse Royale était loin de s'en plaindre : les arrivans de France lui apportaient de l'air du pays natal ; au milieu d'eux, il respirait mieux que partout ailleurs. Cependant, quand les réceptions générales et particulières étaient terminées vers les trois heures de l'après-midi, Monseigneur recommençait ses excursions dans les divers quartiers de Londres. M. Villaret de Joyeuse accompagnait souvent Son Altesse Royale. Plusieurs fois le comte Albert de La Rochefoucault a partagé cet honneur : il était avec le prince le jour où Monseigneur s'est rendu à la cour des prérogatives de l'archevêque de Cantorbéry, où il a lu en entier le testament de Napoléon, écrit de sa propre main ; il s'est fait ensuite présenter le testament de Shakespeare et les manuscrits de Milton. Voilà trois grands noms de nature à faire rêver long-temps !

Voyez-vous le descendant exilé des très hauts, très puissans et très redoutés monarques de France, tenant, dans ses mains de proscrit, le testament du soldat couronné, vainqueur de l'Europe, mort sur le rocher de Sainte-Hélène, prisonnier des Anglais!!! N'y a-t-il pas là sujet à de hautes méditations?

Notre siècle est spéculateur; mais nulle part l'amour de la spéculation n'est porté aussi loin qu'à Londres. On peut s'en convaincre au *musée napoléonien*. Là, *tout* ce qui a servi au grand homme est gardé avec une sorte de culte et montré aux curieux ou aux enthousiastes avec les plus grands égards.

Quelques jours après sa visite *à la cour des prérogatives de l'archevêque de Cantorbéry*, M. le comte de Chambord est allé voir la Banque, la brasserie de M. Barclay et l'église du Temple (*Temple-Church*).

Je ne sais si cette brasserie, que Monseigneur a visitée, appartient à une famille qui, il y a quarante ans, donna à dîner à Georges III, à la reine Charlotte, au prince de Galles, au duc d'York et à toute la famille royale, *dans une de ses cuves*.

Recevoir dans sa maison la famille du souverain, n'eût été qu'un honneur fait au marchand de bière. Il lui fallait plus que cela : il lui fallait quelque chose d'original, et il fit dresser la table, où douze convives royaux s'assirent, dans une cuve monstre. Un escalier, montant autour de cette autre mer d'airain, atteignait son bord, et puis, toujours en spirale, descendait dans sa profondeur, où le couvert était mis.

Le bon Georges III fut si ravi de cette idée anglaise, qu'il s'écria : « Je ne connais, ni à Saint-James, ni à Windsor, une salle à manger que j'aime autant que celle-ci. »

L'église du Temple, qui s'élève dans le tranquille quartier des étudians des lois, est hors du bruit de Londres, et serait bien située pour la méditation et la prière si elle appartenait encore au culte catholique; mais le protestantisme, tout en la restaurant avec entente, y a apporté *son anti-poésie* et sa sécheresse. Excepté le dimanche, on n'y entre que le schelling à la main, pas pour prier, pas pour y laisser respirer son âme, mais pour regarder ses murailles bien peintes et bien remises à neuf. Londres a beaucoup d'églises, et plusieurs d'entre elles, par leur architecture, donnent envie de pénétrer dans leur intérieur; mais impossible; les portes restent closes toute la semaine, hors pendant quelques rares instans, à certains jours et à certaines heures. Ainsi l'homme qu'un affreux malheur vient de frapper, opprimé sous la peine que Dieu a laissé tomber sur lui, ne peut, comme en France, comme dans tous les pays catholiques, s'élancer vers les autels du Seigneur pour lui demander de la force et de la résignation. Les portes sont fermées impitoyablement ; elles ne s'ouvriront que dimanche ; attendez jusqu'alors. Oh ! il y a quelque chose d'impie et de cruel dans cet usage !...

M. le comte de Chambord est aussi allé visiter le *Zoological Garden*, qui se trouve avec toutes ses plantes, ses arbustes, ses arbres, ses allées, ses massifs, ses eaux, renfermé dans un des immenses massifs de Regent's Park. On ne peut sans doute le comparer au Jardin-du-Roi, si aimé des savans et des enfans de Paris ; mais le Jardin zoologique de Londres a sa grâce et son agrément. Nous n'avons qu'une girafe, les Anglais en ont quatre, et les plus beaux lions que j'aie jamais vus. Ces rois du désert mangent en public. J'ai entendu les os des moutons qu'on leur donnait à dévorer craquer sous leurs redoutables dents.

Pour un schelling de plus que le schelling d'entrée, car le schelling se retrouve partout et toujours en Angleterre, on peut se promener sur le dos d'un magnifique éléphant. Il n'y a guère que les enfans à se donner ces airs de triomphe.

QUARTIER DU RÉGENT.

La partie nouvelle de Londres, celle qui avoisine le parc du Régent, et la magnifique rue du même nom, Regent's-Street, qui conduit *à ces campagnes amenées dans la ville*, avec leurs prairies et leurs troupeaux de bœufs, de vaches et de moutons, est le plus bel *improvement* de la riche et vaste capitale de la Grande-Bretagne. Jamais plus grand luxe d'architecture, de péristyles, de frontons, de colonnes, de balustres, de pilastres, de corniches, n'a été déployé nulle part que dans ce quartier créé par le roi Georges IV. Ce souverain aimait les arts plus par magnificence que par instinct, il s'était ennuyé d'entendre répéter que Londres était beau par sa régularité, par ses rues larges et tracées au cordeau; mais qu'en la bâtissant on y avait oublié toute espèce d'architecture. Voulant faire cesser ce reproche depuis longtemps adressé à sa capitale, il inspira, de sa volonté royale, les architectes de ses trois royaumes. Ils se mirent à l'œuvre; l'emplacement du nouveau quartier, presque aussi grand que la ville de Versailles, leur fut livré, et, de droite et de gauche de l'immense parc et dans toute la rue qui y mène, des palais s'élevèrent surchargés d'ornemens, dont un goût très pur n'a pas toujours tracé le dessin, mais dont le grand ensemble frappe de prime abord l'étranger, qui avait cru ne trouver à Londres que de bourgeoises maisons de briques régulièrement alignées.

De tous les monumens que je connais, le plus noir c'est Saint-Paul. C'est vraiment à croire que cette église a été construite avec d'immenses blocs de houille. Sur le même emplacement où s'élève aujourd'hui la cathédrale protestante de Londres, avait existé un temple de Diane. En 610, à la conversion de Sebert, roi d'Essex, une église chrétienne y fut bâtie. Peu de temps après la conquête des Normands, elle fut détruite par le feu, et sur ses ruines s'éleva une nouvelle merveille qu'un autre incendie dévora encore. Trois églises succédèrent à celle du roi Sebert, et toutes furent successivement dévorées par des incendies, qu'une sorte de fatalité faisait surgir de cette place.

L'église de Saint-Paul, telle que nous la voyons aujourd'hui, a été bâtie par sir Christopher Wren ; la première pierre en a été posée le 21 juin 1695, et l'édifice achevé en 1770. Ce qu'il y a de remarquable, c'est que ce monument a été conçu, commencé et terminé par le même homme, sir Christopher Wren; ses travaux conduits par un même maçon, M. Strong; et sous un même prélat, le révérend Henri Compton.

Là, le prince a vu les statues en marbre du philanthrope Howard, du grand Newton, du général Abercromby, de lord Howe, de lord Saint-Vincent, du marquis de Cornwallis, de sir John Moor et d'une foule d'autres marins célèbres; mais, dominant tous ces noms et toutes ces gloires, le nom de Nelson attire et fixe les regards. Le héros de la Grande-Bretagne est là comme un géant couché parmi tous ces morts illustres : le peu de poussière qui reste de lui est renfermé dans une partie du mât creusé du vaisseau amiral illustré par la grande bataille navale de Trafalgar, et déposée directement sous le centre de la coupole. Au dessous de l'entrée du chœur, on lit sur une table de marbre noir :

Sous ce pavé, gît Christopher Wren,
architecte de cette église.
Il a vécu plus de quatre-vingt-dix ans,

non pour lui, mais pour le bien public.
Toi, qui lis ces mots, cherches-tu un monument
élevé à sa gloire?
Regarde autour de toi.

Le jour où nous allâmes visiter l'église de Saint-Paul, nous étions invités à un banquet breton à Sablonnière-Hôtel.

La Bretagne, qui aime à avoir ses coudées franches pour dresser sa table de soixante-quatre convives, avait fait abattre deux ou trois cloisons. Si le prince eût prolongé son séjour à Londres, la muraille y passait après les cloisons, et la table bretonne allait finir sur le trottoir de Leicester-Square. Dans cet hôtel de la Sablonnière, grâce à ceux qui y étaient descendus en foule, c'était à se croire en Bretagne, tant on y rencontrait de cordialité, de loyauté et de franchise. Là, sur la longue table, on ne voyait étinceler ni cristaux, ni luxe de vaisselle d'argent; mais, sur tous les visages, dans tous les regards des convives, on lisait une même pensée, un même amour, un même vœu.

Une femme jeune, spirituelle et jolie, Mme de Freslon, présidait ce banquet. J'avais l'honneur d'être à sa droite, et mon fils aîné à sa gauche. Alfred Nettement se trouvait entre un Cadoudal et un homme tout à-fait spécial en matière d'industrie, M. Albert de Saint-Léger, que Henri de France a appelé auprès de lui dans plusieurs de ses excursions. Nous eûmes l'honneur de nous trouver à dîner avec MM. le général Brêche, le colonel de Freslon, le colonel Louis Cadoudal et son fils Georges, Georges Cadoudal, fils du général de ce nom, Charles de Gouvello, Ferdinand Boucso, Arundel de Mirabeau, Edouard de Mirabeau, Edouard de Kermoisan, Charles Dondel, Ferdinand Dondel, Obet et Mme Obet, sa mère, Jean-Jacques Fournier de Bellevue, Camille Ployet-Ausquer de Kerouartz, Pontbriant, de la Caunelaye, de Keranflech, Sabatier, le chevalier de la Vilatte, Pichot, avocat, Chassaing d'Augerolles, Emmanuel de Montagnac, Frédéric de Chalaniat, Victor de Matharel, Gustave Bouchard d'Aubeterre, Félix de Saint-Amand, le marquis de Saint-Amand, le marquis de Lastic, ancien page de Charles X, Octave de Lastic, de Saint-Didier, Jules de Cosnac, Henri Hutteau d'Origny, etc., etc.

A tous ces noms qui rappellent l'Auvergne et la Bretagne, et que j'avais entendu prononcer dans la salle de Sablonnière-Hôtel, il faut ajouceux des pèlerins des Côtes-du-Nord, autres enfans du noble pays de Duguesclin et d'Olivier de Clisson. C'étaient MM. Picot de Boisfeuillet de Frémainville, Hay de la Rougerais, Jules de Closmadeuc, Ernest de Closmadeuc, Em. de Lamotte Rouge, ex-capitaine de la garde royale, Louis Sevoy, Charles de Cargouet, Charles du Boisberthelot, de Guernisac, Victor de Crésolles, Raison du Cleusion père, Raison du Cleusion fils, Hippolyte de Lorgeril, Lecourt de la Villethassetz, Boscal de Réals, le marquis Em. de Catuelan, etc., etc., etc., etc.

Deux seuls toasts furent portés, l'un au prince, l'autre à la France. Alors nous étions tous debout, tous, le cœur battant d'un saint enthousiasme, et lorsque les noms de tous ceux présens à ce rendez-vous royaliste retentissaient à mon oreille, je me souvenais de ce refrain d'une chanson vendéenne :

Ah! si beaucoup manquent à cette fête,
C'est qu'ils sont morts pour leur Dieu, pour leur roi.

VISITE AU DUC DE BEAUFORT.

Un des plus hauts personnages des Trois-Royaumes, M. le duc de Beaufort, étant venu présenter ses hommages au descendant des rois de France, avait eu l'honneur de l'inviter à passer quelques jours à son château de Badminton; HENRI DE FRANCE, ayant alors accepté cette invitation, partit le 11 décembre pour se rendre à la résidence du noble duc, l'une des plus magnifiques de l'Angleterre.

La réception que M. le duc de Beaufort a faite à M. le comte de Chambord fut digne du Prince qui était reçu et du grand seigneur qui recevait chez lui un fils de France.

Deux voitures à quatre chevaux, avec toute la recherche et le luxe des plus beaux équipages, avaient été envoyées au devant de Monseigneur et mises à la disposition de Son Altesse Royale et de sa suite.

Comme HENRI DE FRANCE mettait le pied sur le seuil du château de Badminton, le noble propriétaire de cette belle demeure a dit à M. le duc de Lévis : « Dès cet instant, Monsieur le duc, Monsieur le comte de Chambord est chez lui ; veuillez prendre ses ordres et les transmettre ; tout le monde ici sera empressé d'obéir. »

En effet, M. le duc de Beaufort, dont le sang illustre remonte au roi Edward IV, et dont les belles et nobles manières, le luxe et la magnificence sont cités dans toute l'Angleterre, avait abandonné son appartement habituel et s'était retiré dans une autre partie du château. Ainsi, tout ce qui était d'apparat et d'honneur avait été courtoisement offert au descendant des rois de France par un fidèle et loyal descendant des Lancastre.

Avec les traditions de sa famille, le duc de Beaufort devait agir ainsi. Henri de Sommerset, cinquième comte (Earl), marquis de Worcester, soutint de son épée, de son crédit et de sa fortune la cause de Charles I^{ee}; et, quand la révolution et Cromwel devinrent puissans, il défendit vaillamment la ville de Monmouth contre les rebelles. Enfin, vaincu par le nombre, il fut forcé de se rendre au général Fairfax qui, malgré la foi jurée, le retint en prison, où l'illustre défenseur de la légitimité anglaise mourut.

Plus tard, Henri, duc de Beaufort, fils du marquis de Worcester, refusa de prêter serment de soumission et de fidélité à l'usurpateur Guillaume III. Quand le succès fut tout-à-fait déclaré en faveur du gendre ingrat de Jacques II, le trisaïeul du présent duc de Beaufort, ne voulant pas reconnaître le fait accompli, s'éloigna de la cour, et vécut au milieu des ruines de ses anciennes propriétés pillées et incendiées par les ennemis des Stuarts.

Cet esprit chevaleresque qui s'attache au malheur s'est transmis de père en fils dans la lignée des Lancastre. Nous venons d'en avoir la preuve dans la courtoise et splendide réception que le présent duc de Beaufort a faite à Henri de France.

Parmi les magnificences de Badminton, on vante ses écuries ; M. le comte de Chambord est allé les voir aux flambeaux. Quatre-vingts chevaux pur sang étaient dans leurs stalles d'acajou, sous des voûtes resplendissantes de l'éclat de cent lampes appendues aux murailles et de cent torches tenues par des grooms.

Tout, dans la somptueuse demeure, est en harmonie avec le luxe des écuries.

Chaque matin, le noble descendant des Lancastre venait, plein de respectueux égards, courtoisement savoir de Henri de France ses projets pour la journée. Après le dîner, c'était encore lui qui présentait le café au prince, sur un plateau de vermeil.

Le noble propriétaire du château de Badminton avait prié M. le comte de Chambord d'amener avec lui tous les Français qu'il lui plairait d'inviter, Sa Grâce, le duc de Beaufort, ayant fait préparer des appartemens pour cent personnes. L'extrême discrétion de M. le comte de Chambord l'avait fait se borner à n'arriver chez son hôte qu'avec le petit nombre de personnes qui l'accompagnaient ordinairement : le duc des Cars, le duc de Lévis, MM. Villaret de Joyeuse et Barrande. Le duc et le marquis de Fitz-James, le prince de Robecq, étaient au nombre des Français invités.

RETOUR A LONDRES.

LES LA ROCHEJAQUELEIN.

Le mercredi, 13, au soir, M. le comte de Chambord était de retour à Londres. Pendant ces deux jours d'absence de Belgrave-Square, le nombre des Français arrivés à Londres s'était encore augmenté ; aussi, la foule fut grande chez Son Altesse Royale, aux présentations du matin et aux réceptions du soir, qui suivirent son retour ; parmi les noms des nombreux pèlerins royalistes, il y en avait un des plus illustres, le général comte Auguste de La Rochejaquelein, et son neveu, le loyal député de Ploërmel, venaient d'arriver : c'était compléter la grande réunion des illustrations françaises rassemblées sur la terre d'exil, autour de l'illustre banni.

Ce nom rayonnant de la gloire des armes vient d'acquérir une autre illustration. Dans l'histoire de cette famille, jusqu'ici toute guerrière, on aura désormais à montrer avec orgueil la tribune législative auprès de la tente du soldat ; et l'on pourra citer des élans de franchise et d'honneur du député de Ploërmel à côté de ces chevaleresques paroles de Henri :

« Si j'avance, suivez-moi ;

» Si je recule, tuez-moi ;

» Si je meurs, vengez-moi. »

Le lendemain de son arrivée, le député de Bretagne, que toute la France vient de fêter, avait eu l'honneur de dîner à la table de M. le comte de Chambord.

Le général, Auguste-le-Balafré, frère de Louis de La Rochejaquelein et oncle de Henri, a fait plusieurs excursions avec le prince, à Birmingham, à Oscott, à Bath et à Plymouth.

HOMMAGES LITTÉRAIRES.

Ce fut quelques jours plus tard que M. Guillemin, avocat près la cour royale de Paris, vint faire hommage au descendant des rois de France de son poème épique de *Jeanne d'Arc.*

Ce poème, dont j'ai entendu l'auteur dire des fragmens dans le salon de madame la marquise de Roncherolles, a dû remuer l'âme du successeur de Charles VII.

M. Guillemin, dans son ouvrage rempli de pensées chevaleresques et nationales, a su donner les ailes de la poésie aux faits de l'histoire, et a noblement vengé la villageoise inspirée, des outrages de la muse obscène de Voltaire. Le petit-fils de Louis XIV a admis le poète à sa table, et dans les heures qui ont suivi le dîner, HENRI DE FRANCE a pris plaisir à écouter plusieurs chants de cette épopée.

Un autre écrivain, non moins aimé des royalistes, M. Mazas, auteur de la *Vie des Grands Capitaines,* d'une histoire de France très estimée, a eu l'honneur d'offrir au prince un volume intitulé : *le Dernier des Rabasteins.* L'*Encyclopédie Catholique,* dont j'ai la direction de concert avec un ecclésiastique d'un mérite éminent, et que publie M. Parent des Barres, a été offerte en hommage à M. le comte de Chambord, au nom de ce dernier.

A moi, qui lui avais apporté trois de mes derniers ouvrages, Son Altesse Royale dit :

« Oh ! je ne puis vous promettre de lire dans ce moment, ce que vous m'offrez aujourd'hui ; tant que je pourrai causer avec les Français qui sont venus me voir, je ne lirai pas... Plus tard, j'aurai de longs loisirs, et alors je vous lirai comme je vous ai déjà lu. »

Dans son exil, le prince reçoit avec gratitude tous les ouvrages qui lui viennent de France ; ces livres sont pour lui comme des fleurs de la patrie qui lui en apportent les parfums.

Son Altesse Royale a reçu toutes ces offrandes littéraires avec sa bonté et sa grâce habituelles.

CHAPELLE DE SLOANE-STREET.

La première fois que j'ai vu le petit-fils de saint Louis dans une église, ç'a été dans la chapelle de King-Street ; la seconde, dans la chapelle de Sloane-Street, bien plus riche et plus ornée que celle bâtie par les émigrés français. Pour recevoir dignement le descendant des fils aînés de l'Église, les catholiques anglais avaient fait tendre de draperies de velours fleurdelisées le sanctuaire réservé à Monseigneur.

Dès le matin, de bonne heure, M. Barrande se rendit à la chapelle de Sloane-Street, et, par ordre exprès du prince, fit enlever et disparaître ce décor respectueux et royal, au grand regret de ceux qui avaient commandé ces préparatifs. Un simple fauteuil et un prie-Dieu furent conservés à la droite de l'autel. Ce dimanche-là, la foule était encore plus grande qu'elle ne l'avait été à la chapelle de King-Street.

Pendant la réception du soir du 17, la pensée que le lendemain il allait s'éloigner des Français qui étaient venus former autour de lui une petite France, avait rendu le prince triste et souffrant; il sut maîtriser cette tristesse, et, comme de coutume, fut accueillant, fut bon, fut aimable pour tous.

A cette soirée se trouvaient MM. de Monstiers de Merinville. Le plus jeune, Renaud, causant avec un autre Français, se sentit serrer la main; il se retourna..... C'était le prince qui lui dit avec émotion : « C'est d'un bon camarade, Renaud, d'être venu me voir ici : je vous en remercie. » Puis il ajouta en s'éloignant : « Adieu, adieu, mon bon compagnon. »

Ce mot *adieu*, nous le disons tous les jours sans que notre cœur se serre; mais pour un exilé qui voit tous ses amis retourner vers cette patrie qu'il aime tant et qui lui est fermée, ce mot est torturant à dire ; il faut un courage d'homme pour ne pas fondre en larmes en le prononçant !

Le 18, jour du départ de M. le comte de Chambord pour Birmingham, tous les Français présens à Londres accoururent, dès sept heures du matin, à l'hôtel de Belgrave-Square, pour voir encore le prince. Tous étaient rassemblés dans les salons ; il vint tout de suite au milieu d'eux avec sa bonne grâce accoutumée, mais avec le front moins radieux qu'à l'ordinaire, et leur dit avec une émotion que trahissait sa voix : « Messieurs, j'ai voulu vous réunir encore pour vous remercier de l'empressement que vous avez mis à venir ici. Je ne vous dis pas ADIEU, mais AU REVOIR. Soyez mes interprètes auprès de ceux de nos amis qui n'ont pu vous suivre..... AU REVOIR, AU REVOIR. »

Béni soit le petit-fils de saint Louis d'avoir dit AU REVOIR ; ce mot ne brise pas le cœur comme celui d'ADIEU.

EXPLORATIONS AU DEHORS.

OSCOTT-COLEGE.

Dans le cours de la journée, l'auguste voyageur est arrivé par le chemin de fer à Birmingham, accompagné de MM. de Levis, du général Brêche, d'Albert de Saint-Léger et Barrande. Après quelques instans, Monseigneur est parti pour le grand et bel établissement d'Oscott, collége renommé des Trois-Royaumes, où la jeunesse catholique est élevée sous la direction du docteur Wiseman, l'homme le plus éminent du clergé catholique de la Grande-Bretagne.

M. le comte de Chambord a passé la nuit à Oscott, où de grands préparatifs avaient été faits pour recevoir dignement Son Altesse Royale. Des arbustes, des fleurs, des immortelles surtout décoraient la grande cour où l'attendaient les professeurs et les élèves portant le costume de l'Université.

A la grande entrée du collége, on avait rassemblé les jeunes enfans des écoles de charité ; deux d'entre eux portaient chacun un pavillon blanc à fleurs de lis d'or.

L'arrivée du descendant des rois a été saluée par l'air de *vive Henri IV,* joué par la musique de l'établissement.

L'adresse suivante a été présentée au nom des élèves à Son Altesse Royale :

« Monseigneur, nous sommes heureux de sa-
» luer, dans cet asile catholique, le descendant
» de saint Louis et l'héritier de sa foi. Nous
» savons aussi peu de choses du monde que
» de l'histoire, Monseigneur ; mais le peu que
» nous en avons lu nous a fait connaître les
» hauts faits de vos illustres ancêtres et les
» épreuves auxquelles la Providence a soumis
» le neveu de Louis XVI et le petit-fils de
» Charles X.

» Mais la grandeur et l'adversité, Monsei-
» gneur, ne sont pas vos seuls titres à notre
» profond respect. Nous vous devons aussi
» notre reconnaissance. Ce collége, comme
» tous ceux que notre religion possède en An-

» gleterre, doit son origine à d'anciens sémi-
» naires français, dans lesquels nos ancêtres,
» et surtout le clergé de notre nation, reçurent,
» avec l'appui tutélaire des Bourbons, cette
» éducation religieuse et forte qui les préparait
» au martyre et perpétuait la foi parmi nous.

» Daignez, illustre prince, recevoir l'hom-
» mage de jeunes gens qui honorent en votre
» auguste personne le noble rejeton de ces rois
» très chrétiens, de ces puissans bienfaiteurs,
» représentans de l'ancien honneur français et
» alliés de la foi catholique. »

Si Monseigneur fut ému d'entendre ainsi de jeunes Anglais rendre justice et hommage à son pays et à sa famille, l'émotion des maîtres et des élèves était grande en voyant au milieu d'eux un jeune descendant de ces puissans monarques français qui ont si souvent remué le monde. Ce n'est pas dans le cœur de la jeunesse catholique que se trouvent la froideur et l'indifférence, quand elle a devant elle une grande et sainte infortune.

Aussi la visite au collège d'Oscott a laissé, de part et d'autre, des souvenirs que le temps respectera.

BIRMINGHAM.

Dans cette même journée du 20, au sortir du grand et bel établissement d'Oscott, où le descendant des rois très chrétiens avait été reçu avec tant d'enthousiasme et d'égards respectueux, Monseigneur est retourné à Birmingham ; il n'a fait qu'y changer de chevaux et s'est rendu à Reddish, à quinze milles de distance, afin d'y visiter les fameuses manufactures d'aiguilles dont l'Angleterre fournit le monde entier. Là, Son Altesse Royale devait commencer son exploration par l'établissement renommé du premier fabricant de cette petite ville. La mort de la fille du propriétaire de cette immense manufacture en ayant fait cesser les travaux et fermer les portes, Monseigneur n'y put être admis. On vint bien lui proposer d'aller trouver la famille, et d'obtenir une exception pour Son Altesse Royale; mais le jeune Prince, respectant la douleur des parens, voulut visiter une autre manufacture. Alors on se présenta chez MM. Hemming and Son. Dès que le nom du prince eut été prononcé, tout le vaste établissement s'ouvrit devant lui, et tous les nombreux détails de cette fabrication lui furent montrés avec un empressement et une courtoisie extrêmes. Cette exploration dura si longtemps, que le prince ne fut de retour à Birmingham que fort tard. Le lendemain, Monseigneur consacra une grande partie de la journée à visiter les principaux établissemens de cette ville, qui compte plus de cent vingt mille habitans, et dont les maisons ressemblent beaucoup à celles de Londres. Birmingham, comme Liverpool, comme Manchester, a plusieurs *shew-rooms*, chambres de montre, où sont exposés et arrangés avec goût, dans de longues enfilades de magasins, mille objets divers, en fonte de fer et de plaqué. Là, l'or, l'argent et l'acier revêtent les murailles : cette variété d'articles est si grande, que l'on a peine à croire que tous soient manufacturés dans le pays, et cependant ils ont été confectionnés non seulement dans la même contrée, dans la même ville, mais encore dans la même maison. Le propriétaire d'un de ces riches bazars disait au Prince : « Il n'y a pas, Monseigneur, un seul des objets que vous voyez ici qui ne soit de notre maison, qui n'ait été fait par nous, depuis l'aiguille jusqu'à la charrue, depuis ce nécessaire en vermeil jusqu'aux immenses vaisseaux en fonte de fer qui naviguent sur l'Océan. »

Ce que disait l'industriel était exact.

A Birmingham l'acier a atteint sa dernière perfection ; l'ivoire y est travaillé avec la plus extrême délicatesse, et la porcelaine la plus fine, la mieux peinte, la plus élégante par ses formes, est l'objet d'une des nombreuses industries de cette cité de fer.

Le prince a ensuite visité la fabrique de boutons de M. Hardman; celle d'épingles de M. Phipson ; puis il s'est rendu à la manufacture de MM. Winfield, qui donnent toutes les formes imaginables au cuivre, au laiton et aux fers creux.

A peu de distance des ateliers de MM. Winfield, le royal voyageur est entré dans les ateliers de M. Gillots, fabricant de plumes métalliques. Là, travaillent quelques centaines d'ouvrières qui, dans le courant de l'année 1843, ont produit le nombre presque effrayant de cent millions de plumes.

La fabrique de M. Elkington, vers laquelle M. le comte de Chambord s'est dirigé en quittant la précédente, avait pour lui un attrait de plus, parce qu'il savait qu'un Français, M. de Ruolz, était arrivé, par une voie différente, mais simultanée, à la même découverte, savoir : l'application galvanoplastique d'un métal quelconque sur un autre métal. M. Elkington a expliqué lui-même les détails de ses procédés. Henri de France lui a témoigné à plusieurs reprises la satisfaction qu'il éprouvait en voyant la beauté des produits obtenus, la simplicité et la sûreté de l'exécution, et la salubrité désormais assurée à des ateliers de dorure naguère si funestes à la santé des ouvriers.

Le 20 au soir, au moment où le Prince allait quitter Birmingham, M. Hemming vint remercier Son Altesse Royale d'avoir, la veille, honoré sa demeure et sa manufacture de sa présence, et fit hommage à Monseigneur d'un charmant coffret rempli des plus belles et des meilleures aiguilles qui fussent jamais sorties de chez lui. — « J'accepte votre don, lui dit Henri de France, et je remettrai, en votre nom, cette boîte à ma sœur... »

Cette pensée de Mademoiselle ne quitte pas le cœur du fils de Madame, duchesse de Berry. Jamais union fraternelle ne fut plus sincère, plus douce et plus tendre que celle de Henri et de Louise de France. Le frère regarde sa sœur comme un ange; la sœur dit : « Mon frère, c'est ma gloire et mon espérance. »

Pendant son séjour à Birmingham, Monseigneur invita à sa table plusieurs industriels, entr'autres un simple fabricant de boutons.

Le 21, Monseigneur s'est rendu à Wednesbury-Oak, propriété de M. Philipp William : le Prince a été reçu par lord Hatherton ; de là, Son Altesse Royale est allée à Dudley, où elle a visité le Musée très curieux de cette ville. Là, de précieux minéraux ont été présentés à Monseigneur. Toute la famille de lord Hatherton était réunie dans une des salles du Musée, et a eu l'honneur d'être présentée à Henri de France.

Après l'aspect animé des usines et des manufactures, d'autres scènes ont été offertes au royal voyageur dans les grottes de Dudley. Ces souterrains, placés directement sous le vieux château de Dudley, semblent des palais fantastiques, habitations des génies et des fées. On y pénètre par diverses ouvertures qui percent les flancs d'une haute colline. Au moment où le jeune prince, guidé par lord Hatherton et M. Smith, est entré dans ces régions où les rayons du soleil ne descendent jamais, des milliers de lumières ont soudainement brillé en chassant bien loin les ténèbres de ces souterrains, ordinairement silencieux, mais qui alors étaient animés par la foule accourue sur les pas de M. le comte de Chambord.

Dans ces régions, dont on ne peut se faire une juste idée avant de les avoir parcourues, on circule tantôt sur un canal souterrain qui en occupe la ligne la plus basse, tantôt sur un chemin tortueux suspendu entre les eaux de ce canal et les masses qui forment une voûte hardie et tout hérissée de stalactites. Ces explorations des grottes avaient lieu le 21 décembre; le lendemain, c'était de tout autres émotions qui allaient saisir le petit-neveu de Louis XVIII. Monseigneur a voulu visiter Hartwell, résidence de sa royale famille dans d'autres temps d'exil. C'est à Hartwell que le frère de Louis XVI et de Charles X a vécu long-temps avec l'ange des bannis, madame la duchesse d'Angoulême. Ce lieu, à présent triste et solitaire, offrait trop de souvenirs pour que le fils de monseigneur le duc de Berry n'y allât pas en chercher; souvent les souvenirs sont des enseignemens :

HENRI DE FRANCE ne redoute pas les plus graves.

C'est à Hartwell qu'un jour des envoyés de France arrivèrent apprendre à Louis XVIII que le sénat conservateur, tout composé des restes de la république et des illustrations de l'empire, venait de proclamer la déchéance de l'empereur Napoléon, et de rappeler au trône, d'où Louis XVI était tombé, Louis-Stanislas-Xavier de Bourbon.

L'esprit encore rempli des grandes leçons que donne cette résidence, Monseigneur est arrivé le soir à Oxford, la ville des églises, des colléges et des bibliothèques ; pays grec et latin, avec ses maisons gothiques et ses embellissemens modernes, son université protestante, ses souvenirs et ses traditions catholiques ; pays d'étude et de savoir, où s'élève tranquillement, sans bruit, sans émeutes, la jeunesse des Trois-Royaumes. Pour un esprit méditatif comme celui de M. le comte de Chambord, Oxford a dû être plein d'attrait.

A Oxford, ce qu'il y a de plus rare, c'est un bâtiment qui ne soit pas historique. Toutes ces longues murailles entrecoupées de tourelles, ces toits surmontés de dômes, ces porches en ogives, ce sont des rois, des cardinaux, des ministres qui les ont bâtis ; on dirait que les simples bourgeois ont été bannis lors de la construction de la ville. Le voyageur est comme étourdi des grands noms que lui redit son guide, en le promenant dans la docte cité.

Monseigneur a visité en détail les différens colléges dont la richesse, la grandeur et la beauté s'allient cependant avec la science, qui se trouve comme pliée aux institutions et aux mœurs du pays, sans rien perdre de sa dignité et de son indépendance intellectuelle.

Quand M. le comte de Chambord a été de retour à Londres, il y a trouvé cent vingt Français qui l'attendaient avec impatience. Parmi eux on comptait plusieurs chefs d'ateliers et de simples ouvriers venus d'outre-mer pour offrir leurs hommages à l'auguste exilé.

Après un repos de quelques jours, les excursions du prince ont recommencé. Accompagné de M. le duc des Cars, de M. le comte de La Rochejaquelein, du général Brêche, de M. Villaret de Joyeuse et de M. Barrande, Monseigneur est parti pour Bristol, où il est arrivé le 23, dans les chantiers de construction où s'achève en ce moment le *Great-Britain*. On sait que ce bateau à vapeur surpasse tous les bâtimens du même genre par ses dimensions.

M. le comte de Chambord a voulu étudier en détail la coque et les divisions intérieures de ce steamer colossal ; il a examiné avec beaucoup d'attention les quatre machines à vapeur formant ensemble un moteur de la force de douze cents chevaux, et il est descendu jusqu'à fond de cale pour se rendre compte de la transmission du mouvement, depuis les machines jusqu'à la vis à palettes découpées, qui doit agir sous l'eau et donner l'impulsion à cette masse immense. M. Clinton, directeur de la compagnie qui a construit ce bâtiment, s'est fait un devoir de guider lui-même M. le comte de Chambord, et de lui donner toutes les explications ou renseignemens qu'il pouvait désirer, soit sur le *Great-Britain*, soit sur la navigation transatlantique en général, qui paraît vivement intéresser le jeune prince.

Ainsi s'écoule le temps que Monseigneur a consacré à son voyage d'Angleterre. Ses jours sont partagés par différentes études et par des émotions bien diverses. Des manufactures anglaises, des colléges d'Oxford, des ports de la Grande-Bretagne, il revient avec bonheur à son salon de Belgrave-Square, sa petite France à lui qui n'en a plus d'autre !

LES FÊTES DE NOEL

ET

LE PREMIER DE L'AN 1844.

Depuis l'excursion à Birmingham; depuis sa réception au collége d'Oscott, et sa visite à Oxford, M. le comte de Chambord a passé les fêtes de Noël à Londres. Noël, en Angleterre, est une sainte journée de famille; on la chôme de l'autre côté du détroit, comme nous célébrons, en France, le premier de l'an. *The Christmass gifts* remplacent les étrennes; et le jour où le divin Sauveur est né, on se visite dans une pieuse allégresse et l'on se souhaite toutes sortes de félicités.

Le petit-fils de saint Louis, qui charme les jeunes gens par l'entraînement de sa franchise; qui plaît aux hommes graves par sa sagesse et la maturité de son jugement; aux artistes, aux littérateurs, par la pureté de son goût; aux industriels, par ses connaissances variées dans tout ce qui tient aux progrès de notre époque; le prince qui étonne les vieux militaires par la science qu'il a acquise dans les livres et dans ses explorations avec les généraux d'Hautpoul, Latour-Foissac, Clouet et Vincent, des grands champs de bataille de l'empire; ravit aussi les âmes pieuses quand elles le voient prier au pied des autels. Comme rien ne l'arrêterait devant un danger, aucun respect humain ne l'arrête devant un devoir religieux. Personne au monde ne porte mieux la tête que lui; mais ce front si pur, si candide et si beau, ce front qui ne s'est incliné devant aucune puissance humaine, qui ne s'est point courbé sous la rude main du malheur, s'humilie avec grâce devant Dieu.

Le prince, qui a une piété si vraie, ne peut avoir d'orgueil; aussi, les artisans, les ouvriers qui sont allés à Londres, reviennent enthousiasmés de lui.

« *Il nous a parlé comme un ami*, disent-ils, *mais en l'écoutant nous sentions bien qu'il était quelque chose de plus.* »

Quand on pense à l'exil, quand on a passé par la pauvreté et les privations qu'il impose, on s'étonne de tous les bienfaits que CE BANNI répand sur la terre étrangère.... On cite une lettre de sa sœur, exilée comme lui, et qui lui mande : « Ne vous arrêtez point dans le bien que vous voulez faire ; Henri, ce que j'ai est à vous : continuez à vous faire bénir, et ici nous serons moins à plaindre. »

A l'occasion du premier de l'an, M. le comte de Chambord a reçu tous les Français qui se trouvaient réunis à Londres.

Voici une partie des noms des personnes qui ont eu l'honneur d'être reçues par Henri de France :

MM. le général Aug. de La Rochejaquelein, Henri de La Rochejaquelein, député, d'Aramon, Paul d'Aramon, de Bousquet, de Frotté, Charles de Frotté, Alphonse de Frotté, Ernest de Frotté, Henri de Frotté, Louis de Frotté, Octave de Broglie, Auguste de Broglie, Raymond de Broglie, Élie de Bourdeilles, Ernest de Coislin, Auguste de Bonvouloir, du Plessis, de Richemont de Richardson, Marc d'Abzac, de la Serre, Gosselin, l'abbé du Lin, de Bartier-Pinsaguel, de Saint-Maurice, de Sennevoy, de Sainte-Maure, de Bonneuil, Auguste Cantel, Edmond de Berthoult, Blin de Saint-Quentin, Louis de Chandenier, E. Roger, Edme de Marcy, P. de Marcy, A. Bisson de la Roque, Mesureur, A. de Couffon de Kerdellech, Camille de Linière, Ad. de Creny, Albert d'Agier, Athanase de Subtil de Franqueville, Ed. de Sainte-Aldegonde, d'Oilliamsom, Chastellux, Armel de Rougé, de Perrien ; MM. de Guébriant, l'abbé d'Ormancey de Frejacques ; MM. Ledoucet de Méré, de Beauffort, de ex-garde-du-corps, de Chabannes, Auguste du Breil de la Caunelaye, Erard de Lavaulx, Caumont, de Montbron, de la Rochelle, de Monceau, Albert de Laage, Alfred de Laage, Charles de Cargouët, Timoléon de Vil-Montholon-Sémonville, d'Amboise, C. d'Amboise, de Villoutreys, l'abbé d'Orel, Philippe de Bengy, de Maistre, de Vogué, de Tarragon, Deservilers, Green de Prejean, de Pazzis, Maxence de Damas, Zeloni, Louis de Bourmont, de la Perraudière, Ferrand, d'Ault-Bumesnil, de Bois-Guilbert, de Broyes, de Cugnac, Desmirail, ancien procureur-général, Raymond de Monteynard, Charles de Guitaut; MM. de Virieu, Gabriel d'Autichamp, de Montaigu, de Montbreton, de Goinay Saint-Luc, de Taverny, de Barbançois, du Passage, Ernest de Valanglart, Henri de Valanglart, Jules de Villemarest, Guéroult de Vulmet, de L'Espine, Le Gauchet de Brontel, de La Villestreux, de Barvis, Ludovic de Fougères, de la Ville-Baugé, de Formont, de Bar, de Lambert, de Varieux, Arthur de Tarade, d'Avelon, de Thoren, Vandrisse, Charles de Fitz-James, Mille, marchand de toile, Henri Carion, Henri Bricont, révérend Berinkse, Armand d'Argœuves, Alfred d'Argœuves, Cornet d'Hunval, d'Hervilly, de Guernon de Ranville, de Meyronnet, de Charnois, de Roquemartine et son fils, d'Arthel, Gustave de Tramecourt, de Calonne et ses enfans, de Labédoyère, son fils et son gendre, de Dereden, de Sainte-Marie, Jules Dupuis, général d'Arlincourt, Chardin, Chapelle, César de la Bélinaye, le Penarain de Trevelet, de Mauduit, Frédéric Lecourt de Ville-Thassetz, des Moutis de Boisgautier (de Versailles), Ratel, horloger, Drappier, tailleur, de la Grange, du Buat, Edmond de Solérac,

Lebresme, Louis de Mellet, Léonce de Lambertye, d'Adhémar, Charles de Béthune-Sully, de Verclos, Septime de Villeneuve, Renaud de la Roche-Aymon, de la Roche-Aymon, d'Adhémar, le général de Farincourt, Picot d'Aligny, Albert de la Boëssière, de Lestang de Rusquet, Emile de Thermangay, Bonamy de la Ville-Bachelier, du Moulier, de la Brosse, Gustave de Gomer, d'Advisard, de la Fruglaye, Freslon de la Freslonnière, Alfred de Tisson, de Lorgeril, Léon de Perrey, Henri de la Fresnaye, Fernand de Bertier, Du Couëdic de Kergoualen, d'Aubery, de Bouville, Félix de Conny, de Conny, Ed. de Conny, Théodore Aronio, Louis Vander Cruissen de Waziers, de Laubespin, Léon de Germiny, de Chantérac, Joel de Laage de Meux, Albert de Laage, d'Haffringues, Guillemin, de la Villéon, de Nanteuil, Henri de la Fosse, MM. de Chazelles, de Montal d'Astorg, de la Bretonnière, Edouard de Fraguier, Mazas, Albert de Roux, de Brandt de Galametz, Leroy, d'Alvila, de Chabannes, Meyer, Ernest de Beaulieu, de Kergariou, Georges de Salaberry, de Choiseul-Praslin, de Castries, Vandermeesse, de Lagrené, Adolphe Gouaire, Baptiste Delobel, Broulers fils, de Crux, de Bonneval, de la Grange, Victor de Tramecourt, de Crémion, de Fricon, Rouillé d'Orfeuil, Félix Germon, du Buat, Edmond de Solérac, de Villette, de Keranflech et son fils, Edouard Lemintier, de Trégomain, de Monluchon, Ferrer, de Piessac, Albert de Rocheplatte, Henri de Bion, de Grandeffe, de Lannoy, de Carbonnière, Louis de Giry, de Villerment, de Favières, de Vélard, Henri de Dion de Vandonne, de Trevet, N. de Trevet, Eugène de Gomer, de Cussy, Roche, homme de lettres, établi à Londres, etc., etc.

PLYMOUTH, TORBAY, TEIGNMOUTH, LULLWORTH, POOLE ET BRIGTHON.

Le 29 décembre, lord Clifford, dont le beau nom se rattache aux temps chevaleresques de l'Angleterre, a eu l'honneur de recevoir chez lui le prince que l'on avait salué à sa naissance comme devant s'asseoir sur le trône des chevaliers couronnés et habiter les palais de Philippe-Auguste et de François Ier.

Le lendemain, 30, M. le comte de Chambord est parti pour Plymouth, où il est entré à deux heures et où il a profité des dernières heures de la journée pour visiter en canot toutes les parties de la rade, qui s'étend en amont de Devonport. L'arrivée du prince ayant été annoncée d'avance, l'amiral Milne, commandant en chef de la marine, lui envoya un de ses aides-de-camp pour prendre ses ordres et lui demander quand il voudrait le recevoir.

Le dimanche, 31, l'amiral est venu voir Monseigneur à son hôtel. Comme son grand âge (81 ans) ne lui permet pas de faire des courses fatigantes, il avait chargé son aide-de-camp d'accompagner l'auguste voyageur dans son exploration. Le temps était assez mauvais et la mer assez grosse ; M. Kemble avait répété plusieurs fois que la partie serait peu agréable ; mais le prince persista, et l'on se mit en route par une pluie battante et un vent assez fort soufflant par rafales. Un cutter mit à la voile pour gagner l'entrée de la rade. On gouverna de manière à longer la jetée au plus près, à quelques mètres de distance ; mais on ne put débarquer, parce que les vagues venant du large, balayaient à chaque instant la partie supérieure du *Breakwater*. On était cependant assez près pour pouvoir examiner même les détails de construction de ce bel ouvrage, et l'agitation de la mer en ce moment devenait une excellente occasion de juger de l'effet produit par cet abri artificiel.

Après avoir longé toute la jetée, le cutter vira de bord pour conduire le prince au vaisseau l'*Albion*, que Son Altesse Royale voulait visiter en détail. Le vieil amiral sir David Milne avait promis de s'y rendre et en effet, il y arriva quelques instants après.

Au moment où le prince parut sur le pont, tout l'équipage monta sur les vergues, et les officiers et soldats de marine se rangèrent sur l'arrière pour recevoir l'illustre visiteur.

L'*Albion* passe pour le vaisseau-modèle de la marine anglaise. Il a été montré à Monseigneur avec une grande courtoisie par MM. les officiers. La présence de M. Villaret de Joyeuse est d'un grand secours au prince pour visiter avec fruit tout ce qui tient à la marine.

Après cette excursion du matin, M. le comte de Chambord a visité l'arsenal et tous les établissemens du port.

Sir Samuel Pym, amiral surintendant de l'arsenal; le major-général Murray; le colonel Oldfield, chef du génie de la place; le colonel Rudyerd, commandant l'artillerie; le contre-amiral Ross; sir Thomas Fellowes, directeur des magasins et de la manutention de la marine, ainsi que beaucoup d'autres officiers supérieurs, s'étaient empressés de se présenter chez M. le comte de Chambord pour lui offrir leurs hommages et se mettre à sa disposition.

Comme je l'ai dit, l'amiral Milne était venu, malgré son grand âge, à bord de l'*Albion*, pour rendre hommage à Monseigneur. Il avait accompagné le prince depuis le pont jusqu'au fond de la cale. Dans le cours des conversations amenées par le sujet de cette visite, M. le comte de Chambord a eu la satisfaction d'entendre les officiers anglais rendre hommage à la perfection des constructions françaises, souvent imitées dans les chantiers de la Grande-Bretagne.

Dans l'après-midi, l'auguste voyageur, ayant constamment à ses ordres le canot de l'amiral-commandant, a traversé la rade pour aller faire une visite à lord et à lady Mount Edgecumb qui sont venus au devant de lui jusqu'au rivage. Après une promenade dans le parc de Mount Edgecumb, dont les hauteurs présentent de magnifiques points de vue sur la Manche, le Breakwater, la rade et les quatre villes qui la bordent, M. le comte de Chambord s'est reposé quelques momens dans le vieux château de ses nobles hôtes qui lui ont courtoisement offert une splendide collation.

L'amiral-commandant ayant sollicité, dès la veille, l'honneur de donner un dîner au prince français, M. le comte de Chambord s'est rendu à cette invitation. Sir David Milne a réuni, à cette occasion, les chefs de l'état-major de la marine et ceux de tous les corps militaires qui résident à Plymouth, Devonport et Stone-House. Ces officiers ont tous paru dans leur plus grande tenue. Après le dîner, les personnes les plus distinguées de la contrée ont été réunies pour passer la soirée chez l'amiral. Il était près de minuit lorsque M. le comte de Chambord s'est retiré.

Le 2 janvier, à six heures du matin, le prince s'est mis en route pour continuer son voyage le long des côtes de la mer, vers Torbay et Teignmouth, d'où il s'est détourné pour aller faire une visite au comte de Courtenay, et se diriger ensuite vers Lullworth et Portsmouth.

Après avoir étudié tout ce que contient de grand et d'utile le port de Plymouth, Monseigneur a vu avec intérêt la rade de Torbay. Mais où son jeune cœur a noblement battu, c'est lorsqu'il a reconnu la plage où Guillaume de Normandie, à juste titre surnommé le Conquérant, a débarqué avec une armée de cent mille hommes, venue d'une de nos provinces, pour établir sa domination en Angleterre.

Oh! j'aurais voulu voir alors le beau regard du digne descendant des forts et des victorieux!

En continuant à longer vers l'Est les côtes pittoresques du Devonshire, le prince est arrivé à Teignmouth, où il a déjeuné chez lord

Clifford, qui possède une habitation sur les bords de la mer, et qui avait déjà eu l'honneur de recevoir Son Altesse Royale à Burton-Constable. Dans l'après-midi, l'auguste voyageur a visité en passant le château gothique de Manshead, récemment bâti par sir Robert Newmann, et qu'on peut citer comme une des merveilles de la Grande-Bretagne. De là, M. le comte de Chambord est allé dîner à Powderham, chez lord Courtenay, fils de lord Devon. Ce sont les descendans de l'illustre famille qui a donné des empereurs à Constantinople.

Après avoir passé une partie de la soirée à Powderham, où plusieurs hôtes distingués avaient été réunis, Henri de France s'est mis en route et a franchi, durant la nuit, la distance qui le séparait de Dorchester, où il est arrivé le 3, vers sept heures du matin. Bientôt il est reparti pour le château de Lullworth.

Le voilà tout près de cet antique manoir, première étape sur la terre de bannissement; mais n'allez pas croire que les tristes souvenirs qu'offre cette résidence lui fassent peur : sa jeunesse, accoutumée aux graves pensées, ne recule point devant les enseignemens les plus sérieux et les plus tristes. L'autre jour, c'était à la solitude d'Hartwell qu'il était allé méditer; à présent c'est à Lullworth. Quant, avec ses dix ans, il est arrivé à cette résidence, si noblement offerte à trois générations de rois bannis, par un des plus nobles et des plus généreux catholiques des Trois-Royaumes, par un de mes camarades du collége de Stony-Hurst, par M. Weld, le pauvre royal enfant entendait bien ses augustes parens et les personnes qui venaient honorer leur malheur, prononcer le mot d'exil; mais il ne le comprenait pas et n'en savait pas l'amertume..... A présent qu'il sait tout, et que l'adversité est devenue la compagne de ses plus belles années, il revient voir la première demeure étrangère qui a remplacé pour lui les Tuileries et Saint-Cloud. Quand il y arriva pour la première fois, quand il en franchit le seuil, son aïeul, le roi Charles X, dit à ses hôtes, en mettant la main sur la tête blonde du petit prince :

— Vous êtes une famille de saints, priez pour cet enfant; j'ai mis en lui tout mon amour et toutes mes espérances.

La pieuse famille des Weld et bien des catholiques ont prié pour cet enfant, qui est devenu un homme et un digne descendant de saint Louis.

A une époque où tant de grands seigneurs se

sont faits industriels pour s'enrichir, cette famille Weld doit paraître comme un noble anachronisme. En 1793, quand le général Dumouriez arriva avec son état-major à Liége, j'étais au collége de cette ville, avec deux jeunes Weld; et, peu de temps après, quand l'armée révolutionnaire française chassa devant elle tout ce qui croyait en Dieu, notre collége fut fermé. Alors, le père de mes camarades, John et Thomas Weld, écrivit aux maîtres auxquels nos parens nous avaient confiés : « Puisque les soldats de la convention vous chassent de votre propriété, et font fermer les portes du collége où j'ai été élevé et où le sont mes fils, passez la mer et venez en Angleterre; j'y ai plusieurs résidences; dans le Lancashire, je vous y donne mon vaste château de Stony-Hurst, vous pourrez y conserver tous vos élèves. Il y a place pour trois cents. »

Cette offre généreuse fut acceptée, et, depuis cinquante ans, le collége de Stony-Hurst prospère et est en grande renommée dans les Trois-Royaumes.

A la même époque, le même noble catholique anglais offrait, près de Lùllworth, une autre de ses résidences aux Trappistes. Là, aidés par leur bienfaiteur, ces pieux ouvriers, sous la direction du révérend père Antoine Saulnier, firent faire, par leurs exemples, de grands progrès à l'agriculture.

Quels beaux titres pour une famille chrétienne et royaliste, que ces asiles donnés par elle à la religion et à la royauté persécutées! Vous le voyez, sous les voûtes du château de Lullworth, il y a de quoi donner à réfléchir, de quoi faire battre le cœur d'un fils de France et d'un descendant des rois très chrétiens.

La pieuse et patriarcale famille Weld se trouvait réunie à Lullworth lorsque M. le comte de Chambord y est arrivé, et par l'accueil plein d'empressement qu'elle a fait au fils de France, elle a ajouté de nouveaux charmes aux souvenirs qu'il venait chercher.

Une heure après y être arrivé, M. le comte de Chambord, n'ayant point oublié une lettre qu'il avait reçue de S. A. R. MADEMOISELLE, sortit du salon et se rendit dans une partie du parc que lui avait indiquée la jeune et gracieuse princesse; là, il y a quinze ans, tous les deux avaient leur jardin d'enfans; elle avait écrit à son frère : « Quand vous serez à Lullworth, allez à notre jardin d'autrefois; et si toutes les fleurs n'y sont pas mortes; si quelques unes ont résisté au temps, apportez-m'en quelques feuilles. »

D'après cette prière de MADEMOISELLE, Monseigneur s'était hâté vers la plate-bande qu'ils avaient cultivée ensemble. La famille Weld n'y avait laissé pousser ni ronces ni épines ; le *jardin des enfans de France* n'a pas cessé d'être entretenu depuis 1830, et si, au lieu de venir à Lullworth au mois de janvier, Monseigneur l'eût visité en été, il eût trouvé cet endroit du parc des Weld tout paré et embaumé de lis.

Dans l'après-midi, l'auguste voyageur s'est rendu à Upton-House, où il a dîné et passé la nuit. On peut se rappeler que M. et madame Doughty, qui recevaient M. le comte de Chambord, furent, en 1830, les premiers qui présentèrent leurs hommages à la famille royale débarquant à Poole, et lui offrirent l'équipage qui la transporta à Lullworth. C'est à de tels courtisans du malheur que le fils de France s'est plu à rendre visite.

Le lendemain, 4 janvier, M. le comte de Chambord a voulu revoir le lieu du débarquement de sa famille sur le sol de l'exil; il a parcouru le port et les principales rues de Poole, au milieu d'une foule qui se pressait autour de lui en le saluant de cordiales acclamations.

M. le comte de Chambord, continuant sa route vers l'Est, s'est arrêté pendant quelques heures au château de Canford pour faire une visite à lord de Mauley, dont il avait accepté l'invitation à déjeuner. Dans l'après-midi, il est reparti, et après avoir traversé Newforest et la belle ville de Southampton, il a atteint Portsmouth vers les neuf heures du soir.

Le 5, l'amiral Parker, surintendant de l'arsenal, a guidé M. le comte de Chambord dans les docks, les chantiers de construction, les divers ateliers, les magasins, la manutention des vivres, l'hôpital de la marine, etc.

Cette longue et instructive visite a duré depuis neuf heures du matin jusqu'à la nuit sans que le prince ait paru fatigué. Elle n'a été interrompue que par une collation offerte au noble voyageur par l'amiral et par madame Parker.

Ce jour-là M. le comte de Chambord a réuni à dîner quelques Français qui étaient venus à Portsmouth lui offrir leurs hommages, et il a passé la soirée chez le major-général sir Hercule Packenham, qui commande les troupes de terre. Les officiers de la garnison et un grand nombre de personnes distinguées avaient été invités à cette occasion. Lorsque HENRI DE

France est entré dans l'hôtel du général anglais, les musiciens de l'infanterie de marine, placés sous le vestibule, ont fait entendre l'air de *Vive Henri IV!*

M. le comte de Chambord a quitté Portsmouth le 6 janvier, à six heures du matin, pour aller recevoir à Londres les Français arrivés depuis peu de jours dans cette capitale.

Parmi eux, on nous a nommé :

MM. Charles de Gouvello, de Mirabeau, F. de Kercaradec, Fr. Bondel de Taouëdic, Georges de Cadoudal, Bottur, d'Erm, Guerry de Beauregard, de Larochefoucauld, de Saisy, de Bellenave, Henri Cathelineau, Théodore Muret, de Cussy, Arnous-Rivière, de Piis, de Bien, de Gayneron, de Gères, de Maupas, Lerebours, Arthur de Lapanouze, Odilon Belard, le docteur Delaunay, de Chazelles, Ferdinand Bouczo, de Kermoizan, Charles et Ferdinand Dondel, Obet, le général marquis d'Espinay-Saint-Luc, etc., etc.

Parmi les Français qui se trouvaient à Londres vers la fin du séjour de Henri de France, il faut citer M. le comte de Chazelles, ancien préfet du Morbihan, et son fils. Les paysans de ce loyal pays, qui n'ont point oublié l'ancien administrateur qu'ils appelaient *leur ami*, lui avaient fait écrire une lettre pour lui annoncer que cinquante habitans des campagnes, la plupart cultivateurs, voulaient aussi faire le pèlerinage de Londres, aussi aller saluer le fils des rois, aussi aller lui dire combien ils admiraient son courage et sa force dans l'adversité.

Tous devaient se présenter au descendant de Louis XII, royal époux de la duchesse Anne, avec le costume breton.

Dans leur lettre au comte de Chazelles, ils demandaient si, en partant tout de suite, immédiatement après sa réponse qu'ils attendraient impatiemment, ils pourraient arriver à temps pour trouver encore HENRI DE FRANCE à Londres. M. de Chazelles avait répondu affirmativement ; ils allaient donc, eux qui, jamais, n'avaient perdu de vue les clochers qui s'élèvent au dessus de leurs hameaux, au milieu de leurs landes et de leurs bruyères, voir la capitale des Trois-Royaumes ; bien mieux, bien plus que tout cela, ils allaient se trouver face à face avec le petit-fils de saint Louis, de Henri IV et de Charles X, avec le neveu de la fille des martyrs qu'ils avaient vue si pieusement agenouillée devant l'autel de Ste-Anne d'Auray. Cette idée d'aller voir un de ces Bourbons, dont le nom est resté si populaire dans les campagnes bretonnes, transportait de bonheur, non seulement ceux qui allaient partir, mais encore leurs familles et les communes qu'ils habitaient ; la joie était donc générale dans le pays, lorsque l'on apprit les mauvaises nouvelles arrivées de Goritz et le départ d'Angleterre de M. le comte de Chambord. Alors la tristesse vint remplacer les douces émotions ; mais ces bonnes et pieuses populations dirent : « Nous aurions eu bien de la joie à nous trouver face à face avec lui ; il aurait eu du bonheur à voir combien nous l'aimons ; mais il va remplir un devoir ; que le bon Dieu le conduise et soit avec lui. »

Voici les noms des cinquante Morbihannais qui allaient partir pour Londres :

MM. Denis père, ex-percepteur d'Auray, démissionnaire en 1830 pour refus de serment, *quoique père de onze enfans;* de Gambert, ex-percepteur d'Elven ; Lucas (Pierre-Marie), boulanger à Auray, conseiller municipal ; L. Diraison, propriétaire d'Erdeven ; Lebras, marchand à Auray, membre du conseil municipal ; Jean Poitevin, Vincent et Mathurin Le Marouille, cultivateurs à Plescop ; Thomas Cloarec, cultivateur à Plerin ; Pierre Leguen, cultivateur ; Jean Jouan, jardinier à Vannes ; Goupil, cordonnier, François Lefée, Pierre Seignard, Julien Nico, meunier à Vannes ; Pierre et Mathurin Guillemot, cultivateurs à

Baden ; Fortuné Caris, propriétaire à Grandchamp ; Tual Bertho, cultivateur, Jean-Louis Le Thiec, cultivateur, Jean-Marie Mené, scieur de long, Guillaume Gegat, cultivateur, Joseph Gambert, boulanger, Yves Gatinel, laboureur, Jacques Guérin, laboureur à Elven ; Vincent Leray, cultivateur à Grandchamp ; Louis Levisage, propriétaire à Erdeven ; Pierre-Marie Nicolas, propriétaire à Brech ; Hyacinthe Pasco, cultivateur à Crach ; Guy Caillos, cultivateur à Locmariaquer ; Joseph Rosnarho, cultivateur, Chassic, cultivateur, Pierre Buleon, cultivateur à Plumergat ; Vincent Guézel, cultivateur, Jean-Marie Lebaron, cultivateur à Plœmel ; Vincent Lebayon, propriétaire de Pluvigner ; Turiaf, cultivateur à Baden ; Mathurin Carado, cultivateur, Lesergent, cultivateur à Guenen ; Guillermot, cultivateur, François Lecompagnon, cultivateur, François Leclache, cultivateur, Jean-Marie Lepoëtvin, propriétaire à Remangol ; Legoff, cultivateur électeur, Joseph Evenot, cultivateur électeur, Ledain, cultivateur électeur de Plumelin ; Lestratte, cultivateur, Rebic, cultivateur à Raud ; Lamour, cultivateur électeur à Moréac ; Mathieu Lemoigne, cultivateur à Camors ; Louis Legoff, cultivateur à Plumelin ; Leluchern, cultivateur,

Leguyodo, cultivateur électeur, Brenugat, cultivateur à Saint-Nolf.

Nous avons voulu donner place dans notre relation à cette liste, moins pour répondre aux hommes qui répètent partout que le peuple est resté indifférent au voyage de M. le comte de Chambord, que pour porter la joie dans les chaumières où est venue la pensée de s'éloigner de son clocher et de passer la mer pour aller saluer un prince malheureux. Connaissant les habitans de la loyale Bretagne, nous savons que ces nobles paysans garderont avec orgueil, sous leur humble toit, le livre où il est dit que le départ anticipé de HENRI DE FRANCE a pu seul les empêcher d'accomplir un pieux pèlerinage envers l'adversité.

Parmi ces compatriotes de Duguesclin et de Georges Cadoudal, on m'en montra un, arrivé à Londres des landes du Morbihan, où l'honneur et la fidélité croissent et se montrent comme les fleurs du pays. Quand il a vu que beaucoup de ses amis partaient pour aller saluer HENRI DE FRANCE, la tristesse l'a pris..... son chagrin venait de sa pauvreté qui l'empêchait de faire comme eux.

Pour lui et sa mère, ils n'ont pour tout revenu que 400 fr., et avec si peu, ils trouvent le moyen de vivre dans leurs bruyères, aimant Dieu et faisant encore du bien à plus pauvres qu'eux-mêmes.

La dame bretonne vit tout de suite le chagrin de son fils ; elle en devina la cause (les mères sont habiles pour cela !) et elle lui dit : « Mon enfant, il faut partir..... il faut aussi » aller à Londres, il faut que nous voyions tous » les deux le descendant des rois que mon » mari, que ton père a défendus. Partons. J'ai » trouvé à emprunter sur le champ paternel » une petite somme suffisante pour le voyage. » En quelques années, en nous privant de quel- » ques douceurs, nous aurons payé notre dette » et nous aurons des souvenirs et du bonheur » pour le reste de nos jours. »

La mère et le fils sont partis ; je les ai vus dans les salons de HENRI DE FRANCE. Leur nom est Obet, nom déjà inscrit dans les annales du dévoûment et de l'honneur.

Le même jour, Monseigneur est reparti de Londres pour aller à Brighton, où le duc et la duchesse de Sommerset l'ont reçu avec toute la grâce qui les distingue. Pour recevoir le descendant des rois de France, ces nobles personnages avaient fait de grands préparatifs à l'hôtel qu'ils occupent à *Eastern Terrace*. Les salles, splendidement éclairées, étaient peuplées de fleurs et d'arbustes; et les tables, servies avec recherche, offraient ce que la France et les Trois-Royaumes ont de plus délicat.

Voici les noms des convives :

Monseigneur le comte de Chambord, le duc de Lévis et les autres membres de la suite de Son Altesse Royale; le duc et la duchesse de Sommerset, le comte et la comtesse de Shrewsbury, la marquise d'Ailesbury, la comtesse de Charlemont, lord et lady Georges Seymour et le colonel Reid. Le soir il y a eu une brillante réunion. On y remarquait le marquis d'Ailesbury, lord Charles Bruce, sir Michaël et lady Shaw-Stewart et mesdemoiselles Stewart, M. A. Stewart, lord et lady Petre, le marquis et la marquise de Thomond, madame Labouchère, l'honorable M. Hambury et madame Tracy, sir Ralph et lady Howard et M. Howard, le comte et la comtesse Airlie, lord et lady Ogilvy, M. Ogilvy, M., madame et mesdemoiselles Warner, M. James Morier, lord Polwaith, M. Spencer, le comte Jermyn, le colonel Ashworth, madame et mesdemoiselles Ashworth, le capitaine Townsend, colonel

Whyte (du 7ᵉ hussards); le capitaine Campbell (du 7ᵉ hussards), etc.

Après le dîner, on a ouvert les salons pour faire de la musique; M. et madame Corry, M. J. Wrigth et madame Nast se sont fait entendre. Dans la soirée, on a placé sur une table un magnifique gâteau des rois dont chaque convive a eu une part. Quelquefois le sort n'est pas aveugle.....

Un *jour des Rois*, aux Tuileries, il y a une quinzaine d'années, la fève du gâteau qui avait été rompu à la table de Charles X échut à madame la duchesse d'Orléans. Elle fut aussitôt saluée comme reine, et le vieux roi lui dit :

« Ma cousine, choisissez votre roi.

— C'est le duc de Bordeaux que je nomme, répondit la tante de madame la duchesse de Berry.

— Bordeaux, va embrasser la reine, ajouta le roi. »

L'enfant alla s'asseoir auprès de sa grand'-tante, et des vivats retentirent joyeusement dans la galerie de Diane. Les deux branches de la famille royale s'unirent pour crier VIVE LE ROI ! VIVE LA REINE ! et les jeunes princes d'Orléans, les ducs de Chartres, de Nemours, le prince de Joinville, le duc de Montpensier, et les princesses Louise, Marie et Clémentine s'empressèrent d'aller rendre foi et hommage au jeune roi. En ce temps-là tous pensaient que cette royauté de la fève devait être suivie d'une autre royauté.

DEPTFORD,

GREENWICH ET WOOLWICH.

DÉPART.

M. le comte de Chambord, accompagné de M. le comte de La Rochejaquelein, de M. Villaret de Joyeuse et de M. Barrande, s'est rendu à Deptford pour y visiter l'arsenal ; il a été reçu à son arrivée par sir John Hill, qui s'est cordialement empressé de faire voir au noble voyageur cet important établissement de la marine. Il avait auprès de lui tous les principaux officiers employés sous ses ordres. Le prince a vu en détail la préparation de toutes les provisions de bouche, des effets d'habillemens et de tous les objets destinés à l'approvisionnement des vaisseaux de guerre et des hôpitaux de la marine royale. Il a parcouru aussi les ateliers de tonnellerie, les magasins, les docks, la corderie nouvelle et les machines ingénieuses qui servent à filer le chanvre, et à faire les cordages et les câbles de toutes longueurs. Là, comme partout, Monseigneur s'est appliqué à se rendre compte des opérations exécutées sous ses yeux. Après avoir rendu visite à lady Hill, chez qui une collation a été servie, M. le comte de Chambord est allé, dans le canot de sir John Hill, à l'hôpital royal de Greenwich; après avoir été reçu à l'observatoire par MM. les astronomes et l'avoir étudié dans tous ses détails, le jeune Prince est aussi allé voir l'*observatoire magnétique* récemment élevé; là, encore, il a montré par ses remarques le vif intérêt qu'il portait aux sciences, intérêt réel, fondé sur des connaissances étendues.

Pendant que Henri de France parcourait les observatoires, deux officiers de la marine sont venus au devant de lui pour l'accompagner dans sa visite à Greenwich. M. le capitaine Calyell et le lieutenant Tucker ont guidé le prince, d'abord vers l'école des jeunes garçons destinés au service de la marine. L'auguste voyageur a été reçu avec tous les honneurs qu'on rend ordinairement aux plus hauts personnages. Il a vu défiler devant lui toute la jeunesse de l'école, pendant que la musique faisait entendre des airs nationaux. Les élèves ont aussi exécuté des exercices gymnastiques dans lesquels ils ont prouvé que l'éducation qu'ils reçoivent est bien adaptée à la nature de leur future profession de matelots.

Henri de France a ensuite parcouru les bâtimens de l'école qui contient huit cents jeunes garçons de douze à quinze ans; et, lorsqu'il s'est retiré, le fils de France a été salué par les hourras et les acclamations prolongés de toute cette blonde et fraîche jeunesse anglaise.

M. le comte de Chambord est alors entré dans l'enceinte de l'hôtel des Invalides de la marine, où il a vu la galerie des tableaux et les diverses salles destinées aux matelots et aux officiers. Il a paru admirer ce bel établissement, si bien ordonné, où les braves serviteurs de l'État sont traités, durant leurs vieux jours, avec une sorte de somptuosité et avec des soins qui honorent la Grande-Bretagne.

Le palais de Greenwich a été donné par les rois d'Angleterre à leurs meilleurs défenseurs, à leurs marins, qui ont porté si loin ce *trident de Neptune* que quelques uns ont voulu faire passer pour le *sceptre du monde*.

Le 10, au soir, Son Altesse Royale a couché

à Woolwich, et, le lendemain, a visité les arsenaux de l'artillerie et de la marine.

Le major-général, sir Hew Ross, commandant l'arsenal, et les colonels Dundas, Cockburn et Lacy, chefs des divers départemens, le capitaine Frazer, de l'artillerie à cheval, désigné pour être aux ordres du prince, l'ont accompagné durant cette longue visite, et lui ont offert avec le plus aimable empressement tous les renseignemens qu'il a désiré sur l'arme de l'artillerie.

Le général sir Hew Ross, le major de la brigade Cerppage, le colonel Patterson, le capitaine Winfield, le lieutenant Ross et d'autres officiers, formant un nombreux état-major, ont montré au royal voyageur le manége, les écuries, les chambres des soldats, la bibliothèque des officiers, les salles de lecture des sous-officiers, ainsi que tout ce qu'il y a d'intéressant dans cette vaste enceinte qui est le dépôt central et l'école de toute l'artillerie anglaise. Après un luncheon que M. le comte de Chambord a accepté à la table commune des officiers, il a été conduit au pavillon qui renferme les modèles d'artillerie et les plans en relief d'un grand nombre de points importans occupés par les troupes britanniques sur la surface du globe.

Cette collection a paru exciter particulièrement l'attention de Henri de France.

Les bassins, les cales de construction, les magasins, les formes de radoub et les autres parties du vaste arsenal ont fourni au prince d'intéressans sujets d'observation. Il a aussi visité l'école des ingénieurs spécialement destinés à la direction des machines à vapeur sur les bâtimens de l'État. Dans le nombre des jeunes gens qui se dévouent à ce service, se trouvaient des officiers de marine d'un grade assez élevé, étudiant les élémens de la machine à vapeur, afin de se rendre capables de bien diriger le moteur des mouvemens qu'ils doivent commander. Le prince s'est plu à rendre hommage au bon esprit et au dévoûment bien entendu de ceux qui savent ainsi comprendre les devoirs de leur profession.

M. le comte de Chambord, avant de se retirer, a examiné la prison flottante où l'on renferme les condamnés à la déportation, qui sont, pendant le jour, employés aux travaux de l'arsenal. Il a remarqué l'extrême propreté et la bonne tenue de ce bâtiment, auquel peu de navires peuvent être comparés sous ce rapport. En revenant de ces explorations, qui sont autant d'études sérieuses laissant après elles leurs fruits dans son esprit, Henri de France parlait avec les personnes qui l'accompagnent habituellement de tout ce qu'il voulait encore visiter dans cette Angleterre si riche en grands établissemens ; et, pour ces nouvelles excursions, il prévoyait qu'il lui faudrait prolonger son voyage, retarder son retour à Goritz... Ces plans, qu'il faisait dans la quiétude de son esprit, furent subitement et cruellement dérangés.

En rentrant à l'hôtel, M. le comte de Chambord a trouvé des lettres de Goritz qui lui apprenaient l'indisposition de l'auguste prince qui, depuis long-temps, lui a servi de père. Il a aussitôt contremandé tous les préparatifs faits pour aller à Chatam et en d'autres lieux qu'il se proposait d'explorer. Dans la soirée, il est retourné à Londres ; là, il a encore trouvé de nouveaux arrivans de France. Il a été pour eux, ce qu'il a été pour nous et pour tous ceux qui ont eu le bonheur de l'approcher, de le voir et de l'entendre.

Mais alors un nuage de tristesse obscurcissait son beau front ; les lettres qu'il avait reçues d'Allemagne, sans parler de *danger*, laissaient entrevoir que la maladie du fils de Charles X était grave, et l'inquiétude pesait sur son cœur filial.

Cette inquiétude était partagée par les Français qui l'entouraient et par ceux qui venaient d'arriver à Londres. Ce n'est pas seulement quand on a la joie dans l'âme que l'on accueille bien ses amis. Alors que la crainte nous oppresse, nous les voyons venir à nous avec un redoublement de bonheur. Aussi HENRI DE FRANCE fut peut-être plus prévenant encore, plus expansif que de coutume, avec les Français qu'il trouva à son retour de Woolwich, la veille de son départ. Ils étaient au nombre de neuf; il les admit tous à sa table. C'étaient MM. Ferdinand de La Laurencie, Robillard de Magnanville, James Revier de Mauny, de la Haye-Saint-Hilaire, Maurice de Longevialle, Charles Loviste de Montbrian, Pontbriand de la Caunelaye, Fournier de Bellevue et de Parcevaux.

Quelques jours auparavant, M. Delobel, filateur de Lyon, avait eu le même honneur.

Il y a toujours quelque chose d'amer dans le *coup de l'étrier*, dans ce vin que l'on boit au moment du départ. Cependant, ce dîner du fils de France, fait à Londres avec des Français, fut rempli de charmes pour ceux qui eurent l'honneur d'y être invités. Le noble et jeune prince y laissait voir le fond de son cœur......

Là, que de trésors d'amour pour son pays et pour ses compatriotes !

Quand, tard dans la soirée, on vint à se séparer, ce ne fut pas le mot ADIEU que prononça le prince ; il dit :

« Messieurs, j'ai été bien heureux de me
» retrouver au milieu de vous. Dites bien à
» tous nos amis de France mon dévoûment et
» mon amour pour notre commune patrie.....
» Au revoir, Messieurs, au revoir. »

Tous répétèrent : AU REVOIR !

Où se reverra-t-on ?

C'est le secret de Dieu.

Le 13, M. le comte de Chambord s'est embarqué pour Ostende, où il est arrivé dans la nuit du samedi au dimanche.

Son Altesse Royale, après avoir couché à l'*Hôtel des Bains*, était partie par le premier convoi public du chemin de fer, à 7 heures du matin, pour se diriger vers l'Allemagne.

A huit heures du matin, le prince est arrivé à Bruges.

Son Altesse Royale s'est immédiatement rendue à la cathédrale pour y entendre la messe. Ensuite le prince a visité la ville à la hâte.

A dix heures et demie, HENRI DE FRANCE quittait Bruges pour reprendre la route avec le second convoi ordinaire. A quatre heures moins vingt minutes, le convoi arrivait dans la station de Malines ; le prince s'arrêta de nouveau et visita rapidement la cathédrale......

M. le comte de Chambord quitta Malines à sept heures du soir, en prenant le convoi public qui va jusqu'à Tirlemont. Vers les huit heures du soir, le prince et sa suite s'arrêtèrent à Louvain pour y passer la nuit.

Le jeune et noble voyageur s'est reposé quelques heures à Liége, ainsi qu'à Aix-la-Chapelle. Là, madame la vicomtesse d'Arlincourt a eu l'honneur de lui être présentée.

Le 16, HENRI DE BOURBON était arrivée à Cologne, antique cité qui l'aurait retenu plus d'un jour s'il n'avait eu hâte d'arriver à Goritz, auprès de l'auguste malade.

RÉSULTAT DU VOYAGE.

Il nous reste encore à envisager le voyage de Henri de France sous un dernier point de vue, et à retracer les conséquences politiques qu'il a entraînées dans notre pays. Le petit-fils de saint Louis n'avait pu mettre le pied sur un rivage si voisin du nôtre, sans exciter une vive préoccupation dans les têtes gouvernementales, et une grande émotion dans le public. On avait affecté d'abord, dans les régions officielles, une superbe indifférence; mais on n'avait pas soutenu long-temps ce rôle, et les inquiétudes réelles qu'on ressentait avaient bientôt transpiré. Chose remarquable! toutes les feuilles publiques étaient pleines de détails et de réflexions sur le voyage de Londres, et on s'en occupait dans tous les partis, ne fût-ce que pour affirmer qu'on ne s'en occupait pas. HENRI DE FRANCE ne pouvait prononcer une parole sans que cette parole fût écoutée, commentée, et il semblait qu'on sentît la chaleur de sa présence, malgré la mer qui le séparait des rivages français.

S'il est une étude que ne saurait négliger cette histoire, c'est celle de la naissance et des progrès de la manifestation hostile au voyage de Londres, qui commença, de la part des hommes du pouvoir, par un semblant de dédain et finit par une explosion de colère; et qui, de la presse ministérielle où elle se produisit d'abord, arriva jusque dans les Chambres, et fut contrainte ensuite d'aller subir son dénoûment devant les colléges électoraux. HENRI DE FRANCE, il faut le dire, avait rendu difficile la position de ceux qui voulaient provoquer cette manifestation. Il saisissait en effet toutes les occasions de témoigner à ceux qui l'approchaient, que, fidèle à sa devise, on ne le verrait pas se jeter en France comme un ferment de discorde. Le petit-fils de Louis XIV déclarant qu'il ne penserait à revenir que s'il était appelé par la volonté nationale, embarrassait singulièrement les hommes qui n'avaient cessé de répéter, depuis quatorze ans, que la volonté nationale était la base de leur gouvernement. Aussi affectaient-ils de proclamer que rien ne les inquiétait dans le séjour de M. le comte de Chambord à Londres. Il semblait que si l'on voulait accabler les visiteurs de Belgrave-Square, c'était à force de générosité. Le pouvoir, refaisant à sa manière la magnifique scène de Corneille, donnait aux royalistes le rôle de Cinna, et réservait pour lui-même celui d'Auguste. Il paraissait se croire assez fort et assez solidement assis pour ne punir ses adversaires que par le persifflage et l'ironie ; il n'aspirait, pour toute vengeance, qu'à les couvrir de sa protection au retour. Quant à songer à frapper les députés au sein de la Chambre à cause de leur voyage à Londres, il n'y avait pas songé, et il ne permettait pas qu'on se permît de lui attribuer un pareil projet. N'était-il pas trop tranquille pour être persécuteur, trop fort pour être violent !

Il se rencontrait pourtant des esprits obstinés qui ne voulaient pas prendre au sérieux ce brevet de magnanimité que le ministère se décernait à lui-même dans ses journaux. Ils refusaient formellement de faire honneur à la mansuétude ministérielle, de ce qui n'était dû, disaient-ils, qu'à l'empire de notre civilisation. Toutes les fois qu'on a pu tuer, ajoutaient-ils, on a tué : alors ils attestaient la rue Transnonain, Lyon deux fois mitraillé, Cathelineau, Bascher, sans armes, assassinés, mademoiselle de la Roberie fusillée, et tant d'autres faits présens à toutes les mémoires. Toutes les fois que le juste-milieu a pu incarcérer, continuaient-ils, il a incarcéré : alors ils attestaient l'emprisonnement de M. de Châteaubriand, détenu à la préfecture de police; M. de Fitz-James, atteint du choléra et maintenu en prison *parce qu'il n'était pas encore bleu*, et M. Berryer lui-même traduit devant une cour d'assises, sous une prévention capitale, pour être allé conseiller à MADAME, duchesse de Berry, de mettre un terme à la guerre civile. Au moment même où les doctrinaires s'extasiaient sur leur mansuétude, les voix agonisantes des prisonniers du Mont-Saint-Michel, s'élevant d'une prison meurtrière devenue un échafaud, ne protestaient-elles pas contre cette louange audacieuse donnée à l'humanité des doctrinaires?

Ainsi s'exprimaient les esprits que les protestations du ministère trouvaient incrédules, et bientôt cette incrédulité fut justifiée. Le 4 décembre, le ministère, renonçant déjà à sa modération, faisait publier contre les députés présens à Londres un article plein de fureur, pour les dénoncer à la Chambre et à la France, à la Chambre surtout, dans le sein de laquelle il les déclarait moralement incapables et indignes de siéger. Que s'était-il donc passé en si peu de temps ? Le journal du pouvoir expliquait cette colère si soudaine en alléguant les paroles du noble duc de Fitz-James qui, en parlant de HENRI DE FRANCE à M. de Châteaubriand, l'avait désigné, hors de la présence de ce prince, par ces mots : *le roi de France*. Ce n'était là que le prétexte de la colère qu'on ressentait dans les régions du pouvoir, et qui transpirait dans les colonnes de la presse ministérielle; la cause était ailleurs. La cause de cette colère, il fallait la chercher dans les paroles adressées par HENRI DE FRANCE à ceux qui étaient venus saluer M. de Châteaubriand; dans la position qu'avait prise le jeune prince, en déclarant que les principes politiques de M. de Châteaubriand étaient les siens; dans cette première et solennelle manifestation qui montrait aux regards du monde le petit-fils de tant de rois appuyé sur l'homme qui avait donné de si éclatantes preuves de dévoûment aux libertés de son pays.

Le petit-fils de saint Louis se montrait homme de son siècle, connaissant ses besoins, ses volontés, et prêt à donner satisfaction complète aux vœux de son pays.

Dès ce moment, une mauvaise conseillère, la colère, s'assied dans les conseils des hommes du pouvoir. Ils s'emportent parce qu'ils craignent, et leur emportement leur fait faire faute sur faute. « Tout ce qui arrive de Londres, répétait-on en haut lieu avec un naïf désespoir, est IMPATIENTANT DE NATIONALITÉ. »

Dans le paroxysme de cette impatience, on accueillit d'abord l'idée de lois exceptionnelles et arbitraires. Il fut question, dans les conseils doctrinaires, d'une loi contenant des peines sévères contre quiconque serait en communication avec HENRI DE BOURBON. Puis la raison publique s'étant prononcée contre ce projet, emprunté aux lois et aux mœurs d'un autre pays et d'une autre époque, le pouvoir songea à donner à sa colère des satisfactions plus à sa portée, et il commença par frapper tout ce qu'il put atteindre. *La Gazette de France, la France* et *la Quotidienne* sont saisies. *Le*

Quotidienne est condamnée à 8,000 fr. d'amende et son gérant à un an d'emprisonnement; *la France* subit une condamnation aussi lourde et *la Gazette* seule, plus heureuse, sort du débat avec un verdict d'acquittement. En même temps, une action disciplinaire était dirigée devant la cour de cassation contre M. Defontaine, juge suppléant du tribunal de Lille, accusé d'avoir fait le voyage de Londres, et de s'être fait présenter au petit-fils de Henri IV. La Cour de cassation, présidée par M. Portalis, après avoir entendu M. Dupin, procureur-général, et M⁰ Mandaroux Vertamy, avocat du magistrat inculpé, condamna ce dernier à la censure avec réprimande. Contre toutes les règles établies, on publia le réquisitoire violent et acrimonieux de M. Dupin, dans *le Moniteur*, de sorte que, dans une affaire à huis-clos, l'accusation reçut une publicité qu'on refusait à la défense.

Ces mesures de rigueur ne suffisent pas encore à la colère du pouvoir. Le nom de M. Flatters, statuaire distingué, est rayé du budget des Beaux-Arts. Son crime est d'avoir présenté ses hommages à HENRI DE FRANCE. M. Lefranc, ancien professeur du prince, n'a pu résister au désir d'aller saluer son auguste élève, il est privé du traitement de 500 fr. dont il jouissait comme agrégé de l'Université. On exerce des poursuites contre les officiers qui sont allés à Londres, et tous les maires qui ont fait le même voyage sont révoqués. C'étaient MM. de Mun, maire de Lumigny (Seine-et-Marne; de la Marre, maire de Marchais (Aisne); de Courteilles, maire de Chaise-Dieu-du-Theil (Eure); de Riencourt, maire de Beaucourt (Somme); Meslin, maire d'Occochez (Somme); Dubois d'Ernemont; maire d'Ernemont (Seine-Inférieure); de Boissard, maire de Saint-Germain-des-Prés (Maine-et-Loire); de Pierre, maire de Pommerieux (Mayenne); Moreau de Favernay, maire de Droué (Loir-et-Cher); Moullart, baron de Torcy, maire de Campigneulles (Pas-de-Calais); de Montbreton, maire de Couvron (Aisne); le marquis Anjorrant, maire de Flogny (Yonne); Emile de Kermainguy, maire de Saint-Vougay (Finistère); Armand de Bonneval, maire de Thaumiers (Cher); Amador de la Porte, maire de Chalivoy-Milon (Cher); le vicomte de Chazelles, maire de Ravenel (Oise); du Plessis, maire de Neufmoustier (Seine-et-Marne); Septime de Villeneuve, maire de Ballan (Indre-et-Loire); le marquis d'Espeuilles, dans la Nièvre; le marquis de Barbantane, dans le département de Vaucluse.

Ce fut à l'occasion de ces destitutions, que

M. de Boissard écrivit au journal ministériel d'Angers la lettre suivante, noble et éloquente, expression des sentimens de tous les magistrats municipaux compris dans cette mesure d'ostracisme :

« Monsieur le Rédacteur,

» J'apprends, par votre journal, ma destitu-
» tion des fonctions de maire; les réflexions
» dont vous faites suivre cette nouvelle me don-
» nent le droit de répondre.
» Les fonctions de maire m'avaient semblé
» une charge, non une faveur; je les avais ac-
» ceptées afin d'apporter à mon pays mon tri-
» but de travail et d'efforts, et c'est envers lui
» seul que je me suis engagé; en me soumet-
» tant au principe du gouvernement de 1830,
» je n'avais point entendu enchaîner autrement
» ma liberté, ni devenir l'homme-lige de qui
» que ce soit.
» Or, je ne crois point avoir manqué à mon
» devoir envers mon pays, en allant, non pas
» grossir une cour, car il n'y avait à Belgrave-
» Square ni cour, ni courtisans; mais porter au
» malheur un hommage mérité, dire à l'exil la
» vérité sur la France, applaudir et m'associer

» aux nobles sentimens, aux paroles toutes fran-
» çaises d'un jeune prince innocent des fautes
» du passé et qui appartient à l'avenir ; qui re-
» pousse toute idée de privilége, de despotisme,
» de restauration par le désordre et par l'étran-
» ger; qui ne sépare point les principes monar-
» chiques des libertés nationales ; qui ne veut
» rien que par la France et pour la France ;
» qui ne nous a parlé que d'aimer et de servir
» notre commune patrie.

» Puisque le préfet, le ministre l'ont en-
» tendu autrement, je les remercie de m'avoir
» rendu une liberté que je n'avais pas prétendu
» aliéner, et je leur souhaite de trouver, pour
» administrer les communes, beaucoup d'hom-
» mes plus dévoués que moi aux vrais intérêts
» de la France; plus amis de l'ordre, plus sincè-
» rement attachés aux principes de la monar-
» chie et aux libertés de la nation.

» *Signé* de BOISSARD. »

Il était unanimement reconnu que les visiteurs de Belgrave-Square avaient parlé et agi
comme des hommes de leur siècle et de leur
pays. Par leur sage conduite, *ils étaient criminels* de n'avoir justifié aucune des calomnies de
leurs adversaires. *Ce crime* ne les rendant pas

justiciables des tribunaux, on voulait les traiter en coupables, tout en reconnaissant que, aux yeux de la loi, ils étaient innocens.

On avait essayé d'exciter les passions révolutionnaires, mais on s'était convaincu tout de suite que, si ces passions se réveillaient, ce ne serait pas contre les royalistes qu'elles dirigeraient leurs coups. Alors, on pensa à insérer une phrase de blâme dans le discours de la couronne ; mais M. Guizot, qui était allé à Gand en 1815, se trouvant mal à l'aise pour blâmer la démarche de 1843, fit renoncer à ce projet.

Une volonté plus forte que la sienne le dominait, et tous les alentours du château répétaient de jour en jour, avec plus de hauteur et d'insistance, qu'il fallait faire raison à la dynastie du scandale politique de Belgrave-Square. C'est ainsi qu'ils s'exprimaient ; M. Guizot vit qu'il fallait se résigner : il se résigna.

La Chambre des pairs devança la Chambre des députés, et discuta la première son projet d'adresse. Deux membres seulement de cette chambre, M. le duc de Caylus et M. le duc de Richelieu étaient allés à Londres ; ce fut ce dernier qui ouvrit le débat en demandant la parole sur le paragraphe du projet qui concernait le voyage.

M. le duc de Broglie, nommé rapporteur de la commission du projet d'adresse, dans la séance publique du 8 janvier 1844, lut le paragraphe suivant :

« Les factions sont vaincues, et les pouvoirs » de l'État, en dédaignant leurs vaines démons- » trations, auront l'œil ouvert sur leurs manœu- » vres criminelles. » Puis venaient à la fin les paroles suivantes, qui se rapportaient au même sujet : « Le roi, en montant au trône, a pro- » mis de nous consacrer son existence entière, » de ne rien faire que pour le bonheur et la » gloire de la France, lui a promis fidélité. Le » roi a tenu ses sermens, quel Français pour- » rait oublier ou trahir les siens ? »

Le duc de Richelieu se contenta de repousser, avec autant de noblesse que de dignité, ces paroles de dédain jetées sur le voyage de Londres. Il représenta que, pair avant 1830, il ne s'était pas cru relevé de ses obligations envers son pays par les changemens survenus dans l'Etat, et qu'il était resté dans son devoir comme dans son droit. S'il avait prêté un serment, c'est qu'il n'avait rien vu dans les lois auxquelles il se soumettait qui pût le forcer à oublier ce qu'il devait de respect et de reconnaissance à des princes qui, en récompense de services rendus par sa famille à la France, lui avaient accordé la haute dignité dont il était revêtu. Une occasion s'était offerte d'aller, dans un pays voisin, exprimer à M. le comte de Chambord des sentimens dont il s'honorerait toujours; il en avait la liberté, il avait cru que c'était pour lui un devoir. Le noble duc termina en faisant allusion aux mots de *manœuvres criminelles* insérées dans l'adresse; et, mettant le ministère en demeure de pousser les choses aussi loin qu'elles pourraient aller, il déclara que, si une pareille qualification pouvait s'appliquer aux faits qui s'étaient passés à Londres, ce ne serait pas devant la Chambre, mais devant la cour des pairs seule qu'il répondrait.

Quoique ces paroles fussent claires et précises, elles frappèrent les oreilles de M. Guizot, sans le décider à rompre le silence; il demeura impassible sur son banc. Alors M. le marquis de Vérac prit la parole pour demander le rejet du premier paragraphe de l'adresse, qu'il repoussa comme attentatoire à la liberté individuelle, à la dignité de la Chambre et aux sentimens de générosité et de grandeur qui, dans tous les temps, ont caractérisé la nation française. Il montra le fils du duc de Berry, héritier du trône en vertu de la constitution nationale, enveloppé dans l'exil de sa famille, en 1830, et jeté sur la terre étrangère, quoique son âge et sa naissance dussent assurer à l'orphelin la protection générale. La Providence avait conservé l'enfant royal, et en avait fait un homme. HENRI DE FRANCE parcourait l'Europe pour étendre le cercle de ses connaissances, et il avait voulu visiter l'Angleterre comme tous les Etats européens. Là, quelle avait été sa conduite ? Avait-il allumé, à Londres, un foyer de conspiration ? S'était-il entouré de ces aventuriers toujours prêts à servir toutes les causes et dont la témérité vénale se loue à toutes les ambitions, bien sûre de faire ses affaires dans tous les naufrages ? Avait-on vu autour de lui des partisans armés, et s'était-il présenté comme un prétendant décidé à s'imposer, par la force, à la France ? Non, on n'avait vu à Londres rien de pareil. Il est un homme placé si haut dans l'opinion, non seulement par son génie, mais par sa constance à défendre dans tous les temps les libertés publiques et l'honneur national, que tous les partis s'accordent à le considérer comme une des premières gloires de la France ;

eh bien ! cet homme, M. de Châteaubriand, es le seul que M. le comte de Chambord ait appelé auprès de lui. Après M. de Châteaubriand, deux ou trois mille Français de toutes les conditions sociales sont accourus pour présenter leurs hommages au prince exilé. Pouvait-on voir, dans une pareille réunion, une manœuvre criminelle? Il n'y a point de loi, et les progrès des mœurs et de la civilisation empêcheront qu'il y en ait jamais pour punir la réunion des plus nobles sentimens auprès de la plus majestueuse infortune.

Telles furent les belles et nobles paroles de M. le marquis de Vérac. Elles firent sortir M. Guizot du silence où il s'était renfermé. Jamais ce ministre ne se fait aussi fier et aussi arrogant que lorsqu'un trouble intérieur l'agite. Ce n'était plus ce rôle magnanime que le gouvernement de juillet s'était fait attribuer au commencement du voyage de Londres. Avec plus de franchise, le ministre des affaires étrangères de Louis-Philippe déclara, dans cette séance, que le gouvernement avait fait, à Vienne, en 1841, à Dresde, en 1842, à Berlin, en 1843, des démarches qui avaient pour objet de rendre le sol de ces trois contrées inhospitalières à Henri de France. Il avoua que, lors de l'arrivée de

M. le comte de Chambord en Angleterre, il avait agi de même auprès du cabinet de Londres.

Ainsi s'étaient évanouies toutes les *mansuétudes* et toute la modération dont les journaux dynastiques avaient fait parade au commencement du voyage.

Après cet aveu, qui dut coûter à son orgueil, M. Guizot se jeta dans le débat avec sa parole sèche, injurieuse et pleine de provocations. Il eut le front de qualifier les faits de l'hôtel de Belgrave-Square de scènes scandaleuses, en ayant grand soin de ne pas raconter ces faits. Puis il continua son discours en jetant à pleines mains la raillerie et l'insulte sur le parti légitimiste. En agissant ainsi, il pansait de vives et cuisantes blessures qui saignaient encore ailleurs. Suivant la vieille maxime : *Diviser pour régner*, le ministre doctrinaire fit deux parts du parti légitimiste ; il en marqua la tête et la queue, et, selon lui, il était bien convenu que, à Londres, il ne s'était trouvé que des brouillons et des insensés, tandis que les hommes sages, éclairés et honorables étaient demeurés en France. Ainsi, dans cette guerre, parmi les insensés et les brouillons, se trouvaient Châteaubriand, Berryer, La Rochejaquelein, Montmorency, Blin de Bourdon, Valmy, Larcy, Fitz-James, Pastoret, Cadoudal, d'Ambray, et les plus grands propriétaires de France. Tel fut le sens du discours de M. Guizot, l'un des hommes qui a, certes, le plus compromis la parole humaine, et qui possède le plus cette gravité paradoxale qui fait illusion à ceux qui se paient de mots.

Quand il eut fini de parler, tous les yeux se tournèrent sur la place accoutumée de M. le marquis de Dreux Brézé...... Malheureusement, la place de l'illustre orateur de la droite était vide : une maladie grave le retenait sur son lit de douleur, pendant que sa loyale et puissante parole eût été si consolante pour son parti. On déplora ce jour-là, plus amèrement encore qu'à l'ordinaire, son absence, et, par le vide qu'il laissait dans la chambre, on put mesurer la place qu'il y occupait. La haute et vive éloquence de M. de Brézé n'était cependant pas nécessaire pour faire justice des sophismes de M. Guizot. Quelques paroles d'une malicieuse naïveté, prononcées par M. le marquis de Boissy, suffirent. M. Guizot s'était beaucoup étendu sur la sainteté du serment, et avait adjuré la Chambre des pairs de le défendre. M. de Boissy s'excusa de parler du serment dans une assemblée où il était moins compé-

tent qu'un autre pour s'occuper d'une pareille question ; car, ajouta-t-il, je n'en ai encore prêté que deux. Puis, s'empressant d'expliquer la rareté de ses sermens, comme si elle pouvait étonner et mécontenter une chambre où l'on était habitué à renouveler plus souvent les baux de conscience passés avec les gouvernemens, il allégua son âge, qui n'était pas assez avancé encore pour avoir pu lui permettre de mieux faire. « Si j'étais aussi âgé que
» plusieurs de mes collègues, s'écria-t-il au mi-
» lieu de l'hilarité universelle, j'en aurais déjà
» prêté cinq. »

Toute la fantasmagorie de moralité que M. Guizot avait évoquée au sujet du voyage de Londres, tombait devant ces mots incisifs et spirituels de M. de Boissy. L'indignation académique du paragraphe de l'adresse demeurait frappée d'un indicible ridicule. Les augures s'étaient entre-regardés et n'avaient pu s'empêcher de rire avant de prononcer l'oracle.

Les choses devaient prendre un tour plus sérieux à la Chambre des députés. Dans les bureaux, les députés revenus de Londres avaient déclaré que, si l'on niait la légalité de leurs démarches, ils étaient prêts à en accepter toute la responsabilité devant une autre juridiction que celle de la Chambre ; que si l'on faisait du voyage à Londres une question de moralité politique et de loyauté, ils répondraient le jour où la discussion publique s'ouvrirait.

Le 13 janvier, le rapporteur de la commission, M. Saint-Marc-Girardin, lut le projet d'adresse dont le dernier paragraphe, relatif au voyage de Londres, était ainsi conçu :

« La conscience publique flétrit de coupables » manifestations. Notre révolution de juillet, » en punissant la violation de la foi jurée, a » consacré chez nous la sainteté du ser- » ment. »

La sensation produite par ce dernier paragraphe fut immense ; d'abord dans la Chambre, bientôt dans le pays tout entier. Le mot odieux de flétrissure, appliqué à des hommes de loyauté et de franchise, souleva une universelle indignation. La presse protesta presque unanimement avec la plus grande énergie contre une qualification qui, déjà si étrange par le caractère de ceux à qui on prétendait l'appliquer, devenait plus étrange encore par le caractère de ceux qui se croyaient en droit d'en marquer au front leurs adversaires. Ce mot de flétrissure, emprunté à la place des supplices et sur les marches de l'échafaud, ne pouvait être endurée par des hommes remplis d'honneur et de loyauté.

L'opinion publique attendait donc avec impatience des débats qui ne pouvaient manquer d'être orageux, et qui, selon toute probabilité, devaient, si le ministère triomphait, provoquer de la part des députés de la droite quelque grande résolution politique.

Le matin même du jour où les débats allaient s'ouvrir, le journal du ministère reproduisit la lettre suivante adressée par M. le duc de Fitz-James à M. Guizot, à l'occasion des paroles prononcées par ce dernier dans la discussion de la Chambre des pairs :

« Monsieur,

» Vous m'avez indiqué, vous m'avez attaqué
» à une tribune que je ne peux pas aborder
» pour me défendre. Il ne me reste pour vous
» répondre que la voie de la presse; et encore,
» voulant donner à cette lettre toute la publi-
» cité possible, dois-je, par égard pour les jour-
» naux royalistes sous le coup de vos saisies,
» m'arrêter devant les lois de septembre et ne
» pas vous parler ici avec toute la netteté et la
» franchise qui conviennent à mon caractère.

» Je pourrais, Monsieur, vous accabler sous le
» poids du passé! Mais à quoi bon? N'avez-vous
» pas déjà écrites sur le front, en caractères
» ineffaçables, ces paroles de notre grand ora-
» teur, *Cynisme des apostasies?*

» Dans votre réponse à MM. de Richelieu et
» de Vérac, vous avez, selon votre habitude,
» entassé sophismes sur sophismes.

» Vous avez parlé de scandale, à propos de
» certaines paroles prononcées par moi; vous
» avez osé dire qu'il y avait eu, de la part des
» royalistes, *oubli des devoirs du citoyen.*

» Ma réponse est bien facile. Si j'ai violé les
» lois de mon pays, pourquoi ne m'avez-vous
» pas fait traduire devant un tribunal?

» Il en est temps encore, Monsieur; osez, je
» suis prêt. Faites-moi comparaître devant
» douze jurés français : là je m'expliquerai. Là,
» en présence peut-être d'une condamnation,
» ma voix ne faiblira pas, et je répéterai à la
» face de mon pays les paroles que j'ai pronon-
» cées à Belgrave-Square!

» Vos menaces imprudentes ne sauraient
» m'effrayer. J'ai fait ce que l'honneur me di-
» sait de faire. Vous ne me ferez pas reculer,
» Monsieur; vous ne me ferez pas saluer ce que
» je ne veux pas saluer; vous ne me ferez pas

» respecter ce que je ne dois pas respecter.

» Si vous connaissiez l'histoire de ma famille, » vous sauriez qu'il n'y a que le bourreau qui » puisse nous faire courber la tête.

» J'attends, Monsieur, et j'ai l'honneur de » vous saluer.

» Duc de Fitz-James.

» Château du Tertre (Sarthe), 11 janvier » 1844. »

Certes, cette lettre n'avait rien de flatteur pour le ministre auquel elle était adressée; mais le chef réel du cabinet faisait fléchir ici un intérêt de dignité personnelle devant un intérêt de tactique parlementaire. Il espérait embarrasser la position des députés qui avaient prêté le serment en établissant une confusion entre leur conduite et celle de M. le duc de Fitz-James qui, placé dans d'autres conditions, s'était réservé, nous ne disons pas une liberté légale, car la loi est égale pour tous, mais une liberté morale plus étendue. Ce fut cette considération qui décida M. Guizot à enregistrer, dans les journaux ministériels, cette espèce de cartel chevaleresque que lui envoyait M. le duc de Fitz-James, en mettant pour enjeu du combat sa liberté, et, si on voulait pousser l'accusation jusqu'au crime de lèse-majesté, sa vie.

Les débats parlementaires du 15 janvier 1844, s'ouvrirent sous ces auspices. L'affluence était immense, et un intérêt universel s'attachait à cette discussion.

Dès le début de la séance, M. Berryer avait demandé la parole en disant que ni lui ni ses collègues ne pouvaient, pendant la discussion de l'adresse, demeurer sous le coup des paroles outrageantes contenues dans le dernier de ses paragraphes. Au milieu des interruptions sans cesse renaissantes et des murmures organisés du centre, il expliqua et motiva la présence des députés dans les salons de Belgrave-Square. Il dit que, dans cette circonstance, comme toujours, il ne cacherait point leurs sentimens.

C'était sur la foi du principe de la souveraineté nationale, qu'ils avaient agi comme ils l'avaient fait. Ils n'étaient point allés à Londres pour faire un roi, un gouvernement; mais ils avaient porté des hommages à l'héritier d'une longue suite de rois qui ont présidé si longtemps aux destinées de la France, et en avaient fait la première nation du monde.

L'intime union du gouvernement de 1830 avec l'Angleterre, révélée par la promenade de la reine Victoria au château d'Eu, donnait au voyage de Londres un caractère tout particulier, et les visiteurs de Belgrave-Square échappaient ainsi pour toujours à ces vieilles et absurdes suspicions d'intelligence et de pacte avec l'étranger.

Telle fut à peu près la substance de la première partie du discours de M. Berryer, prononcé au milieu d'ignobles interruptions. Les bancs ministériels, profitant d'un lazzi ridicule de M. Dupin, ne cessaient de couvrir la voix du grand orateur par les éclats d'une fausse hilarité.

M. Berryer, se renfermant alors dans sa dignité, jeta quelques paroles dédaigneuses aux interrupteurs, et descendit de la tribune après avoir exprimé son indifférence profonde pour l'arrêt d'une majorité qui refusait d'écouter des hommes d'honneur défendant leur honneur attaqué.

M. Guizot comprit que les centres étaient allés trop loin et que l'opinion publique ne pourrait voir sans indignation le droit sacré de la défense violé dans la personne des cinq députés qu'on voulait flétrir sans les entendre. Il rappela *avec égards* M. Berryer à la tribune. A un geste de leur maître, les centres accordèrent un demi-silence au grand orateur, qui put essayer de faire apparaître à la Chambre le voyage d'Angleterre sous son véritable jour.

« Je vous ai dit, s'écria-t-il, comment depuis
» 1820 j'avais compris, pour les hommes de
» mon opinion, la possibilité, le droit de siéger
» avec honneur dans les assemblées délibé-
» rantes. Je vous ai dit quelle était notre pen-
» sée persévérante; c'est avec ces sentimens,
» avec ces convictions que nous avons été à
» Londres ; nous y avons dit la vérité tout en-
» tière; la vérité sur l'état du pays; la vé-
» rité sur la ruine de ce qui, dans le passé,
» n'est que poussière et ne se peut pas rani-
» mer; la vérité sur la nécessité de ne rien en-
» treprendre, de ne rien admettre désormais
» en France que par la volonté nationale ; la
» vérité sur le droit acquis à toujours pour tout
» homme qui vit en France, qui s'y sent de
» l'intelligence et du cœur, de prendre part
» aux affaires et au gouvernement de son
» pays. »

Soutenu par les marques d'approbation de la gauche, et, malgré les sourdes rumeurs des centres, Berryer, élevant la voix, rendit aussi témoignage à ce qu'il avait vu. « Nous
» avons trouvé un jeune prince capable d'en-

» tendre la vérité, préparé à l'entendre. En face
» de ce prince et entre tous les Français qui
» étaient à Londres, en présence de cette jeune
» et noble intelligence, devant cette âme éle-
» vée, exempte de ressentiment parce qu'elle
» est étrangère aux faits du passé, pas une pa-
» role qui n'ait été inspirée par l'amour de la
» France, par la conviction, que le dernier
» malheur pour un parti ce serait d'être la cause
» d'un désordre; qu'avant tout il faut servir le
» pays, s'identifier avec ses intérêts, y user no-
» blement, fièrement de ses droits, repousser
» toute idée de guerre civile et de guerre
» étrangère, s'unir sincèrement, bravement,
» tous, si jamais la patrie était en danger.
» Voilà ce qui s'est dit; voilà la conspiration
» de Londres tout entière. »

Tel fut le sens des paroles de M. Berryer.
M. Guizot, pendant que le grand orateur avait
parlé, avait bien étudié les dispositions de la
Chambre et avait saisi, d'un coup d'œil, ce
qu'on pourrait appeler la situation de la bataille. Alors il mit de côté sa politique de quasi-
légitimité et de ralliement, qui est la sienne, et
se fit révolutionnaire; contre les principes de
la droite, il voulut se faire une arme des doctrines révolutionnaires de 1830; en un mot, il

parla en habile orateur et agit en mauvais politique. Pour assurer les intérêts d'une vengeance passionnée, il avait ruiné tout son système de gouvernement qui consiste à opérer le ralliement des hommes de la droite.

Après le ministre des affaires étrangères, M. Dupin voulut personnifier le nouveau régime dans le souvenir de la bataille de Valmy, et la branche aînée dans celui de Waterloo; le duc de Valmy, en lui répondant, s'écria avec énergie : « Je suis fidèle au souvenir de
» Valmy, car je veux que la dynastie qui se
» trouve maintenant sur la terre étrangère ne
» rentre en France que par l'assentiment na-
» tional. »

S'adressant ensuite à M. Guizot, qui s'était glorifié de la générosité du gouvernement envers ses adversaires : « Nous ne voulons pas de
» votre générosité. Vous, généreux ! dites plu-
» tôt que vous n'avez rien trouvé contre nous
» dans les vieux arsenaux législatifs où tous les
» pouvoirs ont déposé des armes à leur usage.
» Dites que vous n'osez nous frapper en face
» et que, pour nous atteindre, vous demandez
» à la Chambre de violer des droits qu'elle a
» juré de respecter, c'est à dire de se flétrir
» elle-même. »

Ces nobles et fières paroles avaient rendu aux centres toute leur colère.

Amené à la tribune par une irritante provocation de M. Saint-Marc Girardin, M. de Larcy déclara qu'en entrant dans la Chambre il n'avait cru contracter d'autre engagement que celui d'obéir aux lois du pays. Aussitôt, grande rumeur : mais, au milieu des interpellations furieuses des centres, M. de Larcy demeura courageux et impassible, et, finissant bravement comme il avait commencé : « Nous avons, s'écria-t-il, la conviction intime d'avoir rempli tous nos devoirs; si vous croyez le contraire, faites-moi juger. » Le silence se rétablit un instant, et il termina par ces mots qui ont eu, depuis, un si grand retentissement : « C'est cette assurance d'être resté fidèle à tous mes devoirs de Français qui me donne le droit de redire ici, en dépit de votre injurieuse adresse, cette devise que je lisais à Westminster le jour même où est arrivé jusqu'à moi le bruit de toutes ces colères : « Loyauté n'a honte. » Il y avait, en effet, quelque chose de bien étrange, dans ce débat. Des hommes qui, pour la plupart, avaient violé à plusieurs reprises leurs sermens pour obéir à la voix de leur intérêt, et dont la fidélité n'avait jamais duré qu'envers la fortune, se faisaient les censeurs d'un parti politique ayant renoncé à tous les avantages de la puissance pour ne pas abdiquer ses convictions et ses sentimens. Evidemment, les rôles étaient intervertis ; les hommes de la comédie de quinze ans et les jureurs brevetés de fidélité, dont la conscience est chevronnée d'apostasie, ne pouvaient avoir le droit de flétrir un parti loyal jusqu'au sacrifice, fidèle jusqu'au martyre. Telles étaient les idées que remuait au fond des âmes la noble devise adoptée par M. de Larcy.

Le marquis de La Rochejaquelein apporta dans le débat, qui tirait à sa fin, de hautes et fières paroles ; il refusa avec dignité des explications qui, après le cours donné à la discussion, auraient eu l'air d'excuses. Il allégua que c'était au nom du principe de la souveraineté nationale qu'il était entré dans la chambre, et, se jetant dans l'ordre d'idées que M. Dupin avait ouvert en rappelant la bataille de Waterloo et les rigueurs politiques qui avaient frappé le maréchal Ney et Labédoyère, il rappela avec un grand bonheur d'expression ses souvenirs personnels, qui prouvaient que ce n'étaient pas les hommes de la droite qui étaient responsables de ces exécutions. « Ce n'est pas sur nous, s'écria-t-il, en attachant ses regards sur le banc ministériel, après avoir prononcé le nom du maréchal Ney, qu'il faut faire retomber le sang d'une si grande gloire. » Le châtiment de M. Guizot s'annonçait.

M. Blin de Bourdon termina la séance par quelques nobles paroles, témoignage touchant de sa loyauté si connue, et au milieu des plus vives émotions, l'assemblée se sépara en désordre.

La discussion fut reprise le 27 janvier, lors du vote du dernier paragraphe. La commission maintenait la flétrissure et admettait le principe de la souveraineté nationale.

M. Béchard ouvrit le débat. Il n'avait pas fait le voyage de Londres; mais il en assumait noblement la responsabilité avec tous les députés de la droite. S'attacher à prouver que, malgré les atténuations hypocrites que les membres de la commission cherchaient à donner au dernier paragraphe de l'adresse, la vraie signification subsistait dans son impérieuse netteté ; montrer tous les députés royalistes de la Chambre sentant, au fond de leur âme, le trait envenimé qu'on y avait enfoncé ; rappeler que ce mot de flétrissure ne pouvait s'appliquer à un parti d'honneur et de probité, tel fut à peu près le plan et l'ordre de son discours.

Au milieu de la tempête, il avait fait marcher la discussion. Il avait intéressé les principes généraux de liberté et d'inviolabilité parlementaire, et la sécurité du gouvernement représentatif tout entier ; à la cause des députés qu'on voulait flétrir. Il avait fait appel à deux sentimens vrais, en rappelant l'estime que ne pouvaient refuser aux royalistes ceux-là même qui voulaient leur appliquer un mot rayé du Code pénal ; et en demandant, avec une juste ironie, où étaient les Catons et les Fabricius qui, dans nos monarchies corrompues, se trouvaient chargés de distribuer l'honneur ou l'infamie à leurs collègues. Enfin il avait touché un des points les plus importans de la question en rappelant la position toute nationale prise par le jeune prince.

M. Desmousseaux de Givré, pour détruire l'effet des paroles de M. Béchard, vint jeter encore la question irritante du serment au milieu de la discussion ; et rappela ainsi M. Berryer à la tribune.

Au milieu des murmures des centres l'honorable orateur expliqua de nouveau la position des royalistes à la Chambre et la valeur limitée d'un serment prêté sous l'empire de la souveraineté nationale, et déclara qu'il ne reconnaissait, qu'aux électeurs qui l'avaient nommé, le droit de juger sa conduite. Alors M. Duchâtel, préoccupé comme tout le ministère de la nécessité de détruire le terrain politique sous les pieds de Henri de France, prononça ces paroles dont la portée allait bien au delà de celle qu'il voulait leur donner.

« Si aujourd'hui le pouvoir royal se condui-
» sait, vis à vis de la constitution du pays,
» comme le pouvoir royal en 1830, nous se-
» rions tous déliés de notre serment.

» Ce sont là les principes fondamentaux de
» notre foi politique, de la foi politique dont
» nous avons assuré le triomphe en 1830. »

Le discours de M. Duchâtel ramena M. le marquis de La Rochejaquelein à la tribune et il insista avec une nouvelle force *sur le serment* : « Quand nous prêtions autrefois le
» serment au roi, s'écria-t-il, nous compre-
» nions que nous étions prêts à lui sacrifier
» tout ce que nous étions, tout ce que nous
» avions. Les mots n'ont plus la même signifi-
» cation aujourd'hui. Il y a aujourd'hui un con-
» trat synallagmatique : j'ai lu le serment du roi
» avant de prêter le mien, voilà le serment

» qu'il a prêté : « *En présence de Dieu, je jure*
» *d'observer fidèlement la charte constitution-*
» *nelle, de ne gouverner que par les lois et selon*
» *les lois, de faire rendre bonne et exacte justice*
» *à chacun selon son droit et d'agir en toute chose*
» *dans la seule vue de l'intérêt, du bonheur et*
» *de la gloire du peuple français.* Et vous vou-
» lez, s'écriait M. de La Rochejaquelein, que je
» conspire contre un gouvernement qui tien-
» drait un engagement pareil, l'honneur, la
» gloire, l'intérêt du peuple français ! »

Il y avait un sentiment profond de la vérité dans ces exclamations. Mais la discussion continuait à être tumultueuse et désordonnée, et il était impossible aux députés de la droite de suivre leur pensée et leur argumentation. M. Hébert, craignant de laisser affaiblir les dispositions belliqueuses des centres, vint encore une fois rassembler et ramener, dans un long réquisitoire parlementaire, toutes les accusations articulées contre les royalistes qui étaient allés à Londres. Il transforma ce voyage en conspiration ; par les détails qu'il ajouta, il alla partout curieusement chercher les souvenirs irritans de la guerre civile ; invoqua les condamnations récentes des journaux de la droite et, dans l'ardeur de son dévoûment dynastique, ne craignit pas de dire « qu'il suffisait de naître sur le sol français pour devoir fidélité et obéissance au roi des Français. »

Jusques là M. Guizot n'avait pas repris la parole ; mais, tout à coup, poussé par la fatalité ou plutôt par la Providence, il monta à la tribune et, sans nécessité apparente, se constitua le scandaleux champion de la moralité politique blessée, de la conscience publique offensée, des devoirs du citoyen méconnus, oubliés... A ces mots qui contrastaient si effrontément avec les souvenirs qui pesaient sur lui-même, et dont tous les esprits étaient depuis si long-temps préoccupés, un immense et sourd murmure se fit entendre dans la salle, prélude de la terrible expiation que tout le monde attendait et qu'on entrevoyait enfin : c'était le premier cri du lion populaire se sentant maître de sa proie. M. Berryer, porté en quelque sorte par le mouvement presque unanime de l'assemblée, se précipita à la tribune tout palpitant d'une colère éloquente, et l'on vit bien que M. Guizot était perdu.

Cependant l'illustre orateur contint à demi son indignation qui débordait comme malgré lui de ses lèvres. Dans une véhémente improvisation, il somma le ministère et son parti d'avoir au moins le courage de leur mauvaise pensée, et d'oser exclure ceux qu'ils voulaient flétrir. Puis relevant avec une juste surprise ces mots de moralité politique, de devoirs du serment, de devoirs du citoyen, d'oubli des grands intérêts du pays, leçons si étranges dans la bouche de M. Guizot, il esquissa plutôt qu'il ne l'acheva, le plan d'un parrallèle entre le voyage de Gand, fait par ce dernier, à la veille d'une invasion, et le voyage de Londres, accompli dans des circonstances toutes pacifiques, dans un pays allié du gouvernement de la France.

La méprisante colère, qui, depuis le premier jour du débat, fermentait dans toutes les âmes, se fit jour tout à coup, et la conscience publique se leva, pour ainsi parler, d'elle-même contre M. Guizot. D'accusateur il était devenu accusé. La fortune du combat était changée. En vain voulut-il se raidir contre l'orage. Nous assistions à la séance, et nous n'oublierons jamais ses premières paroles : « Quand je suis en-
» tré dans la vie publique, il y a surtout un
» vice que je me suis promis d'écarter de moi,
» c'est l'hypocrisie », et ce disant, il joignait les mains et les appuyait sur la tribune avec une attitude de Tartufe-Puritain, que ne pourra jamais imiter le comédien le plus consommé. Il y eut dans toute la salle un frémissement invo-

lontaire. Bientôt le mot fatal, le mot de Gand fut prononcé : ce fut le signal de l'explosion, les interruptions, les interpellations, les murmures, les qualifications injurieuses se succédèrent sans relâche. Pendant deux heures on vit se prolonger cette scène de supplice et de torture. M. Guizot ne demandait plus pourquoi les députés de la droite étaient allés à Londres, toute son ambition eût été de pouvoir dire à la Chambre, pourquoi il était lui-même allé à Gand. La bataille était perdue sans retour. L'indignation qu'on avait voulu provoquer contre le voyage de Londres, elle se manifestait contre le voyageur de Gand ; la gauche, à qui l'on avait demandé de flétrir M. Berryer et ses quatre collègues, flétrissait le premier ministre, et, l'attachant au pilori de la tribune, lui faisait subir la plus dégradante flagellation. C'était pitié de le voir, cet arrogant rhéteur pâle, les yeux hagards, cherchant dans son esprit des forces pour se débattre contre le poids de sa conscience qui l'écrasait, et donnant le spectacle affligeant du remords qui ne sait pas s'élever jusqu'à la dignité du repentir. La chambre flétrissait en lui le cynisme des apostasies qui veut donner à ses variations insensées la gravité d'un système politique ; à ses palinodies ambitieuses, le mérite du dévoûment ; à ses trahisons, l'excuse d'une intelligence politique des intérêts du pays. On avait demandé que justice fût faite ; justice était faite. On avait demandé que la sainteté du serment fût vengée, et que le parjure fût flétri ; ce vœu était rempli.

Là ne se borna pas le châtiment de M. Guizot ; M. Odilon Barrot se chargea de formuler en quelques paroles hautaines et solennelles le jugement de l'assemblée et du pays : « Oui, dit-il, la moralité politique a besoin d'une éclatante consécration ; car jamais elle n'a reçu de plus profondes atteintes. » Et en accablant M. Guizot de ses reproches, il déclarait voter contre le paragraphe de l'adresse.

Dès ce moment, l'effet moral de ces grandes scènes ne fut plus douteux. Comme le ministre d'Assuérus, M. Guizot était pendu au gibet qu'il avait préparé pour d'autres.

On le vit bien le lendemain, lorsqu'après une séance rapide, mais pleine encore d'émotion et dans laquelle M. de La Rochejaquelein fit vibrer toutes les âmes en protestant avec indignation et en mettant son propre honneur sous la garde de tous les gens d'honneur, la majorité ministérielle faillit s'évanouir. La flétrissure, repoussée par la gauche, ne fut adoptée que grâce à l'abstention des membres de la droite qui avaient en masse déserté leurs bancs au moment du vote. Au scrutin secret on trouva dans l'urne 190 boules noires sur 410 votans. L'adresse n'était acceptée qu'à une majorité de 14 voix.

La sensation fut profonde partout, et il y eut un lieu où elle fut mêlée de colère. M. de Salvandy, qui avait voté contre la flétrissure, eut à subir des traitemens si étranges au château, qu'il se crut obligé de donner, en sortant, sa démission d'ambassadeur à Turin. L'indépendance de son vote lui avait été reprochée comme un crime, et le député, investi d'un pouvoir souverain, avait été reçu comme un serviteur indocile qui a mal fait son service.

M. de Salvandy devint tout-à-coup populaire. Les gouvernans n'avaient pas compris qu'en renonçant aux préjugés de l'ancien régime, HENRI DE FRANCE avait amorti les passions de la gauche. Dès lors, la flétrissure qui, dans aucun cas, ne pouvait être un acte national, n'a plus été même une mesure révolutionnaire; elle est devenue un caprice despotique et un acte de courtisannerie sans portée et sans valeur.

Au milieu de ces agitations, dont tout Paris

était préoccupé, survenait une nouvelle péripétie dans le drame politique qu'avait fait naître le voyage de Londres.

A la séance qui suivit le vote du dernier paragraphe, le président de la chambre lisait les lettres suivantes, au milieu d'un morne silence qu'interrompirent à peine quelques murmures promptement réprimés.

« Monsieur le Président,

» Je donne ma démission.

» Marquis de La Rochejaquelein. »

« Paris, 29 janvier.

» Monsieur le Président,

» Le dernier paragraphe de l'adresse, voté
» dans la séance du 27 janvier, est à nos yeux
» un acte attentatoire à l'indépendance et à la
» dignité de plusieurs membres de cette cham-
» bre. Une épreuve douteuse a déjà élevé au
» sein de l'assemblée une éclatante et loyale
» protestation. Nous venons protester, à notre
» tour, non contre un langage injurieux qui ne
» saurait nous atteindre, mais contre la violence

» qui nous est faite, au mépris de nos droits et
» des garanties de liberté qui nous étaient pro-
» mises par la déclaration du 7 août 1830. Ré-
» solus à remplir nos devoirs envers ceux qui
» nous ont élus, envers nos amis politiques et
» envers nous-mêmes, mais frappés d'une vé-
» ritable exclusion morale, ce n'est pas sur
» nous que peut retomber la responsabilité de
» notre détermination.

» Nous déclarons nous démettre de nos fonc-
» tions de députés.

> » BERRYER, *député de Marseille;*
> » DUC DE VALMY, *député de Toulouse;*
> » R. DE LARCY, *député de Montpellier.* »

Le lendemain, le président de la chambre recevait une troisième lettre qui complétait l'acte des députés de la droite; c'était la démission de M. Blin de Bourdon, qu'une circonstance fortuite avait empêché, la veille, de joindre sa signature à celle de ses collègues.

Ainsi, les députés flétris, traitant la chambre comme un tribunal incompétent, en appelaient aux colléges qui les avaient nommés et au pays tout entier.

Les sympathies excitées par cette noble résolution furent universelles. Les députés de la gauche vinrent en foule s'inscrire chez les démissionnaires. Le nom de *flétri* devint populaire; on s'en para comme d'un titre d'honneur, ainsi qu'avaient fait les habitans des Pays-Bas quand ils adoptèrent ce nom de *gueux* qu'on leur jetait comme une insulte. Ceux qui ne l'avaient pas obtenu, parce qu'ils n'avaient pu aller à Londres, firent valoir leur intention et le revendiquèrent dans des lettres publiques, adressées aux journaux.

Par une étrange anomalie, les flétrisseurs étaient seuls à rougir; et l'on ne rencontrait que flétrisseurs honteux qui cherchaient en vain à se faire amnistier. Les juges demandaient grâce aux condamnés, et les condamnés refusaient de grâcier les juges.

Pendant tout un mois l'élection de MM. Berryer, de La Rochejaquelein, de Valmy, de Larcy, Blin de Bourdon, occupa l'opinion publique. Le ministère mit en mouvement tous les ressorts de la grande machine de la centralisation pour fermer aux honorables *flétris* l'entrée de la chambre. Les menaces, les promesses, les influences, rien n'était oublié. Le marché électoral s'agrandissant pour les combinaisons audacieuses des doctrinaires, ce n'étaient plus seulement des consciences individuelles qu'on cherchait à prendre dans les filets du ministère, c'étaient des villes entières. On ne craignit pas de menacer Marseille de la priver de la somme nécessaire à l'agrandissement de son port, si le nom de M. Berryer sortait de l'urne; et les candidats de la droite qu'opposaient-ils à ces efforts désespérés du ministère, à l'encan des voix, à toutes les ressources de l'arbitraire et de la corruption? Rien que leur bon droit, leur patriotisme, leur loyauté incontestables et la triple majesté de la souveraineté nationale, de l'indépendance électorale et de la liberté parlementaire, violée dans leurs personnes.

Un spectacle admirable se produisit alors d'un bout de la France à l'autre. Partout les démissionnaires furent reçus en triomphe, et jamais élections ne s'accomplirent au milieu de pareils transports. On nous permettra de donner ici quelques scènes de ce drame populaire, parce que rien ne prouve mieux quelles vives et profondes sympathies le voyage de Londres avait excité dans le cœur des populations. On avait beaucoup dit que Belgrave-Square n'avait été qu'une réunion aristocratique, étrangère au reste de la nation, et voilà que les places publiques des plus grandes villes de France retentissent d'acclamations en l'honneur de ceux que l'on avait voulu flétrir parce qu'ils avaient été s'asseoir un moment au foyer de l'exil.

L'Ouest tout entier sembla se lever sur les pas de M. de La Rochejaquelein. A Laval, au Mans, les hommes de toutes les opinions s'empressèrent autour de lui et le saluèrent de leurs hommages.

A Rennes, même concours ; de nombreuses cavalcades, venues au devant de lui, lui formèrent un cortége triomphal. Les jeunes gens des écoles s'y mêlèrent, et, à leur noble discours, M. de La Rochejaquelein répondit :

« Je vous remercie de la démonstration d'honneur que vous faites auprès de moi ; ce n'est pas une démonstration d'opinions politiques, j'en suis encore plus flatté, puisque j'ai répondu aux sentimens qui vibrent si vivement dans les cœurs bretons. Vous appartenez à des opinions différentes, et cependant vous êtes unis dans la même pensée, quand il s'agit de protester contre un acte auquel il manque une sanction que l'on a voulu obtenir, la sanction de l'opinion publique. Vous êtes unis contre l'atteinte portée à la souveraineté parlementaire qui devrait être plus que jamais sacrée quand la souveraineté nationale a été proclamée.

» J'ai cru, Messieurs, que la Bretagne ne pouvait avoir un député qui souffrît une insulte; j'ai dû en appeler aux Bretons. Je ne serais pas bon pour les représenter si je devais souffrir un outrage, je ne serais plus digne d'eux; et vous, jeunes Bretons qui représenterez un jour votre noble province, je ne serais plus digne de vous. Votre démarche d'aujourd'hui me donne la confiance que je le suis encore; mon cœur me dis que je le serai toujours. Je vous remercie, Messieurs; comptez sur moi comme je compte sur vos sentimens qui font ma force. »

Nommé à Ploërmel à une immense majorité, le député réélu trouva à son retour les mêmes acclamations : les chefs d'atelier et les ouvriers d'Angers vinrent le saluer; dans toutes les grandes villes, des banquets lui furent offerts; celui de Nantes notamment eut le plus grand éclat; M. de Lancastel, membre de la chambre et du conseil supérieur du commerce, en portant un toast à l'élu de Ploërmel, fit entendre ces belles paroles :

« Que la vérité du gouvernement représentatif nous soit assurée, comme vous l'avez comprise, et le moment ne sera pas éloigné où chacun de nous voudra faire tomber des démarcations qui séparent les enfans de la même patrie. Tous, nous aurons compris qu'il faut nous réunir pour assurer la prépondérance du pays au dehors et ses franchises à l'intérieur.

» Voilà *l'entente cordiale* à laquelle nous applaudirons vivement et que nous préférons à toutes les autres.

» Ce toast est une des nombreuses acclamations du pays pour votre conduite si loyale, si digne en tous points du noble pays de France. »

M. de La Rochejaquelein répondit :

« Je ne pouvais entendre de plus nobles paroles ; je ne pouvais les entendre devant une réunion qui comprît mieux leur importance.

» L'entente cordiale entre nous !

» Certes un pareil vœu est trop français pour que je ne m'y associe pas avec bonheur.

» On aurait bien voulu, par des actes et par des paroles de colère, nous éloigner de ce rapprochement si désirable ; on a été jusqu'à dire que nous n'étions pas les enfans de la France ! Nous avons demandé au pays sa pensée, et le pays a répondu.

» Quand j'ai accepté la difficile mission de rester également fidèle à nos principes, à l'honneur et aux libertés de la France, j'ai compris toutes les difficultés qui m'attendaient. J'ai tenu jusqu'ici tous mes engagemens en faisant de mon mieux.

» On voudrait que nous nous regardassions comme engagés au delà des principes en vertu desquels le gouvernement actuel est établi. Ce serait abdiquer nos consciences ; nous ne le ferons pas. (Applaudissemens prolongés.) Il est dans notre droit, il est dans notre devoir de rester ce que nous sommes, en faisant passer la France avant tout.

» On a essayé de nous corrompre, on n'a pu réussir : alors on nous a signalés comme des ennemis ; l'intérêt ou les menaces ne peuvent rien contre nous. (Nouveaux applaudissemens.)

» J'ai été candidat à la députation; vous ne m'avez pas entendu changer de langage. C'est sur le principe de la souveraineté nationale que je m'appuie : il n'aura pas été impunément proclamé. (Applaudissemens.)

» Vous savez, Messieurs, que j'ai fait ce que j'ai pu pour le rapprochement des hommes de toutes les situations sociales. J'ai donné l'exemple d'encouragement aux intérêts matériels dans ce pays. Je crois que nous ne devons faire qu'une même famille, et ce sont les hommes les plus haut placés qui doivent en donner l'exemple toujours. (Bravos.)

» Messieurs, je tiens à ce que vous sachiez que j'ai toujours rempli, toujours accompli mes devoir de député avec la plus grande loyauté, avec la plus grande confiance; je n'ai pas voté une seule fois autrement que je n'en avais pris l'engagement. J'ai toujours voté pour ce qui m'a paru dans les intérêts du pays; j'ai toujours voté contre tout ce qui m'a paru être mauvais. (Oui! oui!)

» Quand j'ai vu ces ambitions rivales, qui ne promettaient pas mieux à la France, se disputer entre elles, j'ai dédaigné de me faire l'instrument des unes ou des autres.

» Maintenant, après ce qui s'est passé, mais surtout après la conduite du cabinet vis à vis de l'amiral Dupetit-Thouars, en face de l'insulte faite à notre pavillon dans la personne d'un de nos plus braves marins, je serai l'ennemi du ministère jusqu'à ce qu'il tombe. (Tonnerre d'applaudissemens.)

» Messieurs, je vous remercie de la manière si flatteuse dont vous voulez bien me recevoir. Je rentrerai à la chambre heureux et fier de votre approbation. Je ne sais si je répondrai à tout ce que vous attendez ; mais ce que je sais, mais ce que je prouverai, c'est que je suis digne d'être Vendéen et Breton. (Bravos prolongés.) »

Dans la Picardie se répétaient les mêmes scènes. Nommé à Doullens, aux applaudissemens de la population témoin de toutes les manœuvres employées contre lui, M. Blin de Bourdon se vit, à son arrivée à Amiens, entouré des ouvriers qui venaient complimenter leur ancien maire, et de plus de trois cents personnes de toutes les classes, qui, par l'organe de M. le comte d'Auberville, lui apportaient leurs félicitations ; sa réponse fut noble et digne :

« Je suis on ne peut plus flatté des félicitations que vous voulez bien m'adresser, et surtout des sentimens si bien exprimés par l'interprète sur lequel vous vous êtes reposés de ce soin.

» Après avoir protesté, par ma retraite de la chambre, contre un acte injurieux, attentatoire à la dignité et à l'indépendance des députés, je suis venu sans hésitation demander à MM. les électeurs de Doullens, mes seuls juges, si j'étais toujours digne de leurs suffrages. Appréciant les motifs de ma conduite, et reconnaissant que je n'avais point failli à mon serment, comme l'on s'efforçait de le leur persuader, les membres du collége de Doullens ont, en renouvelant mon mandat, déclaré que je n'avais pas cessé de mériter leur confiance.

» Cet arrêt solennel, si précieux pour moi, le devient encore davantage, lorsqu'à mon arrivée dans ma ville natale je vois ce concours nombreux de toutes les classes de la société appartenant à diverses opinions, venir le sanctionner et applaudir à ma nomination, et s'il en était besoin, ce serait un nouveau motif pour que je continuasse à réclamer avec persévérance les libertés promises en 1830, et à protester contre toute mesure contraire au bien et à l'honneur de la France. »

Dans le Midi, qui se trouvait en quelque sorte convoqué tout entier dans ses trois grandes capitales, l'expression des sentimens publics fut marquée de ce caractère d'expansif enthousiasme, particulier aux habitans de ces belles contrées.

A peine arrivé à Toulouse, le jour même de sa nomination, le duc de Valmy vit venir à lui plus de deux mille personnes, ayant en tête les électeurs et les membres du bureau qui lui apportaient le bulletin de leur éclatante victoire. L'un d'eux, M. de Nouaillan, lui adressa un discours souvent interrompu par les bravos de la foule, et qui se terminait par ces mots :

» Vouez, monsieur le duc, au triomphe de ces idées puissantes, votre talent et vos efforts persévérans.

« Nous ne vous parlerons pas aujourd'hui de nos griefs et des besoins de notre province, vous les connaissez déjà ; mais ce que nous ne pouvons taire, c'est le sentiment profond d'humiliation qui, au seul nom de Taïti, vient troubler les joies de notre triomphe. (Applaudissemens répétés, bravos !)

» Le cri d'indignation qui nous échappe n'est pas, que le pouvoir le sache bien, le cri d'une opposition passionnée, c'est l'accent du plus pur patriotisme. Qu'il aille flétrir, et cette fois à juste titre, une politique anti-nationale ! (Applaudissemens.)

A ces paroles prononcées avec une ferme énergie, M. le duc de Valmy, vivement ému, répondit :

« Electeurs,

» Vous venez de sauver de grands principes d'une périlleuse épreuve ; vous venez de conserver l'indépendance de votre député. Il n'a pas craint d'en appeler au jugement du pays, et le pays a répondu par vos suffrages ; il a répondu par une expression libre et régulière de sa volonté.

» Honneur à vous, à vous tous, qui avez associé

loyalement vos efforts pour assurer le triomphe d'un principe politique. Les hommes de cœur et d'abnégation, à quelque opinion qu'ils appartiennent, ont des devoirs communs à remplir envers la patrie ; ils obéissent au plus sacré, au plus impérieux de ces devoirs quand ils se donnent rendez-vous sur le terrain des intérêts généraux et des libertés nationales. (Applaudissemens.)

» Oui, nous avons des devoirs communs à remplir, nous qui plaçons le bien du pays au dessus de toute considération ; nous qui appelons la réforme de tous les monopoles ; nous qui voulons une représentation sincère de tous les droits et de tous les intérêts.

» Nous avons un ennemi commun, c'est l'ennemi des libertés et de l'honneur de notre pays, c'est le pouvoir qui ruine et déshonore la France, et qui, dans ce moment même, comme vous l'avez rappelé, vient de punir nos braves marins d'avoir osé, aux extrémités de l'Océan-Pacifique, troubler un seul instant le système de la paix à tout prix.

» Et qu'on ne dise pas que nous nous plaçons aujourd'hui sur le terrain des intérêts généraux pour le besoin passager d'une association déloyale ! S'il y a des hypocrisies de libertés aujourd'hui, c'est dans le camp du pouvoir (interruption, applaudissemens), dans le camp du pouvoir qui appelle à son secours toutes les apostasies (Applaudissemens) ; qui réunit autour de lui les comédiens de tous les régimes et marche à l'arbitraire sous le masque de la liberté. (Applaudissemens.)

» Quant à nous, nous n'avons pas deux langages : ces sentimens que nous exprimons devant vous, nous les avons toujours franchement exprimés ; nous avons eu occasion de les manifester dans ce voyage qui a excité de si vives colères. Là, comme ici, nous avons gardé un respect profond pour la volonté et le repos de notre pays, le dévoûment le plus sincère à sa gloire, à sa liberté et à son bonheur ; la résolution la plus inébranlable de servir ces grands intérêts avant tout et par dessus tout. (Applaudissemens.)

» Et qu'il me soit permis de vous le dire, nous n'avons pas trouvé sur la terre d'exil d'autres sentimens dans ce jeune et noble cœur qui n'a jamais battu que pour la France. (Applaudissemens.)

» L'atteinte que le pouvoir a voulu porter du même coup à l'indépendance de vos choix et à l'indépendance de vos mandataires, vous a prouvé que toutes les libertés sont sœurs, et qu'elles se doivent un mutuel appui. Puissiez-vous les protéger toujours comme aujourd'hui ; puissent les colléges électoraux, appelés en même temps que nous à consacrer leurs droits, répondre, comme vous venez de le faire, à l'attente des opinions indépendantes, et renvoyer à ceux qui l'ont si injustement invoqué, un arrêt sincère et solennel de la concience publique. (Applaudissemens.)

» Je n'ai pas eu le bonheur de naître au milieu de vous, dans ce pays de vieilles franchises, où l'amour de la liberté est une tradition de famille, un héritage paternel ; mais vous avez bien voulu vous rappeler que, dans ma famille, j'avais aussi des traditions de dévoûment à l'honneur et à la liberté de mon pays ; permettez-moi donc de vous le dire : s'il suffit d'être fidèle à ces traditions pour mériter vos suffrages, entre nous, l'alliance est indissoluble. (Applaudissemens.) »

L'allocution éloquente de M. le duc de Valmy produisit un effet électrique sur l'assemblée. Les mains se pressaient, les chapeaux s'agitaient, les femmes, placées aux croisées de l'hôtel, témoignaient de leur joie. Jamais on n'avait vu un spectacle plus touchant et plus national par l'unanimité des sentimens et des pensées !

Le lendemain, cinq à six cents étudians ou jeunes gens de la ville, appartenant à des opinions diverses, se présentèrent dans le plus grand ordre à l'hôtel de M. de Valmy, dont la cour se trouva aussitôt remplie de plus de quatorze cents personnes.

Un jeune étudiant, M. Léopold Gaillard, adressa, en leur nom, à l'honorable député un discours dont nous regrettons de ne pouvoir citer que la conclusion.

« Nous venons devant vous, Monsieur, jeunes hommes de toutes les opinions, pousser un même cri de protestation contre la pensée cyniquement immuable qui déshonore le pays. Au fond de cette coalition des divers partis, il y a plus que le sentiment d'un danger commun, d'une antipathie partagée, il y a un tacite renoncement à tout ce que ces partis ont pu contenir jusqu'à présent de haines violentes et de préventions exclusives. L'égoïsme effarouché des souteneurs du système, s'exalte jusqu'au délire contre ce beau résultat ; mais nous, qui sommes jeunes, nous, à qui le passé n'a appris que l'espérance, nous saluons avec enthousiasme l'aurore d'une conciliation universelle ! (Applaudissemens.) C'est à vous, monsieur le duc, à vous que la gloire française a baptisé d'un de ses plus beaux noms, c'est à vous de nous précéder dans cette voie de liberté et de nationalité où la ville de Toulouse vous a si justement appelé et soutenu. »

M. le duc de Valmy répondit par ces paroles pleines de dignité :

« Messieurs,

» Je suis vivement touché des félicitations que vous voulez bien m'adresser au nom de cette ville. La voix noble et fière des étudians et des jeunes gens ne pouvait garder le silence, quand toutes les voix indépendantes s'élevaient pour repousser l'outrage que des adversaires politiques avaient voulu porter jusqu'à nous.

» La conscience publique, après avoir emprunté la voix des électeurs de ce collége, ne pouvait choisir des interprètes dont les sympathies me fussent plus précieuses que les vôtres. Je les dois sans doute à mon dévoûment sincère aux libertés publiques, à mon respect pour les lois dont vous serez un jour les défenseurs fidèles et courageux.

» Je savais bien qu'en France, dans ce pays d'honneur, les cœurs généreux ne voudraient pas flétrir des hommes qui ont tout sacrifié pour rester fidèles à leurs convictions politiques ; qui considèrent les principes auxquels ils sont attachés, non comme un but, mais comme un moyen de servir utilement leur pays ; qui s'indignent à la pensée de chercher un point d'appui dans une guerre étrangère ou dans une guerre civile, mais qui ne renonceront jamais à conquérir les sympathies de l'opinion publique, à établir la conciliation de tous les hommes de cœur et d'indépendance, et à tout espérer de la volonté nationale. (Bravo!)

» Ce qu'il faut flétrir, vous l'avez compris, c'est un système de déceptions au dedans et de faiblesse au dehors ; c'est le cynisme des trahisons et des apostasies ! (Applaudissemens.)

» Votre visite reporte naturellement mes souvenirs vers celle que j'ai eu le bonheur de recevoir, il y a plusieurs années, de vos devanciers dans cette école ; ils m'exprimaient alors les sentimens qui vous pénètrent si vivement aujourd'hui ; ils étaient indignés comme vous des humiliations de notre politique extérieure ; ils réprouvaient les ministres d'Ancône comme vous réprouvez les ministres de Taïti. (Applaudissemens.) Je suis heureux de vous trouver fidèles à ces patriotiques traditions d'honneur national ; j'en suis fier pour mon pays : il peut envisager l'avenir avec sécurité, quand il voit s'élever des générations nouvelles si pleines de dévoûment à toutes ses gloires et à toutes ses libertés.»

Les bravos, les applaudissemens, les cris de *Vive le duc de Valmy! vivent les flétris!* interrompirent fréquemment et suivirent ces deux chaleureuses allocutions.

Cette visite produisit une impression profonde sur la population qui se pressait sur le passage de ces jeunes gens. Les nombreuses croisées de l'hôtel de France étaient remplies de femmes.

L'ordre ne cessa de régner, malgré le vif désir de la police qui cherchait à provoquer la population par la manifestation de ses peurs mensongères.

Dans son irritation, l'autorité en fut réduite à de mesquines vengeances; l'éloquent interprète des étudians, M. de Gaillard, fut condamné à la perte de plusieurs inscriptions par le conseil académique; pour le dédommager, ses concitoyens voulaient lui offrir une couronne d'or qu'il eut la modestie de refuser.

Un honorable adjoint à la mairie, M. Recoules, fut obligé de donner sa démission : il avait eu l'irrémissible tort de s'asseoir à la table de M. de Valmy.

Le pouvoir espérait, du moins, obtenir à Montpellier une victoire qui le consolât de ses autres défaites; il n'y avait rien épargné : une circulaire électorale, imposée à l'Evêque; le lieutenant-général commandant la division militaire, rappelé soudain à Paris pour de prétendues affaires de service qui n'existaient point; tenu comme en charte privée pendant les élections, et destitué le jour même où le résultat en était connu : tout démontre que le ministère ne refusait rien à son fougueux préfet.

La lutte entre l'opinion publique et l'administration se manifesta bientôt par une visite que l'Ecole de médecine tout entière vint rendre à M. de Larcy, malgré tous les efforts employés pour l'empêcher. L'un de ces jeunes gens, M. Reverdi, au nom de ses camarades de toutes les opinions, adressa à l'ancien député un discours remarquable qui finissait par ces mots :

« Honneur à vous, Monsieur ! Loin de vous soumettre à une odieuse sentence, vous en avez appelé à une juridiction plus impartiale et suprême : votre noble conscience ne sera point trompée, et un témoignage plus solennel que le nôtre viendra bientôt donner raison à votre dignité offensée.

» Votre devise, Monsieur, est aussi la nôtre : *Loyauté n'a honte,* »

M. de Larcy répondit :

« Messieurs,

» Je suis vivement touché de ce qu'il y a de bienveillant et d'honorable pour moi dans la visite que vous voulez bien me faire. Je ne vous parlerai cependant pas de ma reconnaissance, et parce que mes paroles ne pourraient exprimer tout ce que je ressens, et parce que je sais bien qu'il ne s'agit pas ici de moi, mais que votre démarche a surtout pour objet de rendre hommage aux grands principes dont les députés démissionnaires sont devenus en ce moment la personnification.

» Atteints au sein de la Chambre, dans un asile que nous devions regarder comme inviolable, par une mesure que je m'abstiens de qualifier (l'opinion publique s'est chargée de ce soin), nous avons convié les colléges électoraux à venger leurs droits méconnus avec les nôtres. La souveraineté électorale et l'indépendance parlementaire, ces suprêmes expressions de la volonté nationale, sont aujourd'hui placées sous la garde de nos concitoyens : nous avons cru accomplir un grand devoir, nous ne serons pas les seuls à le remplir.

» Messieurs, il est impossible, en voyant tant de jeunes hommes réunis, de ne pas songer à l'avenir; il est impossible d'avoir écouté votre noble langage, sans contempler cet avenir avec espérance. Dans ces temps d'égoïsme et de calculs personnels, il est consolant de vous entendre proclamer ainsi le culte de tout ce qui est grand et beau. Je ne vous en louerai pourtant pas; c'est l'heureux privilége de votre âge et du pays où vous êtes nés. Si, ce qu'à Dieu ne plaise et ce qui n'arrivera point; si les traditions du patriotisme et de l'honneur, si l'amour du bien public et de la liberté, si ces généreux sentimens, qui seuls donnent du prix à l'existence humaine, semblaient jamais au moment de disparaître, on serait toujours sûr de les retrouver vivans dans le cœur de la jeunesse française, de la jeunesse du Midi. »

Cette allocution chaleureuse fut saluée par

d'unanimes acclamations. Après quelques momens de conversation familière, les étudians prirent congé de M. de Larcy et se séparèrent, en conservant toujours le calme et la dignité qui avaient caractérisé cette démonstration.

Enfin le jour de la bataille arriva : les manœuvres de l'autorité avaient été telles que l'inquiétude et l'anxiété avaient saisi la foule immense qui attendait, devant la Bourse et dans la Grand'Rue, le résultat du scrutin. Enfin, un électeur, paraissant à une fenêtre de la salle du tribunal de commerce, annonça que M. de Larcy venait d'atteindre la majorité. Aussitôt, le cri de *vive Larcy!* mêlé à de joyeuses acclamations, se fit entendre de toutes parts, et l'heureuse nouvelle, parvenant avec la rapidité de l'éclair jusqu'aux extrémités de la ville, y répandit soudain l'allégresse la plus vive.

M. de Larcy, appelé par les cris empressés de ce peuple, paraît alors au balcon de la Bourse. De là, un spectacle imposant se déploie ; une foule innombrable se presse sur la place, dans la Grand'Rue, dans les rues adjacentes ; les fenêtres de toutes les maisons sont occupées par des femmes, et l'on put avoir une idée de ces *meetings* où le peuple d'Irlande se réunit pour protester contre la tyrannie.

A l'aspect du député réélu, les applaudissemens éclatent, les acclamations redoublent; mais bientôt un religieux silence s'établit, et le député de Montpellier, surmontant sa vive émotion, prononce ces paroles d'une voix ferme et vibrante :

« Je viens remercier mes concitoyens de la part qui leur revient dans notre laborieuse victoire. La conscience publique, je me sers à dessein de ce mot (applaudissemens), la conscience publique qui sait tous les obstacles contre lesquels nous avons eu à lutter, la proclamera la plus glorieuse de celles que nous ayons jamais remportées. (Bravos prolongés.)

» En présence de cette population généreuse, de cet assentiment unanime, spontané, public, de ce magnifique spectacle qui est comme la réforme électorale mise en action, nous n'avons pas à regretter les suffrages qui nous ont été arrachés dans les ténèbres du scrutin. (Applaudissemens.)

» Ces éclatans témoignages sont pour votre mandataire un nouvel engagement de persévérer dans la voie où il marche résolument depuis cinq années, tenant tout de vous, ne relevant que de vous, dévouant ses faibles forces à vous servir, vous appartenant à la vie et à la mort. (Nouveaux applaudissemens.)

» Mais, en vous exprimant ma profonde reconnaissance pour tant de marques de sympathie, je ne revendique l'honneur de ce triomphe qu'au profit des principes tutélaires dont nous poursuivions en commun le redressement de ce grand œuvre de la réconciliation nationale de tous les gens de cœur, qui est le but de nos efforts.

» Oui, mes amis, et vous que je ne connais pas tous, mais dont le cœur bat à l'unisson du mien! nous serons toujours sûrs de nous rencontrer sur le même terrain pour défendre la liberté, la nationalité et la gloire de la France! (Bravos prolongés.) »

Il est impossible de dépeindre l'enthousiasme avec lequel fut accueillie cette éloquente improvisation ; les acclamations se renouvelèrent avec énergie lorsque M. de Larcy, sortant du collége électoral, parut sur le perron, et la foule pressée autour de lui, l'accompagna jusqu'à sa demeure.

La même joie éclata à Lunel, à Montpellier, dans de brillans banquets, et les échos s'en retrouvèrent jusqu'à Clermont et à Riom où M. de Larcy rencontra encore l'accueil le plus honorable et le plus inattendu. « Je savais bien, dit-il en partant, aux personnes empressées sur son passage, que toutes les fois qu'il faudra courir à la défense de l'honneur et des libertés du pays, on pourra dire encore avec confiance : *A moi, Auvergne!* »

La reine de la Méditerranée, Marseille, qui venait de réélire son illustre représentant à une grande majorité, lui fit, à son arrivée, une réception triomphale. Accourue au devant de lui, une foule immense entoura sa voiture pendant trois quarts d'heure de trajet. Les cris de *Vive Berryer!* les applaudissemens retentissaient, les chapeaux s'agitaient au passage ; c'était une longue acclamation. C'est au milieu de cette ovation universelle que le nouveau député entra dans sa patrie adoptive. Une réunion nombreuse l'attendait dans le grand salon de l'hôtel de Noailles.

M. de Surian, député, puisant dans les circonstances une heureuse inspiration, lui a adressé l'allocution suivante :

« Cher et excellent collègue,

» **Permettez-moi** de vous présenter un grand nombre de nos amis qui, réunis autour de vous dès votre arrivée, ont voulu vous offrir leurs félicitations cordiales et vous dire la sincère joie qu'ils éprouvent de vous revoir.

» Dix ans se sont bientôt écoulés depuis que vous les avez quittés, et dans cet intervalle rempli de tant de vicissitudes, que n'a-t-on pas fait pour les détacher de vous, des grands principes sociaux et des libertés dont vous êtes l'organe; pour leur persuader que ces libertés et ces principes étaient sans vie, sans avenir? ils sont restés inébranlables dans leur foi toute patriotique. Les sentimens, les convictions, la fraternité des opinions indépendantes n'ont pas fléchi. Toujours ils ratsachent la grandeur de notre cité à la grandeur même de la France. Toujours ils ont pour votre caractère la même admiration ; pour votre personne les mêmes sympathies.

» Mais ce qui n'existait pas lorsque vous nous avez laissés, c'est la génération nouvelle qui arrive à la vie politique avec ses généreux sentimens, véritable noblesse de l'âme ; cette génération dont le cœur vibre au seul nom de l'honneur national ; cette génération qui, après avoir si activement secondé votre élection, salua votre triomphe avec tant d'enthousiasme et tant de sagesse. Vous allez, cher et noble collègue, la connaître vous-même et vous la trouverez dévouée à la vie, à la mort, comme nous le serons toujours à tous ceux qui honorent la patrie. »

Cette courte allocution, prononcée avec toute l'expansion d'un véritable ami, fut suivie des marques du plus vif assentiment.

M. Berryer était ému, pénétré ; des larmes roulaient dans ses yeux, et quand d'une poitrine oppressée, il fit entendre ses premiers mots de remercîmens, sa parole tremblait.

Exprimant d'abord sa profonde reconnaissance pour des témoignages que le cœur ne saurait oublier, il reporta aussitôt sa pensée sur la cause de ces sympathies. Il le savait, son élection avait été l'œuvre de tous les esprits indépendans, et ce concours avait réalisé une pensée où germe l'avenir tout entier du pays, où réside la fortune de la France. Reconstituer l'unité et par elle la force nationale : telle est la tâche dévolue à nos temps, tout nous la commande.

« Cette tâche, Marseillais, vous l'avez comprise et dignement avancée. Marchez dans la voie de la réconciliation, forts de l'expérience des erreurs passées et des amères déceptions du présent ; marchez en vous souvenant que votre mission est grande, que l'influence s'en étend à toutes les nations européennes, que dis-je ! au monde entier ; car la France est la reine des intelligences, l'arbitre de la civilisation. »

Ces paroles, religieusement écoutées, avaient été couvertes d'applaudissemens ; une nouvelle explosion de vivats appela M. Berryer au balcon de l'hôtel ; il y parut entouré de plusieurs amis. Une foule innombrable la remplissait. Dominé par l'émotion et la fatigue de son triomphe, il a prononcé d'une voix sonore et entrecoupée quelques paroles de remercîmens, empreintes de l'éloquence du cœur et qui furent accueillies par les plus vives acclamations.

Le lendemain, une nombreuse députation de citoyens appartenant la plupart au commerce, lui fut présentée par M. de Montgrand, ancien maire de Marseille.

Trois jours après, un banquet lui fut offert, où prirent place plus de cinq cents convives. M. Berryer était entouré de ses anciens collègues, MM. de Laboulie et Paranque.

Au dessert, M. de Surian se leva et porta un toast à son illustre collègue. Les applaudissemens éclatèrent avec transport ; aussitôt M. Berryer prit la parole, et toute l'assemblée resta immobile et silencieuse ; mais l'admiration venait à chaque instant l'enlever tout entière, et éclatait par d'immenses applaudissemens.

« Messieurs,

» A ces paroles d'une voix amie, à vos chaleureuses acclamations, à l'accueil que j'ai reçu de vous, à vos suffrages, aux communications expansives si souvent échangées entre nous, à tout ce qui nous unit, à tout ce qui fait battre nos cœurs, je dois une réponse. Elle sera franche et entière. Au moment où, ému de vos bontés, je vais partir de ces lieux pour remplir la haute mission que vous m'avez confiée, je veux dévoiler devant vous ce qui remplit mon intelligence et mon cœur.

» Il n'est pas un seul homme doué de quelque amour pour son pays qui ne comprenne aujourd'hui que tout ce qui est exclusif est mauvais, que tout ce qui est absolu est insoutenable. (Bravos.) Sur la terre de France, l'union de toutes les volontés fera de nous le premier peuple de la terre.

» J'ai travaillé quatorze ans dans la chambre pour obtenir l'union des partis, pour établir la concorde parmi les hommes sincèrement patriotes. Alors que de longues ambitions, avides du pouvoir avant tout, viennent s'en emparer, n'hésitant pas à le laisser traîner dans la fange, si elles doivent par là le conserver plus long-temps, il faut s'unir : que les haines des partis se taisent, que les préventions s'effacent. A l'homme qui vient combattre parmi les défenseurs de l'honneur national, qu'on ne demande plus qu'une chose, son but ; et s'il veut avant tout la gloire et le bonheur de la France, ne lui demandez pas s'il est royaliste, s'il est républicain ; il veut le bien général, il est de votre parti.

» Ce que nous voulons, ce que veulent avec nous tous les hommes jaloux de la grandeur de la France, c'est qu'elle soit honorée partout, c'est qu'elle soit libre. Les hommes qui, pour garder le pouvoir, n'ont pas craint de l'avilir, ont cherché à éteindre ces nobles sentimens; ils ont appelé l'industrie à leur aide, ils ont voulu établir le culte des intérêts matériels ; mais ont-ils gardé à la nation l'honneur qui seul consacre les résultats de son travail? car la nation qui veut étendre son industrie sur tous les points du globe, doit surtout être forte et respectée.

» Vous m'avez accordé votre confiance, Messieurs, je n'en serai pas indigne. Au toast que vous avez bien voulu me porter, je ne répondrai pas seulement par un toast à votre ville ; ce toast est pour la France, pour la dignité de son pavillon, pour la prospérité de son commerce ; c'est aussi désirer l'honneur et la prospérité de Marseille.

» A la France! à Marseille ! à la dignité du pavillon national sur toutes les mers! »

Les acclamations qui avaient éclaté à plusieurs reprises pendant le toast, reprennent avec une force extraordinaire. Les cris de : *Vive Berryer!* retentissent, l'orateur les arrête tout à coup.

« Ne nous séparons pas encore, Messieurs ; j'ai un autre toast à vous proposer.
» Des Français, sur des mers lointaines, se sont trouvés en face des Anglais.....

A ce mot, une secousse électrique ébranle l'assemblée, tous les yeux brillent, les mains se lèvent avec transport, les chapeaux sont agités en l'air, et un immense bravo roule en longs échos avec un bruit de tonnerre; mais l'orateur, dominant l'assemblée de son regard souverain :

« Un peuple ignorant, inquiet, incapable de se défendre lui-même et de marcher sans soutien dans la route de la civilisation, avait sollicité la protection de la France; elle lui fut accordée. Mais, cédant aux suggestions perfides de l'Angleterre, il a voulu remplacer par un autre le pavillon protecteur. Nos braves marins n'ont pu supporter cet outrage : l'amiral qui représentait la France à Taïti, celui qui portait notre épée, a déclaré la France maîtresse de ce pays... Il a été désavoué !...

» *A l'amiral Dupetit-Thouars!...*

» *A l'amiral Dupetit-Thouars!* ont répété les cinq cents voix; *à Berryer! à la France!* »

Il est plus facile d'imaginer que de dire l'aspect de la salle dans ce moment vraiment solennel; mais ce qu'on ne rendra jamais, c'est l'effet de ce mot : *Celui qui portait notre épée…*

Comment peindre le geste rapide et saisissant de l'orateur, la fierté de sa pose, l'énergie de son accent! quelle plume peut exprimer tout cela! quel pinceau peut fixer les éclairs de l'éloquence!…

Dans son mortel dépit, et pour essayer de cacher sa honte, l'autorité ne craignit pas de s'abaisser à d'ignobles manœuvres de police, et d'organiser une apparence de misérable émeute qui, se montrant aussitôt après le départ de M. Berryer, voulait faire croire à une protestation contre le mouvement si universel et si spontané des jours précédens : personne n'y fut trompé, et ces désordres stipendiés ne rencontrèrent chez tous les honnêtes gens que le plus profond dégoût.

Cependant, la marche triomphale de M. Berryer se poursuivait; partout il était admirablement accueilli. A Avignon, l'enthousiasme fut à son comble, et le préfet, ne sachant comment le comprimer, eut un moment la pensée de faire fermer les portes de la ville au noble voyageur; il y entra pourtant, et put recevoir, avec les hommages de la population avignonnaise, les félicitations des citoyens de Nîmes qui, venus en députation, lui adressèrent une noble et chaleureuse allocution par l'organe de leur poète national, M. Jean Reboul, qui s'écria en finissant :

« Comme leurs pères voués au culte de la royauté et des vieilles franchises, les royalistes qui vous entourent aiment à saluer en Berryer le vivant symbole de l'union du principe monarchique et des libertés nationales. »

En répondant à son illustre ami (ce furent ses propres paroles), M. Berryer revendiqua avec une entraînante éloquence les droits de la moralité publique et de la fierté nationale; il réclama *la liberté de conscience, la liberté du culte de toutes les gloires.* Ces idées sont aujourd'hui partout comprises; elles sont comprises en France, *dans la France en deçà du Rhin!* s'écria-t-il, *dans la France au delà du Rhin!* Sa voix se perdit au milieu des applaudissemens.

Voilà la rapide histoire de ces élections qui

ne ressemble à aucune autre. Les électeurs, cinq fois consultés, ont répondu partout de même, et dans les cinq batailles de Ploërmel, Doullens, Toulouse, Montpellier et Marseille, le pouvoir n'a rencontré que des défaites. Il y a plus, les colléges électoraux n'ont pas été seuls à donner leurs voix aux honorables flétris, et les populations tout entières ont confirmé par leurs acclamations le vote qui les renvoyait à la Chambre. On peut dire qu'il y a eu une élection intérieure et une élection extérieure, et que la souveraineté nationale, se levant dans sa puissance et dans sa majesté, a sanctionné l'arrêt de la souveraineté électorale.

Ce quintuple triomphe est le véritable couronnement du voyage de Londres; il complète merveilleusement le récit du séjour du prince français en Angleterre; il démontre que la puissante voix du peuple approuve l'hommage rendu à une grande adversité et à un prince si digne de son siècle et de son pays.

Pendant que mon esprit et ma plume étaient attachés à ce livre dédié à la France, une pensée n'a cessé de planer au dessus de moi, celle que M. Guizot a exprimée par ces paroles : *l'homme s'agite, et Dieu le mène!*

Oui, l'homme s'agite... Nous venons d'être témoins du mouvement et des soins qu'il se donne, des intrigues qu'il fomente et des moyens qu'il emploie quand une vague inquiétude s'est emparée de lui ; quand il sent comme un décret de Dieu pesant sur sa tête. Alors, sa sagesse habituelle se trouble, sa prudence ordinaire s'égare, et il ne marche plus qu'en trébuchant dans les sentiers où naguère il avançait d'un pas ferme et assuré. Dans les livres saints, je trouve un exemple qui prouve mieux que tout ce que je pourrais écrire, comment Dieu mène et comment l'homme s'agite!

Saül, ayant été guéri de ses transports furieux par la harpe de David, s'était d'abord laissé aller à la reconnaissance ; il avait comblé de ses dons et de ses faveurs le jeune pâtre de Bethléem et l'avait retenu dans son palais ; mais quand le berger eut vaincu Goliath, la jalousie remplaça la gratitude, et Saül jura haine à celui qui l'avait guéri de son mal et qui avait délivré Israël en terrassant le géant Philistin.

David, pour échapper à la haine de Saül

avait été obligé de fuir ; il était aller trouver Samuel à Ramatha.

Tous les deux étant venus à Naïoth (la ville des Prophètes), ils y rencontrèrent des émissaires que Saül avait envoyés contre David mais ces hommes du roi, arrivés en cette ville furent soudainement saisis de l'esprit du Seigneur et se mirent à prophétiser ; au lieu de maudire David, ils le bénirent.

Saül, ayant appris ce qui s'était passé, envoya d'autres émissaires ; mais l'esprit de prophétie les saisit encore et de nouvelles bénédictions sortirent de la bouche de ces nouveaux prophètes pour aller descendre comme la rosée sur la tête de David.

Ne venons-nous pas de voir quelque chose de semblable !

Quand Henri de France a séjourné tout récemment sur une rive étrangère, voisine de celle de la patrie, le ministère n'a-t-il pas ordonné à ses stipendiés de se lever, de marcher et d'aller à l'encontre du jeune prince pour l'insulter, le calomnier et presque le maudire ?

A cet ordre, les scribes ne se sont-ils pas

mis à l'œuvre; leur plume ne s'est-elle pas trempée dans le fiel, et n'ont-ils pas bien obéi à ceux qui les paient?

Oui, ils ont fait toutes ces choses; qu'en est-il advenu?

Ils avaient voulu que le prince proscrit restât dans l'ombre de l'exil, et Dieu a fait rayonner le soleil sur sa jeune et belle tête;

Ils avaient voulu que la France ne connût pas Henri de Bourbon, et ils le lui ont révélé;

Ils avaient voulu l'abaisser dans l'esprit des peuples, et par leurs intrigues ils l'ont exalté;

Ils avaient décrété que ceux qui étaient allés le voir dans son exil seraient flétris, et voilà que la grande voix du pays les a tous glorifiés!

Oui, l'homme s'agite, et Dieu le mène!

FIN.

www.ingramcontent.com/pod-product-compliance
Lightning Source LLC
Chambersburg PA
CBHW070831230426
43667CB00011B/1753